프랑스어의 옹호와 현양

대우고전총서
Daewoo Classical Library
052

프랑스어의 옹호와 현양

La Deffence, et Illustration
de la Langue Françoyse

조아생 뒤 벨레 | 손주경 옮김

아카넷

차례

....

옮긴이 서문 | 7

출판 허가서 개요 | 25

존경하는 뒤 벨레 추기경께, S. | 27

장 도라, 프랑스어의 옹호를 위하여 | 35

1권

제 1 장   언어의 기원 | 39

제 2 장   프랑스어를 미개하다고 말해서는 안 된다 | 47

제 3 장   프랑스어가 그리스어나 로마어처럼 풍부하지 않은 이유는
             무엇인가 | 57

제 4 장   프랑스어는 많은 이들이 생각하는 것처럼 그렇게 빈약하지 않다 | 69

제 5 장   번역은 프랑스어에 완벽함을 부여하기에는 충분하지 않다 | 75

제 6 장   좋지 않은 번역가들 그리고 시인들을 번역하지 말아야
             하는 것에 관하여 | 89

제 7 장   로마인들은 자기네 언어를 어떻게 풍부하게 만들었는가 | 95

제 8 장   고대 그리스와 로마의 작가들을 모방하여 프랑스어를
             발전시키는 것에 관하여 | 101

제 9 장   일부의 반박에 대한 답변 | 109

제 10 장   프랑스어가 철학에 무능하지 않다는 점과 고대인들이
             우리 시대 사람들보다 더 현명한 이유에 관하여 | 119

제 11 장   고대어를 사용하면서 고대인들과 필적하려는 것은 불가능하다 | 141

제 12 장   저자의 옹호 | 151

2권

제 1 장 저자의 의도 | 157

제 2 장 프랑스 시인들에 관하여 | 163

제 3 장 불멸에 걸맞은 시 작품을 만들려는 자에게는 타고난
재능만으로는 충분하지 않다 | 179

제 4 장 프랑스 시인은 어떤 장르를 선택해야 하는가 | 191

제 5 장 프랑스 장시(長詩)에 관하여 | 203

제 6 장 신조어의 고안과 프랑스 시인이 지켜야 할 다른 몇 가지에
관하여 | 219

제 7 장 각운과 무운 시에 관하여 | 227

제 8 장 리듬이라는 용어와 각운을 지닌 시의 창안 그리고 우리 언어에서
사용되는 고대의 몇몇 유산들에 관하여 | 233

제 9 장 몇몇 프랑스어 말법에 관한 고찰 | 239

제 10 장 시를 제대로 발음하는 것에 관하여 | 247

제 11 장 뛰어나지 않은 프랑스 시인들에 대한 비난과 기법 이외에
고찰할 것에 관하여 | 249

제 12 장 프랑스에 대한 찬양과 더불어 프랑스인들에게 모국어로
글을 쓸 것을 촉구하며 | 261

작품 전체의 결론 | 275

야심 많고 탐욕스런 문예의 적(敵)에게 | 281

독자에게 | 283

옮긴이 해제 | 285

참고 문헌 | 361

작가 연보 | 373

찾아보기 | 379

옮긴이 서문

1522년 앙주(Anjou) 지역의 리레(Liré)에서 태어난 조아생 뒤 벨레(Joachim Du Bellay)는 명문가 출신이었다. 추기경, 영주, 기사, 대주교였던 장(Jean), 기욤(Guillaume), 마르탱(Martin), 르네(René) 등과 같이 프랑스 왕실에 봉사한 숙부들로 인해 그의 가문은 명망을 누릴 수 있었다. 그러나 조아생은 열 살이 채 되지 않은 나이에 부모를 잃고 맏형 르네(René)의 보호를 받아야만 했으며, 일찍 찾아온 질병으로 인해 두 해 동안 집안에 틀어박혀 있어야 했다. 불행한 운명의 시작이었다. 처음에 그는 당시 모든 귀족 자제가 그러했듯이 법률을 공부하려고 했다. 그러나 여전히 확인되지 않은 어떤 계기로 인해 그는 당대 최고의 인문주의자였던 장 도라(Jean Dorat)가 교장을 맡고 있었던 코크레 학원(Collège de Coqueret)에서 고대 시인들을 공부하게 된다. 파리 생트 주느비에

브(Sainte-Geneviève) 언덕에 위치한 이곳에서 그는 플레이아드 시파(La Pléiade)를 구성할 롱사르(Ronsard), 펠르티에(Peletier), 바이프(Baïf), 조델(Jodelle) 등의 시인들과 함께 프랑스 시의 혁신을 위한 시도에 가담하였다. 그리고 그 시도를 위한 이론적 선언문으로 『프랑스어의 옹호와 현양』(이하 『옹호』)을 1549년에 간행하고, 바로 뒤이어 『올리브(L'Olive)』(1550)를 출간하면서 소네트라는 새로운 형식을 자유롭게 다룰 수 있는 프랑스어의 역량을 스스로 증명했다.

그러나 뒤 벨레에게는 시를 써서 세속적 성공과 명예를 얻으려는 야망이 없었다. 그는 사랑을 획득하는 자로서의 당당함보다는 절제와 쓰라림을 더 자주 찾았으며, 강건하고 우렁찬 문체가 아니라 우아함과 부드러움으로 유지되는 유려한 시행들을 쉽게 남겨놓았다. 1553년 숙부인 장 뒤 벨레 추기경을 수행하여 자신이 모방의 대상으로 삼았던 고대 로마를 경험할 목적으로 떠난 이탈리아 여행에서 그가 목격한 것은 폐허가 된 고대였으며, 지나가 버린 영광에 대한 실망만을 얻고 돌아왔다. 후회와 한탄만이 가득한 이때의 감정들을 그는 『회한 시집(Les Regrets)』(1558)이나 『로마의 유적(Les Antiquitez de Rome)』(1558)과 같은 시집들에 담아냈다. 고통과 쓰라림이 언제나 그의 주변을 맴돌았다. 짓누르는 번민이 그를 떠나지 않았고 병세는 악화만 되어갔다. 병상을 벗어나지 못하면서도 29편의 소네트와 「궁정 시인(Le Poète courtisan)」이라는 신랄한 풍자시를 작성했지만, 1560년 1월 1일 새벽 뒤 벨레는 서른여덟의 이른 나이에 세상을 떠나고 말았다.

짧지만 강렬했던 삶, 승리의 환호보다는 회환과 한탄으로 가득
찬 목소리만을 남겨놓은 이런 뒤 벨레에게서 19세기 낭만주의 시
인들은 자신들의 위대한 맏형을 발견했다. 특히 낭만주의의 이
론적 토대를 마련해야 했던 생트 뵈브(Sainte-Beuve)는 라마르틴
(Lamartine)과 비니(Vigny)의 서정적 울림을 그에게서 찾아내기도
했다. 친근하고 자연스런 어조에 실린 우울한 감정들을 다룬 『회
한 시집』의 뒤 벨레는 낭만주의자들에게는 지극히 매혹적인 멜랑
콜리의 시인이었다. 그렇지만 낭만주의 시인들의 시선 속에서 시
의 개혁을 열정적으로 주장한 『옹호』의 뒤 벨레를 발견하기란 쉽지
않다. 언어의 발달이라는 문제를 다루는 것에 국한하지 않고 모방
의 필요성, 모방과 번역의 관계, 시의 가치와 시인의 역할과 같은
본질적 문제를 다룬 시인, 과거에 활동한 프랑스 선배 시인들의 시
적 성취를 낡은 것으로 비판한 시인, 고대의 뛰어난 작가들을 모방
하며 그들과 경쟁할 수 있는 모국어와 프랑스 시의 잠재된 역량을
찾아내려 했던 시인, 시를 통한 문화의 발전 가능성을 탐색했던 시
인, 그리고 영감과 결합한 노동이 만들어내는 시의 고귀하고도 탁
월한 가치를 신뢰했던 뒤 벨레를 낭만주의는 미처 알지 못했다.

물론 『올리브』, 『회한 시집』 그리고 『로마의 유적』과 같은 시집에
서 발견되는 음울하고 구슬픈 울림이 세상에서 소외당했다고 여기
는 그의 불행을 대변하는 것처럼 보이는 것도 사실이다. 동시대인

들로부터 생존 시에 이미 '시인들의 왕자'라는 칭송을 얻었던 롱사르보다 세상에 먼저 태어났고 먼저 문단에 등장했지만, 플레이아드 시파를 이끌고 간 롱사르의 그림자 뒤에 머물러 있는 것에 그가 항상 만족하고 있는 것은 아닌지 여겨질 수도 있다.

> 나는 그리스의 뛰어난 책들을 훑어보지 않으련다,
> 나는 호라티우스와 같은 이의 멋진 문장들을 뒤따르지 않으련다,
> 나는 페트라르카의 우아함이나 롱사르의 목소리를
> 조금도 모방하지 않으련다, 내 〈회한〉을 노래하기 위해서이다.
>
> (『회한 시집』, 소네트 IV)

그러나 자신의 시적 영감이 롱사르의 숭고한 영감에 비해 매우 낮다고 고백하는 그에게는 근엄한 주제들보다는 마음의 감정들을 기록하겠다는 또 다른 의지가 있었다. 내면의 열정이 부추긴 것만을 따르면서 자기만의 독창적이고도 고유한 시의 길을 만들어가겠다는 계획도 있었다. 그는 신이나 영웅과 같은 숭고한 자들의 신전이 아니라 자신의 내부, 즉 가장 원초적이면서도 가장 소박한 공간 안으로 들어가 그곳에서 시의 샘을 발견하려고 했다. 따라서 인위적이거나 과장되지 않은, 자연이 요구하는 소박한 원칙을 반영한 글쓰기 방식이 그에게는 무엇보다 필요했다. 가볍고 자연스럽고 흐르는 물처럼 유려한 문체를 그는 기꺼이 선택하려고 했다. 하지

만 자연스러운 문체를 추구한다고 해서 그것이 가벼움과 유려함만을 동반자로 삼았다고 말하기도 힘들다. 세상의 감춰진 비밀을 포착해야 한다는 무거우면서도 고귀한 사명이 시인에게 부여되었다는 것을 그는 세심하고 명철한 눈으로 인식했기 때문이다. 사물의 자연스러움을 발견하고 드러내는 시인의 뛰어난 자질을 확인하고 그것을 스스로 증명하려는 자부심이 그에게 있었던 것이다.

이런 점에서 뒤 벨레가 추구한 자연스럽고 소박한 글쓰기의 이면에는 시인이라는 자가 노래해야 할 것이 무엇인지를 탐색한다는, 지금의 우리가 보기에는 마땅히 근본적인, 시인의 위상이 인정받지 못했던 르네상스 당시로서는 매우 혁신적인 질문이 놓여 있었다고 말하는 것이 적절하다. 혁신적이라고 말할 수 있는 이유는 언어의 무한한 잠재력을 인정하고 그것을 통해 세계를 새롭게 읽어내는 방식을 그가 제시했기 때문이다. 고대의 뛰어난 정신적 자산들을 자기 문화에 접목시켜 빛나는 결실을 맺도록 만드는 시적 노동의 고귀함과 고단함, 자연이 일상적인 시선에게 숨겨놓은 비밀들을 포착하여 그것을 언어로 재현하려는 열망, 언어와 시 그리고 문화의 무한한 진보에 대한 믿음, 개별적인 다양한 것들이 세계에 대한 인식의 확장을 허용할 수 있다는 확신, 이런 것들이 혁신을 추동하는 내용들이 된다. 언제나 일관되지 않은 인간의 운명을 수용하면서도 그것을 세상을 해석하는 시의 자양분으로 간주한 뒤 벨레에게는 모국어의 역량을 무한히 끌어올려 낡아빠진 시, 형식에 갇혀버린 시를 갱신해야 한다는, 그리하여 익숙한 세계를 낯설게 보게 만드는 허구의 훌륭한 가치를 선언해야 한다는 강한 믿음이 있었다. 뒤 벨레가 『옹호』에서 언어와 시 그리고 문화의 개혁을 위한 전투적 목소리를 견지할 수 있었던 것도 바로 이와 같은 새로운 인식 덕분이었다. 그래서 총 2권 24장으로 구성된 『옹호』는 언어의 잠재적 역량과 시 창작의 훌륭함, 시인의 뛰어난 위상과 허구를 본질적 속성으로 삼는 문학의 고귀한 가치에 대한 선언의 성격을 지닐 수밖에 없었다. 독자의 이해를 위해 간단히 각 장의 내용을 요약하면 다음과 같다.

『옹호』의 1권에서 뒤 벨레는 프랑스어에 내재된 역량이 발현 가능한지를 기꺼이 타진해 나간다. 그에 따르면 모든 언어는 동등하며(1장), 프랑스어가 다른 언어에 비해 열등하다고 할 수는 없다(2장). 하지만 "잘 말하기"보다는 "잘 만드는 것"을 중시한 예전의 프랑스 시인들은 모국어를 계발하지 못하는 오류를 범하고 말았다(3장). 그럼에도 불구하고 수많은 고대 작품이 쏟아져 나온 자기 시대는 프랑스어가 빈곤하지 않다는 반증이 될 수 있다(4장). 물론 번역이 언어를 풍부하게 만드는 최상의 수단이 된다고는 말할 수 없다(5장). 게다가 시를 번역하는 행위는 비난을 받기에 충분하다(6장). 오히려 고대 로마의 작가들이 그랬던 것처럼 번역에 의지하기보다 모방의 방식을 선택하는 것이 프랑스어를 풍부하게 만들 수 있다(7장). 그러나 동일한 언어 내에서 모방하는 것, 즉 프랑스 작가들을 모방하는 것으로는 충분하지 않다(8장). 고대 작가들만큼이나 뛰어난 역량을 지녔음을 동시대인들이 여러 영역에서 증명해 보인 것처럼 프랑스어는 고대어에 비견될 수 있으며(9장), 심지어 과학이나 철학 등의 모든 영역에 대한 인식과 성찰의 측면에서도 그것이 가능할 수 있다(10장). 만약 프랑스어가 열등한 언어로 취급받고 있다면(11장), 그것에는 자신들의 모국어를 사용한 고대 작가들과 달리 프랑스어를 경시하고 고대어를 중시한 프랑스인들의 잘못을 들 수 있다(12장)는 것이다.

모국어를 경시하게 된 여러 이유들과 그것을 극복하기 위한 모방의 필요성을 제시한 그는 2권에서 새로운 시에 필요한 새로운 기법들을 적극적으로 나열해 간다. 프랑스 시가 더 뛰어난 문체로 현양되기를 희망하는(1장) 그는 『장미 이야기』의 저자들에 대한 모방을 적극적으로 추천하면서도 동시대인들이 찬양했던 마로, 에로에, 생 즐레 그리고 세브의 모방을 만류한다(2장). 그것은 이들 시인이 기법에만 의존했기 때문이다(3장). 따라서 중세의 장르들을 거부하고 고대 작가들이 선호했던 에피그램, 엘레지, 오드, 서한시, 풍자시, 목가시 등과 같은 여러 장르, 그리고 페트라르카가 즐겨 사용한 소네트가 프랑스 시에서 사용될 필요는 절실하며(4장), 옛 로망과 연대기에서 서사시의 주제들을 찾아야 한다(5장). 또한 신조어나 전문 용어 등으로 모국어를 풍부하게 만드는 시도를 해야 하고(6장), 음악성과 뛰어난 표현력을 지닌 각운을 개발해야 하며(7장), 골족의 몇몇 음유시인들처럼 이합체(離合體) 시를 시인들은 시도해야만 한다(8장). 특히 뒤 벨레가 강조하는 것은 표현법과 시적 리듬이 보장할 수 있는 확장된 언어의 환기력이다(9장). 시의 낭송도 당연히 필요하다(10장). 이때 비로소 기법을 연마하는 시인의 고된 노동은 각운에만 치중한 이전의 궁정 시인들이 누린 명성과는 다른 시적 영광을 보장받을 수 있다(11장). 위대한 고대 작가들과 모국어를 중시하는 프랑스 인문 작가들을 모방하면서 그들이 얻을 영광은 전투의 승리로 얻은 영광에 견줄 수 있는 것이다(12장). 이런 이유로 뒤 벨레는 「결론」에서 정치 권력이 이동(translatio imperii)하는 것과 마찬가지로 지식도 이동(translatio studii)하며, 언제나 한 곳에서 다른 곳으로 이동하는 자연적 원리에 따라 고대의 뛰어난 문화가 이제 프랑스에 머물게 될 수 있으리라는 확신을 펼쳐나간다. 그리고 이를 위해 언어라는 무기를 들고 고대를 정복할 것을, 그리고 그들의 훌륭한 유산들을 약탈할 것을 기꺼이 권고한다.

물론 언뜻 일관되지 않은 것처럼 보이는 그의 주장들에서 지나친 민족애가 눈에 띌 수 있다. 게다가 고대를 모방하면서 자국어와 자국 문화의 발전을 도모해야 한다는 그의 주장에는 심각한 모순이 있는 것처럼 보일 수도 있다. 그러나 그가 주장한 모방이 창조성을 지향하고 있다는 점을 고려한다면, 그리고 그것이 단지 사물의 재현에만 국한되지 않는다는 점을 이해한다면, 『옹호』는 무엇보다도 시의 궁극적 추구 대상이 무엇인지를 탐색한 최초의 프랑스 시학이라고 규정할 수도 있을 것이다. 반면에 『옹호』를 단지 시의 여러 규칙들을 제시한 교범으로만 간주한다면, 뒤 벨레가 시인이었다는 점을 설명하기는 힘들어진다. 일반적으로 교범이라는 것이 이미 규범화가 이루어진 과거라는 시간에 시점을 맞추고 있다면, 『옹호』는 과거가 아니라 당시에 논의가 되고 있던 시의 제반 문제들을 대상으로 미래를 지향하고 있기 때문이다.

특히 1548년에 간행된 토마 세비예(Thomas Sébillet)의 『프랑스 시학(Art poétique françoys)』이 마로와 그를 추종하는 궁정 시인들의 세대를 모방의 대상으로 권고하면서 '잘 만들기'에 치중했던 프랑스 과거 시들을 여전히 수용하고 있다는 점을 뒤 벨레는 인정할 수 없었다. 그가 보기에 프랑스는 아직 시라는 명칭을 마땅히 받을 만한 그런 세계를 경험하지 못했다. 과거의 시인들은 시를 위한 배움이 부족했고, 정신의 안락만을 추구했을 뿐이며, 나아가 언어의 내적 역량을 탐색하면서 시인의 위엄을 드러내지도 못했다. 시의 개혁을 위한 자신의 도발적인 주장들이 이듬해에 『호라티우스의 퀸틸리아누스(Quintil horatian)』를 쓴 바르텔르미 아노(Barthélemy Aneau)에 의해 "옹호와 현양인가, 아니면 공격과 비하인가"라는 비난을 받은 것처럼, 뒤 벨레는 이 작품으로 인해 여러 비판을 받을 것을 인식하고 있었다. 그가 지향한 것이 시 작성에 필요한 규칙들의 제공이 아니라 시의 창조적 에너지에 대한 인식을 촉구하는 것이었기 때문이다. 규범의 전달이 아니라 시에 대한 새로운 미학적 관점을 제시하는 것이 그에게는 시급했던 것이다. 1550년『오드 시집(Les Odes)』에서 자신을 "프랑스 최초의 서정시인"이라고 정의하면서 시의 개혁을 주장한 롱사르가 자기 주변에 모여든 시인들에게 "부대(Brigade)"라는 군사 용어를 부여했듯이,『옹호』에서 전투적이고 도발적인 주장들을 펼쳐 보이는 것도 바로 이런 시의 창조성에 대한 인식에 기인한다.

그러나 프랑스 르네상스 문학의 다채로움과 풍요로움이 여전히 국내에 제대로 소개되지 못하고 있는 것과 마찬가지로 프랑스 문학사에서 매우 중요한 사건으로 자리매김하고 있는『옹호』가 지닌 문학 비평적 가치를 국내의 독자들이 접할 기회도 그동안 없었다.『옹호』안에 담긴 언어와 시에 대한 다양한 관점들이 르네상스 문학의 개화를 촉발했다는 점, 이후의 프랑스 문학이 걸어갈 길을 이론적으로 제시했다는 점, 그리고 시법이라는 영역을 뛰어넘어 허구를 본질로 삼고 있는 문학을 정의하기 위한 중요한 단서들을 제시했다는 점을 우리 독자들은 파악할 수가 없었다. 뒤 벨레가 주장한 모방이 미메시스와는 다른 차원의 성격을 지닌다는 것을, 모방이 창조의 동인이 된다는 것을, 낯섦과의 조우에서 새로운 정체성의 형성이 가능하다는 것을, 그리고 언어가 문화의 토대로 기능하지 않을 수 없다는 엄연한 사실을 이해할 수 있는 기회가 독자들에게 주어지지도 않았다. 이 책의 한국어 번역은 이 점에서 의의가 있을 것이다.

이런 이유로 인해 기존의 몇몇 영어와 일본어 번역본이 작품에 대한 세밀한 설명을 피하고 있는 것과 달리 한국어 번역을 진행하면서 굳이 장황한 설명을 덧붙이지 않을 수 없었다. 작품의 문학적 가치를 드러내려고 시도하지 않을 수 없었다. 모국어의 역할, 영감이나 모방과 연관된 표현에 대한 관점, 허구의 가치 등에 대한 뒤 벨레의 주장들을 크게 아우르면서 『옹호』가 제시한 내용들에 대한 포괄적 지형도를 제시할 필요가 있었다.

이런 작업에 어려움이 없었다고 말하기는 힘들다. 『옹호』에 관한 다양한 관점의 많은 연구 자료들을 여러 해에 걸쳐 검토하는 과정이 요구되었다. 그러나 무엇보다도 번역 행위 자체의 어려움이 있었다. 단문과 장문이 복잡하게 뒤섞인 뒤 벨레의 문장을 한국어로 옮겨내기에는 힘이 벅찰 수밖에 없었다. 원문의 통사 구조와 논리 전개 방식을 어찌해서라도 번역에 반영하려고 시도하다 보니 쉽게 이해되지 않는 번역 문장들이 만들어지기도 했다. 한국의 독자들이 번역문을 이해하기 쉽지 않게 만들 위험이 있었던 것이다.

물론 여기에는 『옹호』가 학술적인 글의 속성을 지니지 않는다는 점도 간여한다. 뒤 벨레가 시학이라는 용어 대신 '옹호'와 '현양'이라는 표현을 제목에 부여한 것에서도 짐작할 수 있듯이, 그의 작품은 개인적 감정과 판단을 굳이 숨기지 않으며, 그것을 오히려 자유로운 글쓰기 방식 안에 담아놓는다. 따라서 역자는 가능하면 저자의 자유로운 글쓰기 방식, 그러나 어휘와 어휘들을 밀접하게 연결해 가면서 주장을 피력하는 뒤 벨레의 글쓰기 방식을 번역에 반영하려고 애쓰지 않을 수 없었다. 그러면서도 허구의 창조적 기능에 마땅한 자리를 부여하기 위한 비평적 그리고 이론적 고찰로서의 면모를 지닌 『옹호』의 특징들을 독자들이 슬며시 엿보기를 희망하였다. 치밀한 논리를 전개하고, 논리를 뒷받침하는 어휘 하나하나의 힘에 민감한 뒤 벨레의 글쓰기와 자연과 언어 그리고 시의 밀접한 상관성에 대한 그의 주장이 인문주의자로서의 태도에 기반을 두고 있다는 점을 독자들이 간파하기를 조심스럽게 소망하지 않을 수 없었다.

분명 학문 간의 융합이 권장되는 이 시대에, 미시적 관점보다는 거시적 관점이 추천되는 이 시대에, 르네상스라는 먼 과거에 세상에 나온 작품의 구조와 어휘를 추적하면서 번역하는 것이 어떤 가치를 지닐 수 있을 것인지 독자들은 의심할 수 있을 것이다. 그러나 하나의 어휘가 작품 전체의 의미를 담아내는 기이하면서도 특별한 현상을 마주할 때 우리는 작가의 섬세한 정신에 대해 경이로움을 느낄 수 있을 것이다. 또한 그것이 언어와 시 그리고 문화와 인간을 대상으로 삼고 있다는 것을 확인하게 될 때 독자는 먼 과거의 시에 대한 한 관점이 지금도 여전히 유효하다는 것을 발견할 수도 있을 것이다. 따라서 『옹호』의 한국어 번역은 프랑스라는 한 지역에 대한 집착이나 프랑스어라는 하나의 언어에 대한 경도를 지향하지 않는다. 그럴 의도에서 한국어 번역이 구상된 것도 아니다. 인간과 문학에 대한 한 인문주의자의 치밀한 정신이 새겨진 작품이 인문의 가치를 생각하는 모든 이에게 나름의 의미를 충분히 전달할 수 있을 것이라고 역자는 판단했다.

　『옹호』를 한국어로 번역하는 여정에는 인문의 가치를 전면에 내세우면서도 오히려 인문의 본질을 파괴하는 이 시대의 터무니없음에 맞서서 학문에 대한 뜨거운 열정과 냉철한 시선을 잃지 않기 위해 당당한 자부심으로 무장했던 고려대학교 불어불문학과 대학원생들이 함께했다. 지난 몇 년 동안 세밀하게 작품을 읽어나가는 동안 그들은 세간이 알아주지 않는 공부의 고민들을 기꺼이 떠안으면서 번역이라는 지난한 작업에 동참해 주었다. 그들에게 감사의 말을 전한다. 그들에게서 많은 것을 배웠다. 또한 대우재단의 학술연구지원이 없었다면 『옹호』의 한국어 번역본은 국내에 소개될 기회를 영영 얻지 못했을 것이다. 인문학이라는 대해(大海)를 이루는 수많은 작품들을 새롭게 번역하고 그것을 독서할 수 있는 기회를 제공하는 것은 인간 개개인의 시선을 확장하면서 인간의 존엄성에 대한 새로운 성찰이라는 지극히 소중한 순간을 마련해 줄 수 있다. 대우재단은 이런 숭고한 길을 개척해 나가면서 국내의 인문학 자산을 풍요롭게 만드는 데 기여해 오고 있다. 이 자리를 빌려 대우재단에 깊은 감사의 뜻을 전한다.

오랜 기간 번역에 임했지만 번역의 오류를 피해갈 수는 없을 것이다. 전적으로 역자의 부족한 지식에 그 책임을 돌려야 한다. 만약 프랑스 르네상스 문학이라는 이 광대한 심연에 기꺼이 뛰어들 용기를 지닌 자가 다시 세상에 등장한다면 그에게 또 다른 번역을 기대할 수 있을 것이다. 번역에는 언제나 새로움을 받아들이면서 자신을 거듭나게 만들 포용력이 있다. 지난하지만 훌륭하기 그지없는 번역이라는 행위가 지닌 놀라운 생명력이 새로운 역자를 통해 다시 한 번 증명될 수 있기를 간절히 희망한다.

2019년 12월

20

프랑스어의 옹호와 현양[1]

I. D. B. A.[2]

---

1) 번역 저본으로는 *La Deffence, et Illustration de la Langue Francoyse,* édition et dossier critiques par Jean-Charles Monferran, Genève, Droz, 2007[2001]을 선택했다. 샤를 몽페랑의 이 비평본은 1549년에 출간된 *La Deffence, et Illustration de la Langue Francoyse. Par I. D. B. A.,* Paris, Arnoul l'Angelier 판본을 저본으로 삼고 있다. 1549년 앙즐리에 판본을 선택한 것에는 이유가 있다. 우선 『옹호』는 16세기에 여러 차례에 걸쳐 재간행되었지만, 인쇄 과정에서 철자의 오류 등이 있었다. 그렇지만 뒤 벨레는 1549년 인쇄본을 직접 검토하였다. 『옹호』가 격렬한 논쟁을 불러올 것을 알고 있었기 때문에 인쇄상의 오식 등에 그는 매우 민감하지 않을 수 없었던 것이다. 한국어 번역을 위해 다음의 영역본들을 참조하였다. *The Defence & Illustration of the French Language,* trad. Gladys M. Turquet, London, J. M. Dent & Sons, Ltd., 1939; *The Regrets* with *The Antiquities of Rome, Three Latin Elegies,* and *The Defense and Enrichment of the French Language,* translated by Richard Helgerson, Pennsylvania, University of Pennsylvania Press, 2006; *The Defence and illustration of the French language,* in *Poetry & Language in 16th-Century France. Du Bellay, Ronsard, Sebillet,* translated with an Introduction and Notes by Laura Willett, Cananda, Center for Reformation and Renaissance Studies, 2003. 한편 일본어 번역본으로는 『フランス語の擁護と顯揚』, 加藤美雄 譯, 東京, 白水社, 昭和18[1943]을 참조하였다.

2) 뒤 벨레는 작품을 익명으로 출간했지만, 뒤에 실린 장 도라(Jean Dorat)의 그리스어 시와 추기경 장 뒤 벨레(Jean Du Bellay)에게 작품을 헌정한 것에서 독

자들은 쉽게 그의 이름을 읽어낼 수 있었다. 이것은 토마 세비예나 바르텔르미 아노가 각각 『프랑스 시학』과 『호라티우스의 퀸틸리아누스』를 익명으로 간행하면서 자신들의 이름을 알아보지 못하게 한 것과는 다른 의미를 지닌다. 익명의 방식을 선택하는 대신에 뒤 벨레는 고대 그리스 시인들처럼 이름 첫 글자를 제시하면서 『옹호』에서 다루어지게 될 고대 모방을 통한 영광의 획득을 작품 표지의 저자명 표기에서부터 실천해 나가려고 한다.

파리, 아르눌 랑즐리에[1)]

1549

---

1) 1529년부터 파리 대법원(Palais de Justice) 대회랑(Grand-Salle)에서 동생 샤를(Charles L'Angelier)과 함께 책방을 운영한 서적상 겸 출판업자이다. 랑즐리에 형제는 상당수의 책에 관한 출판 독점권을 가지고 있었다. 따라서 파리의 많은 인쇄업자들과 거래를 맺을 수 있었다. 아르눌은 1553년과 1557년에도 『옹호』의 새로운 판본을 발간했다. 아르눌이 1557년 사망한 후에 동생 샤를은 1561년에 『옹호』의 제4판을 발간했으며, 같은 해 프레데릭 모렐(Frédéric Morel) 출판사에서 『옹호』의 또 다른 판본이 간행되었다. 아르눌의 아들인 아벨 랑즐리에(Abel L'Angelier) 역시 몽테뉴의 『에세(Essais)』를 인쇄하여 판매한 서적상이었다. 16세기 당시에 파리의 인쇄 출판업자들은 소르본 대학, 대법원 그리고 노트르담 성당 등과 같은 크게 세 지역에서 활동했다. 아르눌이 세비예의 『프랑스 시학』을 간행한 것에서도 짐작할 수 있듯이, 대법원 안에 서점을 연 서적상들은 대개 프랑스어로 작성된 재판 관련 문헌과 문학 작품들 그리고 번역서들을 출판했다. 반면에 라틴어로 작성된 대학 교재와 법률서 그리고 종교 문헌의 출간과 판매는 소르본 대학 소속 출판 서적상들이 독점했다. 모국어의 역량을 선언하는 작품인 『옹호』의 출판을 위해 뒤 벨레가 아르눌 랑즐리에를 선택한 이유를 여기에서 찾을 수 있다.

출판 허가서 개요[1]

국왕 전하의 공개 서한에 의거하여 아르눌 랑즐리에에게 『프랑스어의 옹호와 현양』과 『올리브를 찬양하는 오십 편의 소네트집, 늙은 귀부인과 젊은 여인의 반(反)에로스, 신작 서정시』라는 제목을 지닌 소책자 두 권의 인쇄와 판매를 허용한다. 그리고 상기 랑즐리에가 인쇄를 허가하는 자들을 제외한 모든 도서업자와 인쇄업자가 향후 삼 년간 상기 도서들을 인쇄하거나 판매하는 것을 금지하며, 이를 위반할 시에는 해당 도서들을 몰수하고 법원이 정한 벌금에

---

1) 구력 1548년(신력 1549년) 3월 20일에 아르눌 랑즐리에에게 발부된 출판 허가서의 발췌본이다. 일반적으로 『옹호』와 시집 『올리브』가 같은 시기에 인쇄되었을 것이라고 추정되지만, 『올리브』의 마지막 쪽에 출판 허가서 전문이 실린 반면에 『옹호』에는 상기 개요가 수록된 것을 고려해 본다면, 『올리브』가 『옹호』보다 먼저 출간된 것으로 간주할 만한 가능성은 여전히 남아 있다.

처한다.

　왕실위원회

　　　　　　N. 뷔이에르

　　　　　　　　　　황납 봉인

존경하는 뒤 벨레 추기경께, S.[1]

　　로마라는 위대한 극장의 무대에서 전 유럽, 나아가 전 세계의 사람들에게 보여주기 위해 그대가 맡게 된 역할을 고려한다면, 수많은 임무들을, 그리고 그것들을 그대가 혼자 짊어지고 있는 것을 생

---

1)　　장 뒤 벨레(Jean Du Bellay, 1492-1560)이다. 조아생 뒤 벨레의 숙부이다. 뒤 벨레 집안은 명문가였다. 기욤 뒤 벨레는 군인이자 외교관이었고, 마르탱 뒤 벨레는 『회상록(Mémoires)』을 쓴 작가였으며, 르네 뒤 벨레는 르 망(Le Mans)의 주교였다. 장 뒤 벨레는 프랑수아 1세의 신임을 얻어 1527년에는 영국 그리고 1534년에는 이탈리아에 외교관으로 파견되었다. 1535년에 추기경에 임명되었고, 이후 여러 지방에서 주교로 활동했다. 1560년 2월 16일 로마에서 사망했다. 그는 존경받는 문예 후원자였으며, 라틴어로 시집을 출간한 시인이기도 했다. 조아생은 그를 수행하여 로마에 체류한 바 있다. 장 뒤 벨레는 '프랑스 교회 독립주의(gallicanisme)'를 로마 교황청에서 주장했으며, 정치 성향은 중도적이었다. "S"는 "salut"의 약자이다. 편지 서두에 경의를 표하는 라틴어 서식에 해당한다.

각한다면,[2] 오, 추기원(樞機院)의 명예여! 그대가 조국을 위하여 군
주를 섬기고, 그대의 불멸하는 명성이 커져가도록 전념해야 할 시
간을 제가 장황한 말로 방해한다면, 그것은 (로마의 핀다로스가 말
한 것처럼[3]) 공무(公務)에 죄를 범하는 것이 될 것입니다. 프랑스를
위한 무거운 공무의 짐(위대한 헤라클레스의 어깨 위에 얹힌 하늘만큼
이나 건장한 어깨에 참으로 잘 어울리는 업무들[4])을 짊어진 그대가 조

---

2) 1547년 7월 로마에서 프랑스 국왕의 교회 독립주의를 지지했던 장 뒤 벨레는
    이 헌사가 작성된 1549년 2월 15일에 자신을 전적으로 신뢰하는 앙리 2세로부
    터 전권을 위임받아 스페인 국왕 카를 5세의 위협에 직면한 제노바와의 군사
    협력을 위한 협상에 임했다.

3) 호라티우스를 가리킨다. 호라티우스는 『서한 시집(Epistulae)』 2권 1장 1-4절
    에서 아우구스투스를 찬양했다. 여기에서 호라티우스는 과거에 대한 사랑에
    집착하기보다는 동시대인들의 시 창작 활동을 지지할 것을 아우구스투스에게
    권고했다. 르콩트 드 릴(Leconte de Lisle)이 1873년에 옮긴 프랑스어 번역을
    소개하면 다음과 같다. "그대 홀로 이토록 위대하고 수많은 공사들의 무게를
    짊어지고, 그대가 군사를 부려 이탈리아의 만사를 보호하고, 미풍양속으로 그
    것들을 장식하고, 법으로 그것들을 고쳐나가니, 내가 말을 줄줄이 늘어놓으며
    그대의 시간들을 빼앗는다면, 카이사르여, 내가 공공의 이익을 위반하는 것이
    되겠지요." 뒤 벨레는 『옹호』 2권 2장에서 호라티우스의 이런 입장을 좀 더 자
    세하게 다루게 된다. 『서한 시집』 2권은 흔히 『시학』이라고 불리는 『피소 형제
    에게 보내는 서한시(Epître aux Pisons)』의 서문 역할을 한다.

4) 아우구스투스나 헤라클레스와 장 뒤 벨레를 견주는 것은 그가 '불멸의 신들'을
    닮았음을 강조하기 위해서이다. 호라티우스는 위에서 언급한 『서한 시집』 2권
    1장 10절에서 아우구스투스를 레르나의 히드라를 퇴치하고 불멸하는 신들의
    반열에 오른 승리자에 비유했다. 추기경이 로마에서 프랑스를 대변하며 겪었

금이나마 숨을 돌리기 위해 취하게 될 이 짧은 휴식의 일부를 슬쩍 엿보는 나의 뮤즈는 감히 그대의 신성하고도 분주한 공무들이 이루어지는 성스러운 서재에 들어가서, 그곳에 있는 위대한 그대의 형상에 매일매일 바쳐진 수많은 값지고 훌륭한 헌물(獻物) 사이에서 보잘것없는 조그마한 은총을 만나게 된다면, 그렇지만 불멸하는 신들의 은혜를 닮은 그대의 호의가 지켜보는 앞에서 어떤 은총을 만나게 된다면 진정 행복하다고 여기게 될 공물 하나를 갖다 바쳤사오니, 진정으로 굳건한 의지에서 나온 이 보잘것없는 선물은 저 화려하고 야심찬 헌물들만큼이나 그대의 마음에 드실 것입니다. 이 선물은 우리 프랑스어의 옹호와 현양입니다. 이런 시도에서 내 조국을 위한 자연스런 애정 말고는 그 무엇도 소인을 인도하

던 고달픔과 시련을 상기하고, 그 시련의 위대함을 노래하기 위해 아틀라스를 대신하여 하늘을 떠받치게 되었던 헤라클레스를 뒤 벨레는 등장시킨다. 그는 이 신화적 인물이 경험했던 역경과 고난이 불멸의 영광을 위한 보장이었던 것처럼, 프랑스어의 장점을 드러내고 그 발전의 잠재력을 발견하려는 자신의 글쓰기 행위 역시 작가의 영광을 보장할 요소가 된다는 것을 슬쩍 암시한다. 또한 이런 의도는 작품의 각 권이 헤라클레스의 열두 과업을 상기하는 열두 장으로 구성되었다는 측면에서도 엿볼 수 있다. 뛰어난 외교관인 숙부가 '프랑스 교회 독립주의'라는 정치적 입장을 알리기 위해 로마에서 행한 노력을 '민족애'로 받아들일 수 있다고 파악하는 뒤 벨레는 모국어를 위한 작가의 노력에도 '민족적 자부심'이 담겨 있음을 전달하려고 한다. 이때 프랑스의 정치적 정체성을 찬양하는 「헌사」의 헤라클레스는 개인의 업적에 대한 찬양을 넘어서 프랑스의 영광을 뒷받침하는 민족적 '힘의 상징'으로 고려된다.

지 않았으며, 오직 위대한 그대 이름만이 소인이 이 책을 그대에게 바치도록 만들었습니다. 이 책이 미덕의 오래된 원수인 독 묻은 화살을 피해 (아이아스의 **방패** 아래 놓이듯이[5]) 그대의 날개 그늘 아래에 몸을 숨기기를 바라는 바입니다. 말씀 드리오니, 비견할 수 없는 **학식**과 **미덕** 그리고 품행과 같은 모든 위대한 그대의 것들은 아주 오래전부터 **모든** 이에게 알려져 있으므로 (티만테스라는 저 고귀

---

5) 미덕의 원수는 시기심을 가리킨다. 호메로스는 『일리아드』 8권 266–272행에서 아이아스의 방패는 매우 넓고 커서 그리스 군사들이 그 안에 몸을 숨길 수 있었다고 전한다. 뒤 벨레가 염려하는 것은 자신의 옹호에 대한 동시대인들의 질투와 시기이다. 왜냐하면 『옹호』는 1548년 발간된 세비예의 『프랑스 시학』이 기법의 유희에 치중한 대수사파 시인들(Grands Rhétoriqueurs)의 시적 관점에서 벗어나지 못하고, 시에 관한 새로운 전망을 제시하지 못했다는 점을 비판할 것이기 때문이다. 1권 총 9장과 2권 총 15장으로 구성된 세비예의 『프랑스 시학』은 프랑스어로 작성된 최초의 본격적 시학이며, 고대 시인들보다는 뒤 벨레나 롱사르가 비판하게 될 클레망 마로(Clément Marot)나 모리스 세브(Maurice Scève)의 작품들을 다수 인용하면서 이들의 모방을 권고했다. 1548년부터 1576년 마지막 판본 간행에 이르는 동안 총 5번(1551, 1555, 1556, 1564, 1573)에 걸쳐 판을 거듭했다는 사실은 당시 문단이 세비예의 시학에 매우 호의적이었다는 점을 추측게 한다. 게다가 1551년 바르텔르미 아노가 간행한 『호라티우스의 퀸틸리아누스』는 세비예의 시학에 대한 뒤 벨레의 비판을 반박하면서, 이전 세대의 문학을 지지한 시학으로 간주될 수 있으며, 1554년에 간행된 클로드 부아시에르(Claude Boyssière)의 시학 역시 아노의 입장을 재지지하면서 세비예의 영향력을 강화했다. 세비예의 『프랑스 시학』은 세기 후반기에도 여전히 많은 시인들에게서 일종의 참고서 역할을 수행한 셈이다. 이 점을 고려한다면 뒤 벨레가 자신의 『옹호』에 가해질 많은 비판을 염려한 것은 당연해 보인다.

한 화가가 고안해 낸 것을 모방하여[6]) 저는 침묵의 베일로 감싸지 않고서는 그것들을 더 생생하게 표현해 내지는 못할 것입니다. 왜냐하면 그토록 위대한 것을 위해서라면 (티투스 리비우스가 카르타고에 대해서 했던 것처럼[7]) 그것에 대한 충분치 않은 말을 하기보다는 전적으로 침묵을 지키는 것이 훨씬 더 나을 것이기 때문입니다. 그러니 그대의 **미덕**과 **권위**가 가장 위대한 자들로부터 존경을 받고 있는 것만큼이나 가장 미천한 인간들이 그대를 사랑하도록 만들기에 충분한 한결같은 호의와 함께 이 첫 번째 결실들을 받으시기를, 아니 좀 더 진중히 말한다면, 매우 **깊은 존경**의 마음에 **몸 둘 바**를 모르면서 **하늘**이 그대에게 행복한 긴 삶을 주시기를, 그대를 향한 하늘의 은총이 관대했고 심지어 넘쳐났던 것만큼 그대의 높디높은 공사(公事)에도 호의를 베풀어주기를 간청하면서, **존경하옵고 존경하옵는** 그대의 두 손에 입을 맞추는 이자가 **봄날**에 만든 이 첫 번째 결실들을 받으시기를 원하옵니다.

---

6) 그리스 화가 티만테스는 이피게네이아를 아르테미스 여신에게 바치는 장면을 다룬 「아가멤논과 이피게네이아」에서 그녀의 부친 아가멤논의 고통을 달리 어떻게 표현할 수가 없어서 그의 얼굴을 자기 옷으로 덮어버렸다.

7) 티투스 리비우스가 아니라 살루스티우스가 정확하다. 『유구르타 전쟁(Bellum Jugurthinum)』 9권 2장에서 "카르타고에 대해서는 말하는 것보다는 말없이 생각하는 것이 낫다"라고 적었다.

안녕히 계십시오, 1549년 2월 15일, 파리에서.[8]

---

8) 1563년 칙령 발표 전까지 공식력은 1월 1일이 아니라 부활절에 시작했다. 따라서 1550년 2월인지, 아니면 1549년 2월을 가리키는지 불분명하다. 헌사의 연도에 대한 의문은 여전히 남아 있다. 다만 헌사가 작성되고 나서 한 달 뒤인 3월 20일에 『옹호』가 인쇄된 사실에서 뒤 벨레가 작품 출간을 매우 서둘렀음을 추측할 수 있다.

저자는 **독자들**이 이 **책**의 말미에 이를 때까지 판단을 유보하기를, 그리고 제대로 읽지도 않은 채, 그 논거들을 따져보지도 않은 채, 이 책을 비난하지 않기를 바라노라.[9]

---

9) 루이 메그레(Louis Meigret)는 1542년에 간행된 『프랑스의 일반적 글쓰기에 관한 서(Traité touchant le commun usage de l'Escriture Françoise)』에서 독자에게 "인내심을 가지고 내 말을 듣지도 않고 나를 결코 비난하지 말 것"을 권고했으며, 그에 앞서 에티엔 돌레(Etienne Dolet)는 1540년 리옹에 위치한 자신의 출판사에서 간행한 『한 언어에서 다른 언어로 제대로 번역하는 방식(La Maniere de bien traduire d'une langue en aultre)』의 서문 「독자에게」에서 "읽고 판단하시라, 그러나 그대가 이 책을 훑어가면서 가질 수 있는 의심들을 만족시켜 줄 내 『프랑스의 연설가(Orateur françoys)』를 읽기 전에는 판단하지 마시라"고 권고한 바 있다. 돌레의 『프랑스의 연설가』는 출간되지 않았다. 책의 앞부분에서 이런 권고를 하는 것은 16세기 당시로서는 매우 흔한 일이었다. 그러나 뒤 벨레의 표현을 관습의 차원에서만 해석하기는 힘들다. 『옹호』에서 다루어질 내용은 문단에서 명성을 얻은 마로와 그를 추종하는 시인들에게는 일종의 무모한 도전으로 여겨질 수 있었기 때문이다. 프랑스 시인들보다는 고대의 시인들에 대한 모방을 권고하고, 프랑스어의 계발을 시도하지 않은 선조들과 동시대 시인들을 비난하는 것은 뒤 벨레 자신뿐만 아니라 롱사르가 수장이었던 플레이아드 시파 전체에 대한 신랄한 공격을 불러올 수도 있었다. 반면 마로 유파의 시인들은 세기 후반기까지 여전히 활발하게 활동하였다.

장 도라[1]

프랑스어의 옹호를 위하여

조국을 위해 싸우는 것보다 더 상서로운 징조(徵兆)는 없노라고[2]

---

1) 장 도라의 이 에피그램은 그리스어로 작성되었다. 도라의 라틴어 이름은 '아우라투스(Auratus)'이다. 도라는 롱사르와 뒤 벨레를 비롯한 미래의 플레이아드 시파 시인들이 고전을 공부한 코크레 학원(Collège de Coqueret)의 교장이었다. 뛰어난 그리스어 연구자였으며, 다수의 라틴어 작품을 출간한 인문주의 작가였던 도라의 교육을 받으면서 젊은 시인들은 호메로스를 비롯한 고전 작품을 해석하고 번역하였다. 16세기 당시에 권두시를 싣는 것은 일종의 관습이었다. 매우 유연한 정신의 소유자였던 도라는 자기 제자들이 발간한 시집에 그리스어나 라틴어로 된 권두시를 기꺼이 작성해 주었다.

2) 호메로스, 『일리아드』, 12권 243행. 트로이아 사람들을 이끌고 그리스를 공격하러 나선 헥토르가 한 말이기도 하다. 아리스토텔레스가 『수사학』(II, xxi, 1395)에서 언급할 정도로 하나의 속담이 되었다.

호메로스의 저 감미로운 말솜씨를 지닌 뮤즈가 말하였다.

이 시인을 흉내 내어 단언하겠다,

조국의 언어를 위해 싸우는 것보다 더 큰 영광은 없노라고.

뒤 벨레[3]여, 그대의 조상들이 조국의 영토를 지키기 위해 싸우면서

훌륭한 애국자로서의 명성을 마땅히 얻었던 것처럼

조국의 언어를 변호하는 그대 역시,

훌륭한 애국자로서의 명성을 영원히 갖게 될 것이다.[4]

---

3) 도라가 헌시에서 뒤 벨레의 이름을 언급함으로써 표지에 적혀 있던 'I. D. B. A.'의 익명성이 지닌 신비성은 사라지게 된다.

4) 군인, 외교관, 성직자, 작가로서 삶을 살았던 뒤 벨레 가문이 프랑스를 위해 했던 모든 행위를 도라는 찬양한다. 그러나 무력을 통한 정복과 언어를 위한 정복을 비교하는 것은 또 다른 의미도 내포한다. 『옹호』의 서두와 말미의 「작품 전체의 결론」에서도 헤라클레스가 등장하는 것으로 알 수 있듯이 작품의 구조는 매우 섬세하게 구축되었다. 작품의 첫 번째 쪽에 전통적인 헤라클레스의 모습과 작품의 마지막 쪽에 '골족의 헤라클레스(Hercule gaulois)'를 등장시키면서 뒤 벨레는 군사적, 정치적 수단을 통해 얻은 영광(translatio imperii)이 이제는 문예의 영광으로 이전(translatio studii)되었다고 선언한다. 모국어의 옹호는 군대를 동원한 전쟁에 비견될 수 있는 언어의 전투인 셈이다. 때로는 과감하고 대담하며 웅장한 뒤 벨레의 목소리를 작품 전체에서 들을 수 있는 이유이기도 하다. 한편 뒤 벨레는 자기 선조들의 공적을 계승하는 차원에서 도라의 칭송도 받고 있다. 조국의 영토를 지키기 위해 싸웠던 기욤 뒤 벨레와 장 뒤 벨레의 뒤를 이어 조아생은 조국의 언어를 위해 새로운 전투에 과감하게 나선 자이기 때문이다. 특히 장 뒤 벨레가 로마에서 조국을 위해 봉사한 것처럼 이제 조아생은 파리에서 조국의 언어를 위해 투쟁하게 된 것이다.

제 1 장
언어의 기원[1]

만약 **자연**이 (이에 대해서 뛰어난 명성을 얻은 어떤 이[2]가 그녀를 어머니로 불러야 할지, **계모**로 불러야 할지 의심하는 것은 나름대로 정당한데) 인간들에게 똑같은 **의지**와 동의(同意)를 주었더라면 거기에서 연유되는 수많은 편리함은 말할 것도 없을 것이고, 인간의 **불안정**

---

1) 일반적으로 1권 1장의 논지는 1권 3장에서 다루어질 내용과 배치된다고 파악되어 왔다. 1장에서 뒤 벨레는 언어 간의 차이는 언어 자체의 본질이 아니라 문화의 차원에서 파악되어야 한다고 주장하며 언어를 자연의 "풀과 뿌리와 나무들"에 견줄 수 없다고 말하지만, 3장에서는 언어를 식물에 비유하며 어떻게 식물을 '가꾸느냐(cultiver, culture)'에 따라 뛰어난 언어와 그렇지 못한 언어가 된다고 말하기 때문이다. 그러나 1장은 아직 야생 상태의 결실을 맺지 못한 식물을 언급한 것이며, 이에 반해 3장은 인간의 기술에 의해 경작된 식물을 다룬다. 주제의 일관성 차원에서 보면 1장과 3장은 서로 모순된다고 보기 힘들다.

2) 플리니우스 2세, 『자연사』, 7권 1장.

성이 그렇게 많은 말법을 만들어낼 필요도 없었을 것이다. 이런 다양성과 혼란은 당연히 바벨탑이라고 불릴 수 있다.[3] 그런데 **언어**는 **풀**이나 **뿌리** 그리고 **나무**와 같은 방식으로 태어나지는 않는다. 어떤 언어는 본래 그 씨앗이 허약하고 연약하게 타고나며, 다른 언어는 건강하고 튼튼하여 인간 정신이 만든 개념의 무게를 짊어지기

---

3) 뒤 벨레는 여기에서 문화와 자연의 단절을 지적한다. 언어는 친모이든 계모이든 어떤 방식으로든 자신을 낳거나 자신에게 권위를 행사하는 어떤 '기원 (source, ascendant)'의 영향을 받으면서 성장하지는 않는다. 그것은 인간 의지의 영향을 받는다. 그래서 다양한 의지만큼이나 다양한 언어가 탄생한다. 뒤 벨레는 이를 바벨탑에 비유한다. 바벨탑은 '변질(dénaturation)', 즉 자연법칙으로부터 벗어난 무언가의 상징이다. 그런데 그의 바벨탑에 대한 언급에는 특이한 점이 있다. 바벨탑 신화는 본래 언어의 존재를 인정하기 때문이다. 탑이 세워지기 전에는 최소한 하나의 언어는 있었다. 그런데 뒤 벨레는 이 하나의 언어를 전혀 언급하지 않는다. 여기에는 이유가 있다. 그는 무엇보다도 언어의 다양성을 언급하기 위해 인간 본성에 내재된 역량을 강조하려고 하는 것이다. 언어가 다양하게 된 것은 바벨탑 이전과 이후의 시기 사이에 단절이 있다는 것을 전제로 한다. 이것은 인간의 원죄를 상기시킨다. 원죄 이후의 인간은 최초의 자기 본성과 단절되었다. 인간은 신의 아들이었지만, 원죄 이후에는 계모인 자연의 품에서 자라났다. 뒤 벨레가 친모이든 계모이든 자연을 언급한 것은 이 신화를 언어에 적용하기 위해서이다. 언어가 식물과 다른 것이라면 그것은 자신의 완성을 이룰 품성이 이미 주어진 것이 아니라는 뜻을 지니게 되기 때문이며, 언어가 인간의 의지에 의해 탄생한다는 발언은 언어가 신의 항구성이 아니라 어머니에 비유되는 자연의 '비항구성(inconstance)'의 영향을 받아 다양해진 것이라는 의미를 함축한다. 바벨탑 신화는 시간의 단절을 전제하지만, 뒤 벨레는 이런 단절이 오히려 언어의 무한한 성장 가능성을 낳았다고 판단하는 것이다. 따라서 뒤 벨레가 자연이라는 어머니를 언급한 것에는 '불안정'한 인간의 무한한 가능성에 대한 신뢰가 내포되어 있다.

에 보다 더 적당하다. 그러나 그것들 모두의 힘은 인간의 자유 의
지에 의해 세상에 나왔다.[4] 그러므로 (내가 보기에) 한 **언어**를 찬양
하고 다른 언어를 비난하지 말아야 할 큰 이유가 있다. 모든 언어

---

4) 모호한 문장이다. 언어와 식물이 발전 과정이 본래 다르다고 말하면서 식물의
   성장에 언어의 성장을 비유하기 때문이다. 그러나 좀 더 들여다보면 여기에는
   언어와 세계에 대한 뒤 벨레의 관점이 담겨 있다. 식물은 그 자체의 타고난 품
   성에 의해 태어나고 자라난다. 예를 들어 도토리는 도토리나무가 될 품성을 지
   니고 태어나서 도토리나무로 성장한다. 도토리의 품성은 도토리나무로 되어갈
   수 있는 '힘(vertu)'을 의미한다. 여기에서 뒤 벨레는 아리스토텔레스를 따르고
   있는 것으로 보인다. 이 철학자는 피조물들의 발전 과정을 그것들이 세상에 가
   지고 나온 자질을 충만하게 실현하는 과정으로 본다. 이때의 충만하게 실현하
   는 과정은 '완성'을 의미하지 않는다. 그것은 여전히 기능하고 있는 어떤 '현동
   상태(en acte)'를 가리킨다. 그리고 이런 과정은 태어나면서 가지고 나온 자질
   이 '잠재태(en puissance)'였기에 가능하다. 그러나 뒤 벨레에 따르면 언어는
   식물과 다른 방식으로 성장한다. 도토리는 도토리나무로 자랄 수 있는 잠재적
   품성을 현동화해서 도토리나무가 되지만, 그것은 떡갈나무가 되지 못하는 한
   계를 지닌다. 이에 반해 언어의 잠재적 품성은 혼자서 성장하지 않는다. 그것
   에는 인간의 개입이 필요하다. 따라서 언어는 자연의 산물이 아니라고 할 수
   있다. 그렇지만 식물이든 언어든 공히 서로 다른 방식에 의해 성장해 갈 자질
   을 갖추고, 언어는 식물과 다르게 인간의 의지에 의해 성장해 간다는 관점은
   완성을 향해 나아가는 '가능성(possibilité)'의 세계를 지지하는 뒤 벨레를 엿보
   게 한다. 이런 '가능성'에 대한 신뢰는 사실 인문주의 정신을 반영한다. 이 시
   대에 인간은 모순투성이의 불완전한 존재이지만, 완전체인 '단일자(l'Un)'를 언
   제나 지향하며 나아간다고 고려되었다. 인간에게는 잠재적 가능성을 완성시켜
   나갈 수 있는 역량이 있다는 것이다. 르네상스를 진보의 세계로 부를 수 있는
   이유도 완전체와의 합일을 지향하는 관점에서 나온다. 인문주의자들이 세계의
   다양성을 인정할 수 있었던 것은 인간의 다양한 가능성에 대한 신뢰를 지녔기
   때문이다.

는 동일한 원천과 기원, 즉 인간의 상상[5]으로부터 태어났으며, 동

---

5) 원문은 "fantaisie"이다. 일부의 연구자들은 개념을 만드는 장소의 뜻으로 'fantaisie'를 사용한 이탈리아인들로부터 뒤 벨레가 영향을 받았다고 지적한다. 이탈리아인들은 개별적으로 개념을 구상할 수 있는 장소를 가리키는 것으로 이 용어를 이해했다. 뒤 벨레는 이것을 일반적으로 '보게' 만드는 것 혹은 사물을 포착하는 행위라는 의미로 파악한다. 완벽한 '지혜(intelligence)'의 단계에 도달할 수 없는 인간은 'phantaisie'를 통해 지혜의 일부분을 포착할 수 있다. 그런데 뒤 벨레가 '의지'를 강조하면서 이 용어를 사용한 것은 '상상'으로 옮길 수 있는 'fantaisie'가 인간이 무언가를 그려 보일 수 있는 자유 의지를 지녔다는 뜻을 내포하기 때문이다. 따라서 뒤 벨레는 이 용어를 사용하면서 인간의 '자유 의지' 혹은 인간 본연의 '자율성'을 염두에 둔다. 인간의 자유 의지는 창조를 가능하게 만드는 요소라는 것이다. 이 점에서 인간 의지와 관련된 'fantaisie'는 창조의 동인이다. '신의 의지(voluntas Dei)'가 그러하듯이, 신으로부터 피조물에 이름을 붙일 수 있는 '힘'을 부여받은 인간은 사물에 이름을 붙일 자유로운 의지도 지니고 있다. 따라서 원문에서 자주 사용되는 '의지'를 가리키는 'vouloir' 동사는 르네상스의 정신을 함축한다고 말할 수 있다. 라블레의 텔렘 수도원의 원칙인 "원하는 대로 하라(Fait ce que voudra)" 역시 인간의 개별적 자율성과 의지를 존중하는 인문주의 정신을 대변한다. 사실 르네상스 시대에 인간의 자유 의지는 신성 의지와 더불어 논란의 대상이었으며 심지어 서로 대립하기도 했다. 에라스무스의 『자유 의지(Du libre arbitre)』에 반대하며 루터는 『종속 의지(Du serf-arbitre)』를 간행한 바 있다. 운명론이나 결정론과 달리 인간이 자기 의지에 의해 스스로를 결정할 수 있다는 이런 사상은 『자유 의지론(De libero arbitrio)』을 발간한 성 아우구스티누스로부터 시작한다. 그는 이 책에서 '만약 신의 피조물들이 악을 범한다면 결국 그 죄는 인간을 만든 주인인 신한테 있는 것 아닌가?'라는 질문을 던지면서 각 피조물에게는 죄를 범할 수 있는 자유 의지가 있으며, 따라서 자기 행위의 책임자는 신이 아닌 그 행위를 한 자라는 답변을 내놓는다. 에라스무스는 신을 마주한 인간은 자유 의지를 지녔고, 따라서 인간 행위의 책임자는 인간 자신이라고 말하면서 성 아우구스티누스의 의견을 뒤따른다. 이에 반해서 루터와 칼뱅은 운명 예

일한 판단과 동일한 목적에 의해 형성되었다. 즉 인간의 정신이 구상하고 이해한 바를 알게 만들려는[6] 목적에 기인하고 있다. 분명 시간의 흐름과 더불어 어떤 언어는 섬세하게 규칙화됨으로써 다른 언어보다 더 풍부하게 되는 것이 사실이다. 그러나 그것은 해당 언어들의 타고난 빼어남이라기보다는 오직 인간의 기술과 능란함 덕분으로 여겨져야만 한다.[7] 그러므로 **자연**이 창조한 모든 것, 모든

정설을 제시한다. 인간의 모든 책임에 대해서 인간은 신 앞에서 자신의 신앙심으로, 즉 신 앞에서 그것을 증명해야 한다고 그들은 반박하였다. 이 증명은 인간 개인의 자유 의지라기보다는 신의 뜻 안에서의 의지이기에 종속 의지라고 할 수 있다. 인간의 권위와 존엄을 지지한 인문주의자들은 에라스무스의 주장을 수용하였다. 미란돌라(Jean Pic de la Mirandole) 역시 『인간의 존엄에 관한 연설(Oratio de hominis dignitate)』에서 신 앞에 선 인간의 전적인 자유를 피력하였다. 시의 경우에 국한해 말한다면, 자유 의지는 영감을 얻은 시인에게도 노동이 필요하다는 주장과 연관될 수 있으며, 언어로 세계를 재구성하고, 그 안에 시인인 자신을 어떻게 위치시킬 것인지의 문제로 나타난다. 르네상스 시인들의 작품에서 '기쁨(plaisir)'이라는 용어가 자주 사용되는 것도 바로 이런 시적 자유 의지의 피력과 연관된다. 그들의 육체적 쾌락에 대한 숭배나 여성의 아름다움에 대한 관능적인 시선 역시 이런 자유 의지가 반영된 결과이다.

6) 원문의 "signifier"를 옮긴 것이다. 어원의 측면에서 이 용어는 기호나 소리 혹은 이미지로 구상하거나 이해한 것을 '알게 만들다' 혹은 '보여준다'라는 뜻을 지녔다. 뒤 벨레는 이런 맥락에서 용어를 사용했다.

7) 언어의 발달이 인간의 사용 '방식(manière)'에 의해 이루어진다는 생각 역시 인문주의자들에 의해 공유되었다. 그들은 규칙(règle)을 따르는 언어만이 진정한 언어라고 파악했다. 만약 한 언어가 내적 규칙을 잠재하고 있다면, 그것은 더 많은 표현의 원천으로 성장할 가능성이 있다. 언어는 풍부해질 수 있고, 그

예술, 모든 **학문은** 세상 어디에서나 각기 동일하다. 다만 인간의 의지가 다양하기 때문에 다양하게 말하고 쓰는 것이다. 이런 점에서 그리스인이나 로마인이 아니면서도 프랑스어로 작성된 모든 것을 스토아학파 사람들의 오만한 태도 이상으로 눈썹을 치켜세우면서 경멸하고 거부하는 일부 우리 사람들의 어리석은 교만함과 무모함을 내가 비난하는 것이 지나친 것은 아니다. 또한 창안된 어떤 것[8] 이 해당 **언어에** 좋거나 나쁘다는 식으로만 고려되어야 한다고 여기면서 프랑스어가 모든 문예와 지식에 무용하다고 생각하는 일부 식자(識者)들의 희한한 견해에 내가 매번 놀라는 것도 지나치지 않다. 나는 전자의 사람들을 만족시키려고 하지 않았다. 다만 (가능하다면) 후자의 사람들이 내가 간략하게 소개하려는 몇몇 논거들 덕분에 자기들의 의견을 바꾸기를 진정 바랄 뿐이다. 이러저러한 문제를 내가 그들보다 더 명확하게 보고 있다고 느끼기 때문이 아니다. 오히려 외국어에 대한 지나친 애정이 모국어를 정당하고 공정

풍부함 덕분에 위대한 작품이 작성될 가능성도 높아진다고 인문주의자들은 생각했다. 이것은 세계의 무한한 가능성에 대한 관점을 드러낸다. 이런 이유로 뒤 벨레는 언어의 발달을 인간 의지와 연관시킬 수밖에 없었다. 그리고 '기법(art)' 역시 잠재된 언어의 품성을 발전하게 만드는 인간 의지에서 나온 것으로 고려되지 않을 수 없었다.

8) 원문의 "invention"은 작가가 구상한 모든 생각과 사상을 가리킨다.

하게 판단하지 못하도록 그들을 가로막고 있기 때문이다.[9]

---

9) 뒤 벨레는 1장에서 언어 간의 우열은 없으며, 다만 인간의 기술 여부에 따라
언어의 발달에서 차이가 발생한다고 주장한다. 그는 다양성을 인정하고, 인간
의 자의성을 중시한다. 인간의 의지를 신뢰하는 그의 관점은 이 시대를 특징짓
는 '다양성'과 '풍부함'에 대한 신념에 부응한다.

제 2 장
프랑스어를 미개하다고 말해서는 안 된다

이제 본론에 들어가기 위해서 바르바르(barbare)라는 용어의 의미를 검토해 보자. 고대 시대에 그리스어를 정확하게 말하지 못하는 자들은 바르바르(Barbares)라고 불렸다. 왜냐하면 외국인들이 아테네에 와서 그리스어를 말하려고 애를 쓸 때 그들은 종종 바르바라스(barbaras)[1]라는 터무니없는 소리를 냈기 때문이다. 그 이후에

---

1) 뒤 벨레의 오류이다. '바르바라스(barbaras)'라는 표현은 존재하지 않는다. 오히려 음성어 'barbaron'이라는 용어를 사용하는 것이 옳다. 'barbare'는 라틴어 'barbarus'의 차용어로서, 1308년 프랑스어에 도입되었다. 라틴어 'barbarus'는 그리스어로 '그리스 종교와 언어에 의해 형성된 그리스 문명에 속하지 않는 이방인', 즉 '그리스어를 모르는 자'를 뜻하는 'βάρβαρος/bárbaros'에서 차용했다(bárbaros>barbarus). 이들 이방인의 언어는 그리스인들이 보기에는 종잡을 수 없는 'bar-bar'라는 소리를 냈다. 이후 로마인들은 로마의 영역 밖, 즉 'barbare의 땅'을 의미하는 'Barbaricum', 즉 '밖에 있는 사람들'이라는 용어를

그들은 그리스 밖의 모든 민족을 **미개인**이라고 부르면서 이 용어를 거칠고 잔인한 풍속에까지 확장시켰다. 이런 것이 우리 **언어**의 뛰어남을 추호도 축소시켜서는 안 된다.[2] 왜냐하면 자신들이 고안해

사용했다. 미개인들이라고 불린 그들은 '제국(imperium)' 밖에 사는 자들을 가리켰다.

2) 16세기 중반에 프랑스는 이탈리아인들에 의해 여전히 '미개한' 국가로 불렸다. 이것은 프랑스를 경계하려는 이탈리아의 정치적 의도에 기인한다. 그런데 이런 비판이 단지 대외 정치적인 차원에 머문 것은 아니다. 이탈리아 추기경 피에라말라스(Pieramalas)는 자신을 방문한 니콜라 클라망주(Nicolas Clamanges)에게 프랑스가 이탈리아보다 시와 웅변의 영역에서 더 빛나지 않은 것은 프랑스인들이 자신들의 재능을 법학과 신학의 영역에만 쓰고 있기 때문이라고 지적했다. 당시 최고의 인문주의자인 미란돌라마저도 소르본 대학에서 신학 강의를 할 정도였다. 그런데 바로 여기에 문제가 있다. 현재의 '콜레주 드 프랑스(Collège de France)'의 전신인 '왕립학술원(Collège royal)'을 창시한 기욤 뷔데(Guillaume Budé)가 문예를 소홀히 취급한 프랑스를 비판한 것을 먼저 생각해 볼 수 있다. 뷔데에 따르면 당시의 성직자들은 문예에 관심을 갖고 있긴 했지만 시간의 영역 밖에 위치한 교리의 보존에 더욱 몰두했다. 심지어 그들은 프랑스의 과거에서 국왕과 군주들 그리고 기사들이 이룩한 업적을 후세에 전달하는 데 큰 신경을 쓰지 않았다. 군주들과 국왕들 역시 문예에 별 관심이 없었다. 뷔데는 이것을 '쇠퇴'로 간주한다. 그가 본 시대는 경력을 쌓고, 부를 축적하는 데에만 몰두할 뿐이다. 이에 대해 에티엔 돌레는 『라틴어 주해(Commentariorum linguae latinae)』에서 법률가들은 이득을 취하려고, 즉 "재산축적의 기술(l'art de bien)"만을 연마한다고 비난했다. 그리고 이들을 "저속하고 거의 야만에 가까운 무리(la tourbe rustique et quasi barbarie)"로 규정했다. 이들 신학자와 군주 곁에서 일부의 인문주의자들은 고대를 다시 발굴했던 페트라르카와 달리 더 이상 고대 문헌을 읽으려 하지 않았다. 심지어 라틴어 사용에 있어서도 오류를 범하였다. 그럼에도 불구하고 그들은 프랑스어

낸 것만을 높이 평가하는 그리스인들의 이런 오만함에는 자기 **민족**
을 정당화하고 다른 민족의 품위를 떨어뜨릴 권리나 특권이 없기
때문이다. 스키타이족들이 아테네인들 사이에서 **미개인들**이었다고
말한 것과 마찬가지로 아테네인들은 스키타이족들 사이에서 또한
미개인이 될 수 있다고 아나카르시스가 말하지 않았던가? 그리고
우리 **선조들**의 미개한[3] 풍습으로 인해 그리스인들이 우리를 미개

문체를 발전시키려는 자들을 무시했다. 바로 이런 상황에서 뒤 벨레는 "바르바
르"라는 용어로 1권 2장을 시작한다. 소르본의 성직자들과 법학자들 그리고 당
시 식자들이 프랑스 문화를 동시대 다른 나라에 비해 여전히 뒤처지게 만들고
있다고 판단했기 때문이다. 세기 초에 뷔데가 『문예 연구(Etude des Lettres)』
(1532)에서 프랑스 문예를 부흥시킬 필요성을 지적하고, 왕립학술원의 설립과
고전의 발굴을 강조한 것처럼, 뒤 벨레는 자기 시대를 미개한 것으로 간주하는
것을 부당하다고 판단하면서도 그런 상황에 빠지게 만든 당시의 지적 풍토를
고발하고 비난하지 않을 수 없었던 것이다.

3) 뒤 벨레는 과거의 프랑스 문화에 대해 'barbare'라는 표현을 사용하면서도, 다
음 문장에서 문화의 측면에서 보면 고대보다 못하지 않다고 언급한다. 모순된
발언이다. 과거가 미개하다면 이국의 사람들이 프랑스를 미개하다고 부른 것
은 정당하기 때문이다. 그러나 그가 『옹호』에서 사용하는 "우리(nous)"라는 대
상이 당시의 프랑스에서 활동한 사람들을 가리키는 것으로 본다면 이런 모순
은 어느 정도 이해될 수 있다. 하지만 지금의 프랑스어나 문화가 여전히 발전
을 이루지 못하였다는 것을 인식하고 있다는 점에서 이 문장은 『옹호』에서 발
견되는 논리나 어조의 비일관성을 지적하는 한 사례로 남을 수 있다. 게다가
뒤 벨레가 언어 문제에서 풍속의 문제로 건너간 것은 바르텔르미 아노의 격렬
한 비판을 불러왔다. 그런데 언어를 해당국의 풍속과 연관 짓는 것은 전통에
따른 것이기도 하다. 뱀보나 키케로는 '미개한'이라는 형용사를 인간보다는 풍
속을 지시하는 데 주로 사용하였다.

하다고 부르게 되었음을 인정할지라도, 지금의 우리를 미개하다고 평가해야만 하는 이유를 나는 결코 알지 못한다. 세련된 풍습이나 공평한 법 그리고 담대한 정신, 즉 유익하면서도 칭송을 받을 만한 모든 생활 형태와 방식[4]의 측면에서 우리가 그들보다 결코 못한 것은 아니기 때문이다. 아니 그들보다 훨씬 더 낫다. 그들이 다른 민족에게 부여했던 바로 그 말로 우리가 그들을 부르는 것이 정당하다고 할 수 있을 정도이며, 지금의 그들이 또 그러하기 때문이다. 영광에 대한 야망과 채워지지 않는 갈증 때문에 우리를 그런 식으로 불렀던 로마인들에 비추어 본다고 해도, 우리가 미개하다고 불릴 이유는 없다. 그들은 주변의 다른 모든 민족을 옭아매려고 했을 뿐만 아니라 다른 나라를 천박하고 저열한 것으로 만들려고 했다. 특히 골족이 그러했다. 로마인들은 다른 어떤 민족들보다도 골족으로부터 더 많은 수치와 피해를 받았다.[5] 이 점에서 로마인들의

---

4) 1장에서와 마찬가지로 뒤 벨레는 '방식(manière)'이라는 용어를 강조한다. 그 것은 '규칙(règle)'에 의해 무언가를 조정하는 능력이다. 이 어휘를 사용하며 그 는 인간의 우수한 '역량'에 대한 신뢰를 드러낸다. 그는 1권 1장의 마지막에서 겸손하고도 조심스런 태도를 유지하면서 그릇된 "의견"에 자신의 "의견"을 맞 서게 하겠다고 예고하였는데, 이것 역시 그가 앞으로 할 논거들의 전개 양상 (manière)이 자신이 제시하는 내용과 마찬가지로 매우 중요한 요소가 될 것 이라는 점을 암시하기 위해서이다. 그는 아리스토텔레스를 따라 '잠재태(en acte)'를 중시한다.

5) 뒤 벨레는 당시 인문주의자들이 공유하던 민족주의적 관점을 피력한다. 장 르

위업이 전 세계에서 그토록 찬양받고, 게다가 다른 모든 민족 전체
의 행적보다도 오랫동안 더 높이 평가되는 것에 대해 수차례 생각
해 보았는데, 다음보다 더 나은 이유를 나는 찾지 못하였다. 그것
은 로마인들에게는 아주 많은 **작가들**이 있어서, 전투의 열정과 이
탈리아 침략 혹은 외국 원정과 같은 그들 대부분의 위업들(좋게 얘
기한다면)이 **오랜 시간**을 거쳐서 오늘에 이르기까지 통째로 보존되
었다는 것이다.[6] 반대로 다른 민족, 특히 프랑크족의 권력 아래로
편입되기 이전의 골족의 활동과 그들이 골족에게 부여했던 이름인
프랑스인들의 활동들은 제대로 한데 모아지지 못해서 우리는 그것

메르 드 벨주(Jean Lemaire de Belges), 장 부셰(Jean Bouchet), 기욤 뒤 벨레
등은 골족의 우수성을 주장하며 프랑스 역사의 전통이 지닌 뛰어남을 강조한
바 있다. 이것은 후에 시의 영역에서 롱사르의 『라 프랑시아드(La Franciade)』
(1574)와 같은 서사시의 작성으로 이어진다.

6) 이런 언급은 1장에서 언어의 본질적 우열보다는 언어를 다루는 기술과 활동의
차이가 뛰어난 언어와 그렇지 못한 언어에 대한 견해를 낳는다는 입장을 다시
반복하는 것에 해당한다. 여기에서 뒤 벨레의 언어에 대한 관점은 글쓰기와 시
그리고 문학의 영역으로 넘어간다. 그는 뛰어난 역사를 언어로 보존하는 것만
이 역사와 민족의 우수함을 드러내는 방법이라고 파악한다. 뛰어난 문화를 가
졌던 골족이 미개하다는 평가를 받는 것은 부당하지만, 그런 평가를 받지 않을
수 없게 된 것에는 그들의 훌륭함이 작가들에 의해 보존되고 전수되지 못했다
는 이유가 있다고 그는 판단한다. 그에 따르면 모국어를 사용하는 뛰어난 작가
들의 존재는 문화의 뛰어남을 지속시키는 힘이 된다. 『옹호』가 단지 언어에 국
한되지 않고 문학과 문화 전반에 관한 고찰로 간주되어야 하는 까닭을 여기에
서 발견할 수 있다.

들의 영광뿐만 아니라 기억[7]마저도 거의 잃어버리고 말았다.[8] 이
것은 로마인들의 시기심으로 강화되었다. 그들은 소위 우리를 상
대로 결탁하여 음모를 꾸미고, 그 광채[9]를 견딜 수 없었기 때문에
전쟁을 치르면서 할 수 있는 한 최대한 우리에 대한 찬양을 축소시
키려고 했다. 그런 점에서 그들은 우리에게 해를 끼쳤을 뿐만 아

---

7) 모든 문화는 기억에 의해 전해지고 유지된다. 기억은 과거와 현재 그리고 미래
의 구분을 파괴하는 힘을 지닌 능력이다. 그것은 시간을 극복하는 것이기에 영
원하고 위대하다. 『옹호』에서 뒤 벨레가 골족을 환기하는 것과 그를 비롯한 플
레이아드 시파의 시인들이 과거 군주들의 위대한 영광을 다루는 것도 바로 기
억의 중요성을 강조하기 위해서이다. 특히 롱사르의 『오드 시집(Les Odes)』
(1550)이 프랑스 왕족과 귀족들의 무훈을 중세 시인들의 전통을 이어받으면
서 찬양하는 이유가 여기에 있다. 뮤즈들의 어머니인 기억의 여신 므네모시네
(Mnémosyne)에 의지해서 역사에 불멸성을 부여하기 위해서였다. 시는 기억
이다. 과거를 기억하며 미래로 투사한다는 시의 기능이 시의 교훈적 기능과 함
께 이 시대에 다루어졌다.

8) 뒤 벨레의 이러한 관점은 인문주의자들에 의해 널리 공유된 것이기도 하다. 예
를 들어 기욤 뷔데는 『군주 교육(Institution du Prince)』의 15장에서 프랑스에
는 언변이 유창한 뛰어난 많은 식자들이 있을지라도 그 덕분에 프랑스가 다른
나라보다 더 많은 평판을 얻을 이유는 없다고 주장한다. 그들의 위대하고 훌륭
한 업적들이 그것에 걸맞은 우아함과 고귀함을 지닌 글들로 모아지지 않았다
고 보기 때문이다. 기욤 뒤 벨레 역시 『역사 개론(Epitome)』의 서문에서 다른
민족이 부러워하는 프랑스의 뛰어남은 기억될 만한 글로 남겨져야만 했지만,
선조들이 글을 쓰는 것보다는 몸으로 실천하는 행위, 즉 전쟁에서의 승리와 같
은 무훈을 쌓는 것에 더 이끌린 경향이 있었다고 아쉬워한다.

9) 라틴어 'claritas'에서 파생한 이 용어는 '현양(illustration)'이라는 이 책의 주제
와 밀접한 관련이 있다.

니라, 우리를 더 가증스럽고 경멸스럽게 만들려는 목적으로 우리를 거칠고 잔인하며 미개하다고 불렀다. 누군가는 물을 것이다. 어째서 로마인들은 그리스인들을 이 용어에서 제외시켰는가라고. 그들은 자신들의 훌륭한 모든 것, 적어도 지식과 자기 언어의 찬란함을 그리스인들로부터 빌려왔다. 그래서 그리스인들보다는 오히려 자신들을 더 크게 모욕할 수 있었기 때문이다. 이런 이유들로 인해 나는 우리 언어가(우리의 적들에 의해서건, 혹은 우리에게 이런 명칭을 부여할 권리가 없었던 사람들에 의해서건 미개[10]하다고 불렸을지라도), 특히 이 언어가 고유한 것이고 자연스러우며 그리스인들이나 로마인들에 비해 조금도 모자라지 않다고 판단하는 사람들로부터[11] 몃

---

10) 원문에서는 복수형 "Barbares"가 사용되었다. 이것은 앞의 "언어"를 한정하기보다는 "언어"라는 용어에 내포된 '사람들'을 지시한다.

11) 모든 공식 행정 문서에 프랑스어 사용을 강제한 '빌레르 코트레 칙령'(1539)에도 불구하고 여전히 프랑스어는 지방 방언과 스페인어 그리고 이탈리아어와 같은 외국어, 또한 지식과 학문 그리고 종교의 언어인 라틴어의 위협을 받고 있었다. 특히 라틴어는 식자들의 모어(母語)였으며 문화적 기억을 담아내는 언어였다. 라틴어는 제2의 조국의 언어, 즉 세계 문화의 언어였다. 따라서 라틴어를 사용하거나 라틴어로 작성된 저서를 참조하는 것은 마땅히 지식인으로서 해야 할 일 가운데 하나였다. 라틴어의 권위는 절대적이어서 프랑스어로 『에세(Essais)』를 작성한 몽테뉴 역시 라틴어 인용을 선호했다. 당시 인문주의자들이 프랑스어와 라틴어를 동시에 사용한 이유가 여기에 있다. 뒤 벨레 역시 이중 언어 구사자였다. 그는 『라틴어 시집(Poemata)』을 작성했으며, 그 이유를 『회한 시집에 수록된 「그것은 화려한 강변을 흐르는 에트루리아강이 아니었다(Ce n'est le fleuve thusque au superbe rivage)」에서 밝힌 바 있다. 그에 따르면

시를 받아서는 안 된다는 점을 사물을 **공평무사하게**[12] 판단하는 모든 사람에게 충분히 가르쳐줄 수 있다고 생각한다.[13]

프랑스어는 이국의 땅에서는 반향이 불가능한 언어일 뿐이다. 그러나 16세기 당시에 라틴어 사용이 프랑스어의 발전에 위협이 되었다는 그간의 지적은 다소나마 수정될 필요가 있다. 라틴어 사용을 통해 익힌 자연스러운 문체 그리고 로마 작가들의 섬세한 언어 운용 방식에 대한 인식이 프랑스어로 작품을 작성하는 가운데 반영될 수 있었기 때문이다. 이 점에서 모국어의 현양을 주장하면서 라틴어를 사용한 뒤 벨레를 비난하기는 힘들다. 그는 『라틴어 시집』의 「독자에게(Ad lectorem)」에서 프랑스어를 정부인(貞夫人)으로, 그리고 라틴어를 애인으로 비유하면서 자신이 간통을 했다고 비난해서는 안 된다고 주장한다. 정부인인 프랑스어도 아름답지만, 애인 역시 그만큼 아름답기 때문이라는 것이다. 그는 라틴어의 사용에서 언어의 음악성, 비유적 표현, 사고의 체계, 조화로운 울림 등을 익혔으며, 그것들을 프랑스어에 적용하려고 시도했다. 이를 고려한다면 라틴어는 프랑스어로 창작 활동을 할 때 하나의 전범으로 기능했다. 그것이 프랑스 시인들의 언어에 대한 감수성을 섬세하고 풍부하게 만드는 데 기여한 것을 부인할 수는 없다. 따라서 라틴어 사용은 새로운 미학의 탄생을 준비하는 데 매우 중요한 역할을 수행한 것으로 평가될 필요가 있다.

12) 이 용어는 자연으로부터 탄생한 모든 언어는 본래 '동등'하다는 1장의 견해를 이어간다. 언어 사이의 공평성 그리고 그에 대한 판단의 공평성이 언제나 요구된다는 의견을 뒤 벨레는 견지한다. 자연이 물려준 언어의 '본질(nature)'은 동등하다. 이런 이유로 뒤 벨레는 다음 장에서 인간 활동의 중요성을 강조하지 않을 수 없었다.

13) 뒤 벨레의 입장은 정치적이다. 이런 태도는 당시 작가들이 공유한 것이기도 하다. 롱사르의 작품에서 전쟁의 승리에 대한 찬양이 자주 다루어지는 것은 그것이 군주의 훌륭한 미덕의 증거이기도 하지만, 나아가 프랑스의 무력적 승리가 민족의 우수한 자질을 드러낼 수 있으며, 프랑스 문예의 우수함을 증명하고 보장할 요소가 될 수 있다고 판단했기 때문이다. 16세기 작가들의 민족주의는 타

민족의 우수함을 인정하지 않고 자민족을 찬양하는 그런 것이 아니었다. 그들은 우수한 타 민족을 인정하면서도 그들과 동등하거나 더 뛰어나다는 것을 드러낼 목적으로 민족 감정에 호소했다. 이런 까닭에 뒤 벨레는 그리스나 로마가 골족을 무력으로 장악한 것을 비판하면서도 그들 문화의 우수함을 인정할 수 있었다.

제 3 장

프랑스어가 그리스어나 로마어처럼
풍부하지 않은 이유는 무엇인가

그런데 우리 언어가 그리스어나 로마어처럼 그렇게 풍성하고 비옥하지 않다고 하더라도 이것을 마치 우리 언어의 결함 탓, 즉 이 언어가 본래 빈곤하고 메마르지 않을 수 없었기 때문이라고 여겨서는 안 된다. 오히려 우리 선조들[1]의 무지[2] 탓으로 돌려야만 할

---

1) 원문은 "majeurs"이다. 라틴어법에 해당한다.

2) 라블레는 「가르강튀아가 팡타그뤼엘에게 보낸 편지」(『팡타그뤼엘』 8장)에서 "이 시대는 여전히 캄캄하고, 좋은 모든 문학을 파괴하고 만 고트족들로 인해 생긴 불행과 불운의 냄새를 풍긴다"고 언급한 바 있다. 르네상스 시기에 '무지'에 관한 두 가지 관점이 있다. 우선 소크라테스의 '내가 무엇을 아는가'라는 자문처럼 인간적인 앎의 한계에 대한 의문을 갖게 함으로써 역설적으로 지식의 필요성을 강조하는 데 도움을 주는 무지가 있다. 몽테뉴가 무지에 대한 인식이 앎의 단계로 나아가게 한다고 주장했던 것이 이에 해당한다. 이와 달리 무지를 지식의 적으로 간주하는 관점도 있다. 뒤 벨레는 『옹호』의 다음 장들에서 시인

것이다. 그들은 (어떤 이가 로마의 선조들에 대해 말한 것처럼) 말을 잘
하는 것[3]보다는 훌륭한 행위를 하는 것을 더 높이 평가하였고, 후
대에 가르침보다는 미덕의 사례들을 남겨주기를 더욱 갈망했다.[4]
따라서 그들은 훌륭한 자기네 업적[5]이 거둔 영광을 스스로 상실하
고 말았으며, 우리는 그들을 모방함으로써 얻을 수 있는 결실을 잃
어버리고야 말았다. 그리고 이와 마찬가지로 우리에게 너무 빈약

의 본질적 기능은 단지 영감에 의존하는 데 있지 않으며, 이와 더불어 박식함
을 갖추어야 한다고 주장한다. 그가 '노동(labeur)'의 미덕을 요구하는 이유이
기도 하다. 당시 시인들은 '학문의 띠(encyclopédie)' 안에 포함되는 다양한 학
문들로부터 앎을 섭취해야만 했다. 과학시나 철학시 등의 장르가 16세기에 등
장한 것도 바로 배움이라는 노동을 통한 지식의 습득이 시인에게 요구된 것과
관련이 있다. 무지의 배척은 인간 정신의 '진보'를 이루기 위한 첫 번째 요소가
된 셈이다. 게다가 이것은 지식을 통해 우주의 비밀을 간파하는 기능이 시인의
본질을 이룬다는 주장과도 연계된다. 무지의 배척은 인간 지성의 역량을 '옹호'
하고 그것의 진보 가능성을 '현양'하는 데 필요한 요소였다. 따라서 무지의 배
척은 인본주의 정신의 기초를 이루는 토대라고 할 수 있다.

3) 행동을 기록으로 옮기는 행위가 선조들에게 결여되었다는 뒤 벨레의 비난은
   수사학의 필요성에 대한 언급으로도 이해될 수 있다. 설득적인 말의 기술인 수
   사학은 말을 풍성하고 설득력 있게 만들 수 있는 요소로 기능할 수 있다.

4) '글로 행적을 남기기보다는 행위를 하는 것 자체를 선호한 덕분에'라는 뜻이다.
   글의 가치를 소홀히 한 선조들에 대한 비난이며, 이것은 로마의 유산이 작가들
   에 의해서 보존될 수 있었다는 2장에서의 발언을 연장한다. 작가의 역할이 언
   어의 발달에 중요하다는 것을 뒤 벨레는 강조한다.

5) 원문은 "leurs bien faitz"로서 '무훈'의 뜻을 지닌 라틴어 'benefacta'를 프랑스
   어로 옮긴 것으로 보인다.

하고 헐벗어서 타인의 장식들[6]과 (이런 식으로 말해야 한다면) 붓을 필요로 해야만 하는 언어를 남겨주었다.[7] 그러나 그리스어나 로마어가 호메로스나 데모스테네스, 베르길리우스와 키케로[8] 시대에 나 볼 수 있었던 그런 뛰어난 상태에 항상 머물러 있다고 누가 감히 말할 수 있겠는가?[9] 그리고 만약 이들이 자기들 언어를 열정적

---

6) 수사적 표현법의 중요성을 강조하는 언급이다. 뒤 벨레는 수사학의 구성 요소들 가운데에서 착상(invention)과 표현(elocutio)만을 『옹호』에서 다룬다. 착상은 언어를 풍부하게 만들 수 있는 수단인 '번역'과 '모방'의 필요성에 대한 언급으로 이어지고, 표현은 언어를 다루는 방식의 필요성을 강조할 때 언급된다.

7) 호라티우스의 『서한시』(I, viii, v. 17)에서 빌려온 표현이다. 호라티우스는 특별한 작품을 만들려고 고심하기보다는 표절을 쉽게 행하는 자를 까마귀에 비유한다. 한편 뒤 벨레는 언어와 문체를 동일시한다. 그는 표현력의 발전이 언어를 풍부하게 만들 수 있다는 관점을 견지한다.

8) 뒤 벨레는 두 명의 그리스인과 두 명의 로마인을 지적하고 있다. 이들은 또한 두 명의 작가와 두 명의 연설가로 구분될 수 있다. 이런 언급은 시와 수사학의 밀접한 연관성에 대한 암시이기도 하다.

9) '제국의 이전(translatio imperii)'이라는 개념에 의거하여 역사의 이동과 시간의 이동에 대한 관점을 드러낸다. 뒤 벨레는 고대 로마의 영광이 이제 프랑스로 옮겨지게 된다는 생각을 정당화하기 위해 이런 언급을 했다. 한편 그는 『로마의 유적들』에 수록된 「소네트 III」에서 화려했던 고대 로마의 영광스런 흔적이 세월에 사라져버린 것을 목격하였다고 노래하게 될 것이다.

> 새로 온 이여, 로마에서 로마를 찾으려 하는 그대는
> 로마에서 로마였던 그 무엇도 알아보지 못하며,
> 그대가 보고 있는 이 낡은 궁정과 이 낡은 개선문들,

으로 돌보고[10] 경작[11]할 수 있었다 할지라도, 더 큰 결실을 얻을 수는 결코 없었을 것으로 판단했다면, 우리가 지금 목격하고 있는 이런 수준까지 그들이 자기들 언어를 올려놓기 위해 그렇게 많은 노

그리고 이 낡은 벽들, 그것만이 로마라고 불렸던 것들이다.

자 보라, 저 잘난 오만함이 어떻게 폐허로 남게 되었는지, 어떻게
모든 것을 지배하려고 자기 법 아래에
세상을 두었던 로마가 스스로 굴복하게 되었는지를,
모든 것을 먹어치우는 시간에 포로가 되었는지를.

로마는 로마의 유일한 기념물일 뿐,
로마는 로마를 굴복시켰을 뿐,
바다를 향해 달아나는 티브르강만이

로마로부터 남게 되었다. 오, 한결같지 않은 세상이여!
단단했던 것은 흘러가는 시간에 파괴되고,
달아나는 것은 시간에 저항하는구나.

시인 뒤 벨레가 로마에서 발견한 것은 폐허로 남은 유적일 뿐이다. 그들이 누린 과거의 영광은 티브르강처럼 달아나고 말았다. 시인의 이런 목격은 로마의 뒤를 이어 프랑스가 새로운 영광의 도래를 맞이하게 되리라는 믿음을 강화하는 데 기여한다.

10) 원문의 "diligence"를 옮긴 것으로 '깊은 배려(soin empressé)'라는 뜻도 지닌다.

11) 문화는 경작(cultiver)에 의해 발전해 간다는 관점에서 뒤 벨레는 언어의 발전을 식물 재배 행위에 비유한다.

력을 기울일 필요가 있었단 말인가? 또한 나는 우리 언어에 대해서 그것이 열매를 맺지 못한 채 여전히 꽃을 피우기 시작한, 아니면 어떤 **식물**이나 **새순**처럼 여전히 꽃을 피우지 못하였기에 그것이 맺었어야 할 모든 열매를 결코 만들지 못했다고 말할 수 있을 것이다.[12] 이것은 분명 다른 언어처럼 결실을 맺기에 적절한 그런 **자연성**이 우리 언어에 결여되어 있기 때문이 아니라, 오히려 그것을 안전하게 관리는 했지만, **황량한 땅**에서 막 태어난 야생 식물인 양 그것에 물을 주지도, 가지를 쳐주지도 않은 채, 그늘을 드리우는 **가시덤불**이나 **가시**로부터 그것을 보호하는 대신에 오히려 늙어 죽게 내버려 둔, 그것을 충분히 가꾸지 못한 사람들의 잘못 때문일 것

---

12) 꽃은 번역을 가리키고, 열매는 문학 작품을 지시한다. 뒤 벨레는 뒤에 이어질 번역과 모방의 필요성을 위해 언어를 식물에 비유한다. 1장에서와 마찬가지로 언어를 자연과 연관시키는 것은 자연스러움에 대한 존중이 언어의 발달을 보장하는 요소라는 점을 강조하기 위해서이다. 봄이 지나면 여름이 오듯이, 언어 역시 발전의 가능성을 우주의 원칙에 의해 보장받는다는 이런 관점은 앞에서 언급된 시간이 흐를수록 문화는 발전한다는 관점과 밀접한 관련이 있다. 따라서 '자연, 역사, 언어'라는 세 개념이 이 시대의 문학의 가치에 대한 사고 안에서 밀접한 관련을 맺고 있었다. 서로 무관해 보이는 요소들이 서로 조응하고, 하나의 사물이 다른 사물의 속성을 지니고 있다는 점에서 뒤 벨레에게 사물과 우주가 연계되어 있다는 '알레고리'의 세계관이 있다는 것도 확인할 수 있다. 한편 알레고리는 연속성을 속성으로 삼는다. 단절의 속성은 알레고리의 존재 자체를 불가능하게 만든다. 자연, 역사, 언어를 연계하려는 뒤 벨레의 이런 관점은 그가 '시인'의 태도를 지니고 있다는 암시가 되기도 한다. 시인은 일상의 시선에 감춰진 어떤 세계와 지금 사이의 연계성을 찾아 나선 자이기 때문이다.

이다.[13] 만약 로마인들의 선조들이 자기네 언어가 막 봉오리를 맺기 시작했을 때 돌보기를 방치했더라면 분명히 그토록 짧은 시간에 그것은 그렇게 크게 자라나지 못했을 것이다. 그러나 훌륭한 농부들처럼 그들은 자기네 언어를 처음에는 야생의 장소에서 집안으로 옮겨놓았다.[14] 그 이후에 그들은 좀 더 신속하게 그리고 언어가 열매를 더 잘 맺을 수 있도록 주변의 쓸모없는 가지들을 잘라내 주었고, 장인의 손놀림을 사용해서 그리스어로부터 가져온 싱싱하고 잘 다듬어진 가지들로 그것들을 대체했으며, 그래서 이 가지들은 빠르게 잘 접목[15]되어 본래의 몸통 모양새를 갖추게 되었고, 가

---

13) 인간의 의지적 행위가 언어라는 식물의 성장을 결정하는 요소라는 의미이다.

14) 원문은 "transmuée"이다. '변화'를 의미하는 'muer'와 '옮김'의 뜻을 지닌 'trans'의 합성어이다.

15) 뒤 벨레는 언어에는 성장의 자양분이 있다는 것을 인정하고 지지하면서도, 언어의 발달은 타 언어와의 접목(greffe)에 의해 촉진될 수 있다고 파악한다. 접목하는 행위는 경작 행위에 속한다. 즉 그것은 문화의 배양에 해당한다. 따라서 뒤 벨레의 이와 같은 표현에서 문화 상대주의를 인정하는 사고를 읽을 수 있다. 후에 몽테뉴 역시 이런 문화 상대주의의 관점에서 신대륙 원주민의 문화를 보존할 것을 요구하게 될 것이다. 한편 옮겨놓기(transplantation)와 접목은 5장에서 번역과 모방의 개념으로 확장된다. 또한 그것은 원전의 세계를 원전을 대하는 자의 세계로 이동하는 행위를 의미할 수 있다. 원전은 본래의 땅에서 벗어나 미지의 땅으로 옮겨지면서 다른 문화의 발전을 촉진시킬 수 있다. 마치 한 나무의 생명력이 전혀 다른 종의 나무에 접목되어 자신의 본질을 살게 하면서 동시에 다른 본질 역시 살게 만드는 것과 같다. 이것이 접목의 효과

꾸어졌다기보다는 자연스러운 것처럼 보이게 되었다.[16] 그로 인해

이고 번역의 궁극적 목적이기도 하다. 따라서 번역과 모방은 뒤 벨레에게서는 문화의 발전과 밀접한 연관성을 지닌 것으로 간주되며, 이 점을 일관되게 그는 언급할 것이다. 그가 1권 11장에서 모국어 작가들을 모방하려는 프랑스인들을 비난한 것도 바로 1권 3장의 주장과 연계된다. 고대의 작가들을 모방하는 것과 자기네 작가들을 모방하는 것은 발전이나 생성의 차원에서 전혀 다른 문제이다. 동일한 문화 내에서의 모방은 생명력을 상실한 모방일 뿐이기 때문이다. 여기에서 독자는 뒤 벨레의 일관된 관점과 『옹호』의 긴밀한 내적 논리를 확인할 수 있다. 『옹호』의 내용들이 일관되지 않다는 지적이 있지만, 뒤 벨레의 표면적 언급 뒤에는 논리의 일관성을 유지하는 글쓰기 방식이 숨어 있다. 그는 서로 구분된 각 장의 형식에도 불구하고 이미 다루어진 내용들이 이후의 논리들과 유기적 관계를 맺게 만드는 방식을 사용한다. 그의 글이 치밀하고 세심한 정신을 반영한다고 보는 것이 더욱 적절하다.

16) '자연스러움'은 이 당시 모든 작가가 지향한 것이기도 하다. 이것은 타 문화의 '자기화'와 연관되며, 나아가 원전의 속성을 존중하되 도착 문화에 걸맞은 번역이 되어야 한다는 번역관으로도 이어진다. 인간의 노력은 필요하지만, 그것은 자연이 허락하는 범위 안에서, 즉 자연스럽게 만들어야 한다는 목적성을 동시에 가지고 있다. 뒤 벨레가 언어의 발달을 경작의 관점에서 파악하는 것도 언어가 문화의 주요 요소 가운데 하나라고 파악했기 때문이다. 그의 언어에 대한 옹호는 문화에 대한 옹호 이외의 다른 것이 아니다. 따라서 언어의 문제를 다루는 『옹호』는 문화에 관한 책이기도 하다. 문화에 대한 이런 생각은 당시의 정신성을 반영한다. 르네상스는 생산과 상업의 시대이다. 지금만큼이나 빠르게 사회가 진보했고, 물질의 추구에서 삶의 안위를 찾으려 했던 시대이다. 상업과 더불어 세계가 합리적으로 되어갔으며, 부(富)는 모든 이의 선망의 대상이었다. 모든 것을 풍부하게 만들어야 한다는 생각이 이 시대 사람들의 정신을 지배했다. 황금이 중시되었고, 그런 까닭에 게으름은 거부의 대상이기도 했다. 이런 세계관이 『옹호』에 내재되어 있다.

리듬과 매우 예술적인[17) 조화음[18)을 지닌 저 위대한 웅변으로 채색

---

17) 원문은 "artificielle"이다. 여기서는 '인위적인 것' 혹은 '기술에 근거한 것'이라는 뜻보다는 'artistique', 즉 예술적인 측면과 관련이 있다.

18) 키케로가 『웅변가에 관하여(De l'Orateur)』 3권에서 제시한 'numerus'에 해당하는 'nombre'를 옮긴 것이다. 'nombre'는 장단음이 만들어내는 조화와 화음을 가리킨다. 라틴어는 그리스어의 'ῥυθμός(rhythmos)'를 번역한 것이다. 그리스어에는 장음과 단음 그리고 강약의 어조가 있지만, 프랑스어에는 이것들이 결여되어 있다. 뒤 벨레가 "조화로운 리듬"을 강조한 것은 그리스어 속성을 프랑스어에 적용하여 가능한 한 프랑스어를 리듬이 있는 언어로 만들기 위해서이다. 따라서 뒤 벨레가 음악의 조화로운 소리(son)와 언어의 풍부함을 연계시키고 있다는 것을 확인할 수 있다. 또한 '조화음'이라고 번역한 'lyaison'은 라틴어의 'conjonctio'에 해당하는 것으로서 'compositio'와 동의어이다. 'conjonctio'는 '말과 생각의 결합'을 의미하지만 뒤 벨레는 '소리(sonus)'와 관계된 'compositio'를 염두에 두었다. '조화로운 소리'를 의미하는 'compositio'는 문장을 구성하는 요소들이 모음 충돌과 같이 서로 부딪치지 않게 만드는 것 그리고 듣는 이의 귀를 거슬리지 않게 만드는 역할을 하는 무언가를 가리킨다. 이런 'numerus'와 'compositio'가 서로 어울려 문장의 균형을 의미하는 'concinnitas'를 만들어낸다. 뒤 벨레는 'concinnitas'에 대해서 언급하지 않았지만, 키케로는 'concinnitas'가 영혼을 사로잡을 수 있는 리듬의 효과를 요구하는 웅변적 산문과 일반적인 산문의 차이를 만들어낸다고 주장한 바 있다. 또한 뒤 벨레는 이 장에서 어떻게 'numerus'와 'compositio'를 프랑스어에 적용할 수 있는지에 대해서도 언급하지 않는다. 그 방법은 1권 9장과 2권 7장 및 8장에서 다루어질 것이다. 다만 언어 구성의 조화로운 리듬을 유지하고 그것을 표현하는 것이 프랑스어의 풍부함을 이뤄낼 수 있다는 뒤 벨레의 주장은 프랑스 시인들에게 시의 음악성을 탐색하도록 촉구하는 계기가 되었다. 롱사르가 『오드 시집』의 서문 「독자에게」에서 자신을 "프랑스 최초의 서정시인"으로 소개할 수 있었던 것도 남녀성 각운의 교차를 실현하면서 시의 음악성을 증명했다는 확신이 있었기 때문이다. 게다가 시의 리듬성과 음악성은 생생한

된[19] 꽃들과 열매가 로마어로부터 탄생되었다. 이 모든 것은 로마어의 본질에 의해서가 아니라 기술에 의해 결실을 보았다. 그 어떤 언어라도 생산을 하기 마련이다. 그러니 우리가 우리 언어에 대해 한 것보다도 자기들 언어를 훨씬 더 섬세하게 경작했던 그리스인들과 로마인들이 엄청난 수고[20]를 들여 결실을 맺기 위한 작업을 하지 않았더라면 그 어떤 뛰어난 속성[21]과 조화로운 리듬 그리고 나아가서는 그 어떤 웅변력도 찾아내지 못했을 것이다. 따라서 우리 언어가 비옥해질 수 있는데도 그렇게 되지 않은 것에 놀라서는 안 되며, 우리 언어를 저열하고 별 가치가 없는 것으로 멸시하기 위해

효과를 자아낼 수 있다. 뒤 벨레는 이런 특징을 1권 6장에서는 '에네르게이아(energeia)'라고 정의할 것이다.

19) 이 장의 앞에서 강조한 '장식'의 필요성에 대한 언급은 "채색된(colorez)"이라는 표현으로 이어진다.

20) "노동(labeur)"의 가치는 2권 5장의 "애쓰는 아이네이스(laborieuse Enéide)"를 탄생시키게 될 서사시인, 2권 12장의 소포클레스의 『엘렉트라』를 번역한 바이프의 "공들인 것(chose laborieuse)" 등을 통해 강조될 것이다. 물론 이 용어는 1권 6장에서 번역가들의 작업을 '공을 들이지만 별 도움이 되지 않는' 것으로 말할 때에는 비하적인 뜻으로 사용되기도 한다.

21) "뛰어난 속성"은 원문의 "grace"를 옮긴 것이다. 고대어 'gratia'는 언어에 '내재된 고유한 힘이나 특성'을 지시한다. 우리가 '은총'이라는 뜻으로 이 용어를 이해하는 것에서도 알 수 있듯이, 언어의 내재적 힘은 포착하기 힘든 요소이다. 그것은 어떤 신비한 힘에 의해 부여된 속성이기 때문이다. 부드러움, 힘, 아름다움, 매력, 우아함 등의 개념들이 이 용어에 내재되어 있다.

그런 것[22]을 이유로 삼아서도 안 된다. 그런 시간은 (분명) 올 것이며, 프랑스가 행운을 얻어, 이 고귀하고 막강한 왕국이 때를 맞이하여 세상 모든 왕국의 고삐를 쥐기를 희망한다.[23] 그러면 (**프랑수아 1세** 덕분에 프랑스어가 땅에 완전히 파묻힌 것이 아니라면[24]) 이제 막 뿌리를 내리기 시작한 우리 언어는 땅에서 솟아나서 가끔은 페리클레스나 니키아스, 알키비아데스, 테미스토클레스, 카이사르, 스키피오와 같은 사람들[25]을 낳고, 호메로스나 데모스테네스, 베르길리우스 그리고 키케로와 같은 사람들[26]을 태어나게 만들면서 그리스인들이나 로마인들의 언어에 어깨를 견줄 수 있을 정도로 그렇게 크고 우람하게 성장할 것이다.[27]

---

22) 프랑스어가 본래부터 풍부하지 않다는 주장을 가리킨다.

23) 진보적 역사관에 충실한 뒤 벨레를 발견할 수 있다. 모든 것이 움직이고 이동한다는 당시의 세계관에 충실한 그는 프랑스가 만국의 지배국이 되기를 희망한다. 또한 언어와 민족 그리고 정치가 그의 언급에서 서로 밀접하게 연계되어 있다는 것을 알 수 있다. 심지어 그는 『회한 시집』의 「소네트 IX」에서 프랑스를 "예술과 힘과 법의 어머니"라고 지칭하게 된다.

24) 프랑수아 1세는 '문예의 아버지'로 불린 국왕이다. 그는 공문서에서 프랑스어의 사용을 강제했으며, 콜레주 드 프랑스의 전신인 왕립학술원을 창설했고, 기욤 뷔데 등과 같은 지식인들에게 인문주의 교육을 권장했다. 위그 사렐(Hugues Salel)에게 호메로스를, 그리고 자크 아미요(Jacques Amyot)에게 플루타르코스 작품 번역을 명령하였던 것에서 알 수 있듯이 그는 고전 문헌의 번역을 직접 관리하고 지시했다. 또한 시를 직접 작성하기도 했다.

25) 무인들을 가리킨다.

26) 문인들을 가리킨다.

27) 뒤 벨레는 1장에서부터 견지해 온 인간의 '의지'가 언어의 발달을 위해 가장 필
요한 요소라는 관점을 3장에서는 경작과 관련하여 설명한다.

제 4 장
프랑스어는 많은 이들이 생각하는 것처럼 그렇게 빈약하지 않다[1]

그러나 나는 우리 프랑스어가 그리스어와 로마어를 열렬하게 숭배하는 자들이 생각하고 있듯이 지금 있는 그대로라도 비천하고 저열하다고 판단하지 않는다. 저 숭배자들은 설령 설득의 여신 페이토[2]라고 할지라도 일상인들에게 이해가 되지 않는 외국어를 사

---

1)   프랑스어가 중간 단계의 발전 과정에 도달했다고 보는 뒤 벨레는 독창적인 작품의 탄생이 필요하지만, 여전히 프랑스는 번역만을 세상에 내놓고 있다는 부정적인 입장을 드러낸다. 번역이 모국어의 발전에 필요한 것이고, 프랑스가 내놓은 번역은 그 가능성을 충분히 제시하긴 하지만, 여전히 어떤 완성의 단계에 도달하지는 못했다는 것이다. 이 점을 고려한다면 뒤 벨레의 혁신은 매우 놀라운 것이다. 그는 번역을 모국어의 옹호와 현양을 위한 정당한 수단으로 고려하지 않는다.

2)   비너스의 딸인 페이토(Peithô)를 가리킨다. 보통명사 'peitho'는 '설득하다'라는 뜻을 지닌다.

용하는 것이 아니라면 훌륭한 그 무엇도 결코 말할 수 없을 것이라고 생각한다. 그런데 우리 언어에 아주 가까이 다가와서 바라보는 자는 프랑스어가 너무 빈약해서 다른 언어에서 빌려온 것을 충실하게 되살릴 수 없을 정도는 아니며, 또한 너무 허약하기 때문에 언어를 경작하는 사람들의 열정과 섬세한 돌봄을 수단으로 삼아[3] 뛰어난 고안물의 결실을 스스로 맺을 수 없는 것도 아니라는 점을 알게 될 것이다.[4] 이런 경작자들은 자기들 조국을 너무도 사랑해서 조국에 도움이 되기를 바라는 자들이겠지만 말이다.[5] 그런데 모든 미덕을 지녔던 작고한 선왕이시며 아버지이신 프랑수아, 이 이름을 지닌 첫 번째 국왕이 아니라면 우리는 신 다음으로 그 누구에게 이런 은혜에 대해 감사를 드릴 수 있단 말인가?[6] 내가 기꺼이 첫 번

---

3) 3장에서 언급된 '문화'의 개념을 다시 되풀이한다.

4) 전반적으로 이 장의 서두는 2장의 내용을 반복한다.

5) 1529년 조프루아 토리(Geoffroy Tory)는 『샹플뢰리(Champ fleury)』에서 "그리스어와 라틴어로 글을 쓰려고 하는 자들이 여전히 프랑스어를 제대로 말하지 못한다는 것을 나는 알고 있다 […] 나는 프랑스인이 프랑스어로 글을 쓰는 것이 다른 외국어를 쓰는 것보다 더 적절하다고 여기고 있다. 프랑스어를 명확하게 사용할 뿐만 아니라, 자기 조국을 장식하고, 만약 글로 작성된다면 다른 언어만큼이나 아름답고 훌륭한 모국어를 풍부하게 만들 수 있기 때문이다"라고 말하면서 프랑스어가 다른 외국어에 견줄 수 있음을 주장하였다.

6) 르네상스를 번역의 황금 시대라고 부를 수 있다면, 그것은 이 시기가 고대 작품의 번역을 인문주의 정신의 구현을 위한 본질적 수단으로 파악했기 때문이

째라고 말한 것은 그가 무엇보다도 자신의 고귀한 **왕국** 안에서 예전의 위엄을 지닌 모든 **문예와 학문**을 재생[7]시킬 수 있었기 때문이

다. 르네상스는 중세처럼 고대 작품의 내용을 파악하기 위한 주해에 중점을 두기보다는, 번역 대상이 된 작품의 본래적 가치를 되살리면서 지식과 학문의 소통이 이루어지기를 지향했다. 여기에 덧붙여 인쇄술의 발달과 출판업의 부흥은 왕실 차원의 번역 정책을 가능하게 만들었고, 번역의 활성화에 기여하였다. 이런 상황에서 온갖 언어로 된 종교서와 역사서, 오비디우스를 포함한 다양한 고대 작품들이 모두 번역의 대상이 되었다. 르네상스 작가들 역시 번역의 문화적 유용성을 잘 인식하고 있었다. 교육적이고도 실용적인 지식을 욕망했던 그들은 고대 작품의 의미를 단순히 소개하는 데 그치지 않았다. 국왕의 번역 정책이 궁극적으로는 프랑스 언어와 문학 그리고 문화의 발달을 지향했듯이, 그들은 고대의 지식을 습득함으로써 프랑스 고유의 문화를 창조하는 데 주안점을 두었으며, 이를 위해 고대어와 어깨를 겨룰 수 있는 프랑스어의 현양을 우선의 목적으로 삼았다. 이로 인해 번역은 결코 부인할 수 없는 중요한 문학적, 학문적 그리고 문화적 행위로 인식되어 갔다. 게다가 번역가들은 사회적 위상도 획득하였다. 번역가의 이름은 번역 작품의 판매에 결정적 역할을 했으며, 이를 통해 번역가는 경제적 안정과 사회적 명성마저 보장받을 수 있었다. 이런 점에서 르네상스를 '헤르메스의 시대'라고 부르는 것이 과도하지 않게 된다. 헤르메스가 교류의 상징으로 고려되었던 것처럼, 고대로부터 지식과 학문이 '전이'되기를 강력히 요구했던 시기에 번역이 아니고서는 영광스런 문화의 창출에 대한 욕구를 해소해 줄 방법은 없었기 때문이다. 특히 대부분의 번역가들에게서 발견되는 '자국화(appropriation)' 방식은 외국 문화의 본질을 포착하여 프랑스 고유의 것으로 만들려는 의지에 기인한다. 번역은 무엇보다도 새로운 문화 창조를 위한 원동력이었다. 따라서 이 시기의 번역을 창조의 개념과 구분하여 생각할 수 없는 것도 사실이다. 그렇지만 뒤 벨레는 다음에 이어지는 문장들에서 동시대인들이 수행한 번역 작업의 한계를 지적하는 데 주저하지 않을 것이다.

7) 원문의 "restituer"를 옮긴 것이다. 지금의 우리가 '르네상스'라는 용어로 부르

다. 그리하여 예전에는 꺼칠꺼칠하고 울퉁불퉁했던 우리 언어를 우아하게[8] 만들었으며, 풍부하지는 않을지라도 적어도 다른 모든 언어의 충실한 해석가[9]가 되도록 만들었다. 그리스와 로마의 철학자들, 역사가들, 의사들, 시인들,[10] 연설가들이 프랑스어로 번역된 것이 그 증거가 된다. 히브리 사람들은 또 어떠한가? 성서는 내가 말한 것을 충분히 증명해 준다.[11] 나는 여기에서 신학의 신비는 밖

는 것을 16세기 사람들은 '복원(restitution)'이라고 지칭했다.

8) 여기에서의 "우아함(elegance)"은 3장에서 살펴보았듯이 풍부한 속성과 특이성을 프랑스어가 지니게 되었다는 뜻을 밝히기 위해 사용되었다. 이런 발전은 무엇보다도 번역에 의해 이루어졌다.

9) 여기에서 뒤 벨레는 시를 제외한 인문주의 번역만을 언급하고 있다. 그렇지만 번역가를 "해석가(interprete)"라는 용어로 지칭한 것에서 알 수 있듯이 번역에 제한적인 가치를 부여하고 있는 것도 사실이다. 번역의 위험성을 그는 1권 10장에서 다룰 것이다.

10) 다양한 분야에서 번역을 시도한 번역가들을 언급하는 목록에 '시인들'이 포함된다고 해서 뒤 벨레가 동시대 인문주의자들이 시도한 시 번역을 높이 평가한다고 보기는 어렵다. 그가 여기에서 시인들이 포함된 여러 번역가들의 작업을 인정하는 것은 인간 지식의 '사물(res)'을 옮겨놓으려는 그들의 시도에 국한된다. 그들의 노력과 의도만을 인정하는 것이지, 그들의 번역이 프랑스어의 발전을 이루는 데 결정적인 역할을 했다고 판단하는 것은 아니다.

11) 르페브르 데타플(Lefèvre d'Etaples)은 신약을 번역한 후 성서 전체를 1530년에 프랑스어로 번역했다. 개혁적 성향을 지닌 르페브르의 번역은 소르본의 강렬한 저항을 받았다. 그의 프랑스어 판본에서는 질문이 생략되었고, 문장이 의역되었다. 피에르 로베르 올리브탕(Pierre-Robert Olivetan) 역시 1535년에 성서를

으로 드러나서는 안 되며, 속어로 사용된다면 거의 세속화될 것이라고 주장하는 사람들의 미신 가득한 논리들을, 그리고 그것과 마찬가지로 그 반대의 의견을 지닌 사람들이 주장하는 것을 일단은 제껴놓고자 한다. 이런 **논박**은 내가 시도하는 것과는 아무런 관련이 없다. 우리 시대의 수많은 훌륭한 펜에 의해서 그리스와 로마, 나아가 이탈리아,[12] 스페인[13] 그리고 다른 언어의 작가들이 우리

번역해 출간하였다. 뒤 벨레는 1권 10장에서 신학자들을 다시 비난할 것이다.

12) 16세기 전반기에는 많은 이탈리아 작가들이 번역되었다. 그 가운데에서 페트라르카의 작품 번역이 왕성했다. 클레망 마로는 페트라르카를 프랑스에 번역으로 소개한 최초의 작가로 간주되지만, 그는 단지 여섯 편만을 번역했을 뿐이다. 1547년에 자크 펠트리에도 열두 편을 번역했다. 이어 바스캥 필리월(Vasquin Philieul)이 파리에서 처음으로『칸초니에레(Canzoniere)』1권을 번역해서 카트린 드 메디치에게 바쳤지만, 작품 제목은『아비뇽의 라우라(Laure d'Avignon)』였다. 그는 페트라르카가 아비뇽에 체류했던 사실에서 이 도시의 영광을 노래한 시인의 모습만을 유달리 부각시켰다. 이후 1549년에 출판업자 장 드 투른(Jean de Tournes)은 장 드 보젤(Jean de Vauzelle)이 번역한 페트라르카의『시집(Rime)』을 간행한다. 원전에 자의적인 편집을 가한 이 번역본은 이탈리아 시인의 작품 전체를 조망할 수 있는 계기를 마련했다는 측면에서는 가치를 지니지만, 작가의 고유의 시적 세계를 소개하지 못하는 한계도 역시 드러낸다. 이에 반해 같은 해 기욤 로빌(Guillaume Roville)은 당시에 정본으로 여겨지던 리디올피(Luc' Antonio Ridiolfi) 판본을 저본으로 삼아 리용에서 페트라르카 번역본을 출간한다. 1579년까지 꾸준히 재간행된 이 번역본은 이탈리아인들이 집중적으로 모여 활동하고 있었던 리용의 인문주의자들에게 깊은 영향을 끼쳤다.

13) 대표적으로는 에르브레 데 제사르(Nicolas Herberay des Essarts)의『아마디스

언어로 번역된 것에서 알 수 있는 것처럼, 그리고 모든 **학문**이 충실하고[14] 풍요롭게 프랑스어로 다루어질 수 있다는 것에 비추어본다면, 우리 언어가 태어나면서부터 매우 적대적인 신들과 별들을 만난 것은 결코 아니고, 다른 언어들처럼 뛰어남과 완벽함의 지점에 언젠가는 도달하게 되리라는 것을 오로지 보여주는 것이 내가 시도하는 바에 해당한다.

드 골(Amadis de Gaule)』 번역을 들 수 있다. 에르브레의 번역은 후에 아미요의 플루타르코스 번역과 함께 번역의 전범으로 여겨진다.

14) 뒤 벨레는 이 장에서 "충실하게(fidelement)"를 세 번 반복한다. 여기에서의 충실성은 어휘에 대한 충실성만을 가리킨다. 비록 제한적이긴 하지만 그는 프랑스어가 고대어의 용어들을 옮길 수 있는 역량을 지녔다는 점은 인정한다. 그가 생각하는 번역의 충실성은 다음 장에서 좀 더 구체적으로 다루어질 것이다.

제 5 장
번역은 프랑스어에 완벽함을 부여하기에는 충분하지 않다

그렇지만 나는 번역한다는 지극히 찬양할 만한 이 수고가 우리 언어를 더 유명한 다른 언어들과 어깨를 겨루게 하고, 비교가 될 정도로 고양시키기 위한 유일하고도 충분한 수단은 아니라고 생각한다. 내가 분명히 증명하려는 것을, 진실을 공공연히 중상모략하는 자가 아니라면 (내 생각에는) 그 누구도 반대할 수 없을 것이다. 우선, 가장 뛰어났던 모든 **수사학** 저자 사이에서 의견의 일치를 본 것이 하나 있다. 그것은 웅변[1]의 다섯 영역, 즉 착상, **표현**, 배열, 기억 그리고 발성이 있다는 것이다.[2] 그런데 마지막 두 영역은 언어의

---

1) 원문의 "bien dire('잘 말하기')"를 옮긴 것이다.

2) 『옹호』에서 시는 수사학의 한 부분으로 여전히 고려되고 있다. 뒤 벨레는 표현에게 착상 다음의 자리를 마련해 준다. 이것은 퀸틸리아누스가 『웅변가 교육』

도움을 얻어 익힐 수 있는 것이 아니다. 그것은 자기의 타고난 뛰어난 **재능**에 의해 각자에게 주어진 것이고, 부지런한 훈련과 꾸준한 실천에 의해 발전되고 유지될 수 있는 것이다.[3] 마찬가지로 **시**간상의 사건들, **장소**의 상황들, 개인들의 처지 그리고 **경우**의 다양성이 셀 수 없기 때문에 배열은 어떤 규칙이나 원칙보다는 **연설가**의 분별력과 올바른 판단에 의존하게 된다. 그러므로 나는 첫 번

(III, 3, I)에서 다섯 가지로 구분한 수사학의 영역 순서, 즉 착상, 배열, 표현이라는 순서를 위반한 것이다. 16세기는 표현의 가치에 관심이 증가하던 시대였다. 특히 대표적 사례를 라무스(Pierre de La Ramée)의 수사학에서 찾을 수 있다. 문법, 말의 기법, 논증학, 철학 그리고 윤리학이 서로의 영역을 넘나들던 시기에 라무스는 수사학은 말의 기법과 원칙만을 다루어야 하고, 수사가는 표현 기법에만 관심을 가져야 한다고 주장했다. 착상과 배열을 '추론의 기법'인 변증술의 영역으로 취급하는 그에 따르면 수사학은 언술을 장식하는 비유 그리고 사고와 문채(figure)를 다루는 '표현'에만 관계될 뿐이다. 즉 연설가들은 표현의 기술적인 문제에만 관심을 가져야 한다는 것이다. 라무스의 '표현'에 대한 이런 강조는 흔히 '줄어든 수사학'의 기원으로 정의된다. 뒤 벨레는 표현을 착상 다음에 위치시키며 그 중요성을 은근히 강조하는데, 그것은 사물의 본질을 발견하여 언어로 지시하는 말의 표현 역량을 강조하기 위해서이다. 라무스와 뒤 벨레에게서 우주의 자연스러운 질서를 관찰하고 발견하여 그것을 표현하는 것은 지혜와 정신의 가장 높은 곳에 위치한 진실의 앎에 도달할 수 있는 글쓰기의 가치를 보장하는 요소로 간주된다.

3) 기억과 발성이 재능의 영역에 속하는 것임을 인정하면서도 뒤 벨레는 그것이 노력에 의해 발전될 수 있다고 말한다. 그는 자연과 인위적 기술 중에서 인위성을 여전히 강조한다. 반대로 배열은 그의 관심을 끌지 못한다. 그것은 원칙(doctrine)과는 무관한 규칙들(règle 혹은 précepte)의 지배를 받기 때문이다. 반면에 착상과 표현은 천성과 원칙 그리고 노동이라는 세 영역 전체와 관련된다.

째 두 영역, 즉 **착상**과 **표현**에 대해 말하는 것으로 만족하겠다.[4] **연설가의 임무**는 제시된 각각의 것들을 우아하고 풍부하게 말하는 데 있다.[5] 그런데 모든 것에 대해 말하는 이런 능력은 **지식의 소재들**에 대한 완벽한 **이해**를 통해서만 얻어질 수 있으며, 이것은 그리스인들과 그들을 **모방**한 로마인들이 최우선적으로 다루었던 것이기도 하다. 그러므로 이 두 **언어**는 연설가가 갖추어야 할 첫 번째 그리고 가장 중요한 **전투 장비**라고 할 수 있는 풍부하고 풍성한 **착상**을 얻기를 원하는 자에 의해 이해되는 것이 반드시 필요하다. 이 점에서 충실한 **번역가들**[6]은 외국의 언어를 제 것으로 만들 단 하나의 수단

---

4) 한국어 역자는 원문에서 ':'으로 연결된 문장들의 긴 호흡을 반영하기 위해 쉼표를 사용하여 문장들을 나열했다. 사실 뒤 벨레는 문장들을 단문이나 장문을 섞어가면서 구성하였다. 이로 인해 그에게 일관된 문체적 특징이 결여되어 있다고 지적할 수도 있다. 그러나 그는 강조를 위해서는 문장들을 나열하고, 강한 어조로 자신의 확신을 드러내기 위해서는 단문을 사용하는 등, 내용의 경중과 '자연스럽게' 어울리는 문장들을 사용하였다.

5) 뒤 벨레는 키케로가 『웅변가에 관하여』(I, VI, 21)에서 "연설가라는 칭호의 의미와 연설가가 직업으로 삼는 웅변술은 그가 우아하고 풍부하게 말해야만 하는 자기 앞에 던져진 모든 주제에 간여한다는 것을 드러내는 것과 같다"라고 말한 것을 따르고 있다. 키케로나 뒤 벨레가 사용한 '우아하게(élégamment)'라는 용어는 '다루려는 대상의 속성을 정확하게 파악하여 말하는 능력'에 해당한다. 즉 자연에 의해 주어진 '타고난 자질'과 관련된다.

6) 원문의 "fideles traducteurs"를 옮긴 것이다. 뒤 벨레가 사용한 '충실한'이라는 표현은 어휘에 대한 충실함과 관련된다. 즉 '축자역'을 수행하는 번역가를 가리킨다. 세기 초반에는 축자역 번역이 번역의 법이었다. 따라서 문헌학적 방식을

도 없는 사람들에게는 큰 도움이 되고 위안을 줄 수 있다.[7] 하지만 **표현**은 가장 난해한 부분이며, 이것이 없다면 다른 모든 부분은 **무용**해지고 여전히 칼집으로 싸인 검과 같을 것이며, (말하자면) 어떤 **연설가**가 다른 이보다 더 뛰어나고 그리고 그의 말하는 유형이 더 낫다고 판단되는 것은 바로 **표현**에 의해서이다. **웅변**[8]이란 용어는 바

따르는 (물론 문헌학이 지향하는 정신을 반영하지는 못하는 번역) 번역이 나름대로 언어의 발전에 기여할 수 있다는 것을 뒤 벨레는 인정하면서도 이런 충실한 번역이 유일하고 충분한 수단은 되지 못한다고 판단한다. 뒤이은 문장에서 언급되듯이 이런 방식의 번역은 표현의 '힘(vertu)', 특히 '에네르지(생동감)'를 드러낼 수 없기 때문이다.

7) 전체적인 맥락에서 본다면 뒤 벨레의 논리 전개에 문제가 있는 것으로 지적될 수 있는 문장이다. 1권 3장과 4장에서 번역의 불충분함을 주장했으면서도 5장에서 다시 번역의 문제를 환기하면서 그것을 착상과 연계하여 파악하기 때문이다. 그에 따르면 번역은 연설가나 시인의 착상의 능력을 키워주는 요소이고, 그들이 자기네 말에 담을 지식들을 제공해 주는 역할을 한다. 그러나 바로 여기에서 뒤 벨레는 번역의 한계를 지적하며, 1권 3-4장의 논리를 이어간다. 즉 번역은 수사학의 '표현'에는 그 어떤 도움도 되지 않기 때문이다. 이때 그가 말하는 번역은 어휘의 충실함에 갇힌 번역, 즉 언어에 갇힌 번역이다. 그가 언어의 '자연스러움(naïf)'을 이 장의 뒤에서 강조할 수밖에 없었던 이유가 여기에 있다. 시인은 각 언어의 고유한 표현성을 찾아내야 하지만, 어휘에만 충실한 번역가들은 오히려 프랑스어의 고유한 '자연스러움'을 말살하는 오류를 범한다. 그들에게는 '표현'의 자질이 결여되어 있다는 것이다. 그들은 단지 '착상'에만 집착할 뿐이다. 바로 이런 이유로 그는 1권 7장에서 '시의 번역'을 혹독하게 비난하게 된다. 시 혹은 창작은 번역과 달리 '착상'과 '표현' 모두를 요구하고 그것들의 도움을 얻어 진행되는 작업이 되어야 하기 때문이다.

8) "웅변"으로 옮긴 "eloquence"는 'élocution'과 동일하게 'eloqui'에 어원을 둔다.

로 이것에서 이름을 빌려왔다. 표현의 힘은 정확한 어휘들, 일상의 말투에서 사용되고 일상에 낯설지[9] 않은 것 안에, 그리고 은유, 알레고리, 비교, 비유, 에네르지[10] 혹은 다른 많은 문채들과 장식들 안에 놓여 있으며, 이런 것들이 없다면 모든 산문과 시는 헐벗고 결핍되어 연약하게 된다.[11] 나는 이 모든 것을 번역가들로부터 제대로 배울 수 있을 것이라고는 추호도 생각하지 않는다. 왜냐하면 저자가 사용한 것과 동일한 우아함[12]을 간직하면서 이것들을 옮겨내는 것은 불가능하기 때문이다. 그만큼 각 언어는 자기에게만 고유

---

9) 1550년에 『옹호』를 비난한 바르텔르미 아노는 『호라티우스의 퀸틸리아누스』에서 뒤 벨레가 일상어에 가까운 언어를 전혀 사용하지 않았다고 지적한다. 『옹호』에서 사용된 상당 부분의 어휘나 표현법이 라틴어나 다른 외국어의 말법을 차용하고 있기 때문이다. 예를 들어 뒤 벨레는 '낯선'을 표현하기 위해 'étrange'라는 용어 대신 'aliene'라는 어휘를 사용한다.

10) "에네르지"는 원문의 "energie"를 옮긴 것으로서 라틴어의 'enargeia'에 해당한다. 이것은 '생동감 있는 표현법', '활력에 찬 표현법', '풍부한 표현법'을 지시한다. 그것은 사물을 그림처럼 재현해 내는 언술의 힘을 가리키며, '엑프라시스(ekphrasis)'를 포함한다. 엑프라시스는 본래 회화의 묘사에 관한 것으로서, 화가가 그린 사물의 묘사가 예술 작품과 잘 어울리도록 만드는 문체의 양식이다. '에네르지'는 다음 장에서 상세하게 다루어진다.

11) "결핍되어(manque)"와 "연약하게(debile)"는 동어반복법에 해당한다. 중세 산문에서 자주 발견되는 표현법이다.

12) 말의 "우아함(élégance)"과 더불어 언어의 힘, 정확성, 환기력 등이 포함된 언어의 고유한 '특이성(propriété)'을 가리킨다.

한 알 수 없는 그 무엇[13]을 가지고 있기 때문이다. 만약 그대가 이런 언어들이 지닌 **자연스러움**[14]을 저자의 **경계**를 조금도 벗어나지 않는 번역의 **법칙**[15]을 준수하면서 다른 **언어**로 표현해 내려고 애쓴

---

13) "알 수 없는 그 무엇(je ne scay quoi)"은 우아함과 마찬가지로 사물에 내재된 속성과 관계한다.

14) 형용사형 명사인 "자연스러움(Naif)"은 '타고난 속성(nativum)'을 의미한다.

15) 뒤 벨레는 축자역을 '번역의 법칙(Loy de traduyre)'으로 고려하고 있으며, 만약 이를 따른다면 번역은 원전의 속성을 드러내지 못하는 오류를 범할 수 있다고 판단한다. 즉 어휘에 갇힌 번역의 위험성을 경고하는 이런 태도는 번역보다는 모방을 선호하게 만들며, 번역이 비판의 근간이 된다. 만약 그가 언어의 풍부함을 위한 한 방식으로 번역을 추천한다면 그것은 원전의 속성, '자연스러움'을 드러내는 번역과 관련된다. 한편 이 시기에 '번역의 법칙'이 어휘에 대한 충실함이 아니라 텍스트와 텍스트가 담고 있는 생각 모두를 아우르는 번역, 형식과 내용을 모두 담는 충실함을 지시한다고 보는 관점도 있었다. 예를 들어 1555년 『파올로 지오비오의 역사(Histoire de Paolo Giovio)』를 번역한 드니 소바주(Denis Sauvage)는 "나는 단지 단순한 중개인일 뿐이며, 그의 주장을 다르게 받아들일 그 어떤 시도도 하지 않았다. […] 그러나] 진정한 번역의 법칙에 따라 나는 있는 그대로의 가장 가까이에서 [저자를 번역하였다]. 그의 문장이나 그의 고유한 어휘의 가치를 번역하는 것을 따르지 않으면서, 주해식 번역 방식이 […] 나에게는 가장 쉬운 일이었으리라는 것을 참으로 잘 알고 있으면서도"라고 언급한 바 있다. 소바주는 의미에 국한된 충실함이나 중세식의 주해에 근거한 번역 방식보다는 텍스트와 텍스트가 담고 있는 생각 모두를 아우르는 번역, 형식과 내용을 모두 담는 번역을 '충실한 번역'으로 평가하고 이것을 '번역의 법칙'으로 정의했다. 그의 이런 관점은 '번역의 법칙'이 전제로 삼는 '충실함'의 개념이 어휘에서 저자의 생각 혹은 텍스트의 의미로 대상을 바꿔갔다는 증거이기도 하다.

다면, 그대의 말하는 방식[16]은 억압되고, 냉랭하며, 보기 흉하게[17] 될 것이다. 예를 들어 데모스테네스나 호메로스와 같은 작가를 라틴어로, 키케로와 베르길리우스 같은 작가를 프랑스어로 읽어달라고 부탁하여 그들이 자기들 언어로 느끼게 만들 감정들[18]을 그대 안에서도 그대로 낳게 될 것인지 알아보려는 시도를 해보라. 그것은 그대를 다양한 모습으로 바꾸어버리는 프로테우스[19]처럼 될 것이다. 에트나의 저 뜨거운 산에서 코카서스의 저 차가운 정상으로 건너가는 것처럼 여겨질 것이다. 게다가 내가 라틴어나 그리스어에 대해 말한 이것은 모든 속어에 대해서도 해당된다고 말해져야만 하며, 그중에서 나는 페트라르카와 같은 작가를 굳이 환기하고자

---

16) "diction"을 옮긴 것으로서 말의 표현 양상 혹은 문체(style)를 가리킨다.

17) "mauvaise grace"를 옮긴 것이다. 모방한 언어의 속성을 드러내지 못해서 흉측한 모습을 띠게 될 것이라는 뜻이다.

18) "affections"를 옮긴 것이다. 이 용어는 라틴어 'affectio'에 어원을 둔다. '인상(impression)'이 아니라 '감정(sentiment)'에 속하는 것들을 가리킨다. 이 장에서 뒤 벨레가 수사학의 웅변술을 언급하고 있음을 상기한다면, 이 용어는 저자가 독자에게 감동을 불러일으키는(movere) 행위와 관련된다.

19) 여기에서 프로테우스는 부정적 맥락 안에서 사용되었지만, 변신의 신인 프로테우스는 르네상스 당시에는 다양한 웅변을 발휘할 수 있는 힘의 알레고리로 간주되었다. 르네상스는 변화가 초래하는 운동과 그것이 만들어내는 풍요로움을 중시한 시대이다. 따라서 말과 글 그리고 다루는 내용의 역동성을 지향한 라블레, 몽테뉴, 롱사르 등과 같이 이 시대를 대표하는 작가들은 프로테우스의 아들이라고도 할 수 있다.

한다. 그에 대해 감히 말한다면, 호메로스나 베르길리우스와 같은 작가들이 다시 태어나서 그를 번역하려고 시도할지라도, 그들은 토스카나 속어에 있는 고유한 우아함이나 자연스러움을 있는 그대로 간직하면서 그를 번역할 수는 없을 것이다.[20] 그런데 우리 시대의 몇몇 사람들[21]은 그가 프랑스어로 말을 하게끔 시도했다. 간단

---

20) 뒤 벨레의 문체는 긴 호흡에 실려 있다. 마치 일상적인 언어 표현을 사용하고 있다는 인상을 갖게 만든다. 번역이 '자연스러움'을 옮겨내야 하는 사명을 지닌 것처럼, 저자 역시 말의 '자연스러움'을 『옹호』의 작성을 위해 중시하고 있다는 암시이기도 하다.

21) 마로와 펠트리에 그리고 바스캥 필리월의 페트라르카 번역에 대한 암시이다. 특히 마로가 번역한 페트라르카의 『칸초니에레』에 수록된 여섯 편의 시는 1539년 파리의 질 코로제(Gilles Corrozet) 출판사에서 간행되었다. 그렇지만 마로가 『큐피드의 신전(Temple de Cupido)』에서 근대 시인의 명단에 페트라르카를 포함시켰던 것에서 알 수 있듯이, 그는 이미 1515년 이전에 페트라르카를 알고 있었으며, 종교적 탄압을 피해 이탈리아의 페라라에 머물며 르네 드 프랑스(René de France)의 보호를 받던 시절(1535년경)에 이탈리아 시인의 원전을 직접 접할 수 있었을 것이다. 일종의 세련된 유희의 하나로 이탈리아 작품들을 읽던 사회적 분위기 속에서 페트라르카에 대한 번역이 원문의 의미보다는 단지 고상한 문화와 사회의 창출에 알맞은 표현을 자의적으로 선택하는 방식으로 이루어졌음을 고려한다면, 마로의 번역이 가능한 한 원전을 존중하는 방식을 택했을 것이라고 짐작하게 한다. 그리고 실제로 마로는 전반적으로 원전의 통사 구조와 어휘들의 의미를 수용한다. 그래서 전체적으로 볼 때 그의 번역은 원전의 일반적 양상에 대한 번역가의 존중을 담고 있으며, 가능한 선에서 프랑스 독자의 이해를 위해 일견 손쉬운 표현들을 사용한다. 또한 페트라르카가 사용한 극단적으로 추상화된 표현이나 반복법 등을 프랑스의 운율에 적용할 경우 좀 더 구체적인 용어로 다양하게 옮겨놓으려고 시도했다. 원전에 대

82

한 존중을 견지하면서도 마로가 번역가로서 나름의 제한된 자유를 누렸다는 것을 확인할 수는 있다. 그렇지만 이탈리아 시인의 표현에 담긴 숭고성을 마로는 평범하고도 정확하지 않은 어휘로 옮기는 오류를 범하기도 했다. 바로 이런 이유 때문에 마로의 페트라르카 번역은 흔히 어휘나 표현에 '충실한' 번역이 지닌 한계를 지적하는 데 있어서 하나의 사례가 되기도 한다. 그의 충실한 번역이 페트라르카 작품의 미묘한 의미를 포착하도록 독자를 돕지 못한다는 것이다. 따라서 그의 정확성은 단지 형태의 표면적 차원에 그치고 있다고 볼 수 있다. 페트라르카가 지닌 세밀한 의미상의 차이나 우아함을 반영하는 데 이르고 있다고 보기는 어려운 것이다. 게다가 과거 프랑스 서정시의 전통인 사랑에 빠진 자의 한탄이나 우울함이라는 소재를 드러내는 데 성공하고 있을 뿐, 마로는 사랑의 쓰라림을 통해 페트라르카가 말하고자 했던 시인으로서의 고통스런 위상이나 상황을 전달하는 데 실패한다. 물론 마로의 페트라르카 번역이 지닌 가치를 평가 절하할 수만은 없다. 당시에 유행했던 이탈리아 시인의 작품에 대한 자의적인 각색을 벗어나서 그는 페트라르카 번역을 통해 다른 길을 선택한 자신을 드러냈기 때문이다. 당시에 페트라르카를 번역하는 것이 매우 세련된 유희의 하나였다면, 그것은 원전의 내용이나 원저자의 의도에 대한 충실성과는 거리가 먼 것이었다. 단지 세련된 사회에 알맞은 표현만이 페트라르카 작품의 각색을 통해 살아남았다. 이 점에서 마로가 어휘에 기초를 두고서 시의 본질과 내용을 찾아 재현하려고 나름대로 시도했다는 점을 인정해야 한다. 원전의 표현에 '충실'한 마로의 번역 방식에서 그의 종속성을 발견해야 한다면 그것은 시대의 피상적이고 자의적인 번역을 그가 거부한 결과로 보는 것이 나을 것이다. 마로 번역의 종속성은 페트라르카를 수용하던 당시의 시대 상황 안에서 이해되어야 하는 것이다. 바로 여기에서 마로의 번역이 지닌 가치를 확인할 수 있다. 비록 여섯 편의 작품만을 번역했을지라도 그가 선택한 원전에 가까이 다가가려는 번역 방식은 프랑스 독자들에게 자의적 번역으로 인해 왜곡된 페트라르카가 아닌 본래의 모습을 지닌 페트라르카를 최초로 소개하려는 의도에 기인하기 때문이다. 프랑스의 작시법과 각운의 제약에도 불구하고 페트라르카의 텍스트를 가능하면 충실히 따르려고 한 것, 그리고 페트라르카의 극단적으로 추상화된 표현이나 반복 등에 대항하여 비록 환기력이 떨어질지라도 프랑스어

히 말해 바로 이런 이유들 때문에 **번역가들**[22]의 임무와 섬세한 작

의 운율 구조 안에서 반영하려고 시도한 것은 나름의 가치를 지닌다고 말할 수 있다. 한편 바스캥 필리윌은 1548년에 『아비뇽의 라우라』라는 제목으로 페트라르카의 소네트 196편과 칸초니에레 24편을 번역하였으며, 1551년에는 총 4권으로 구성된 시집 완역을 출간한다. 특히 그는 마로가 번역한 여섯 편 중 다섯 편을 그대로 자신의 번역에 싣는다. 이것은 마로의 번역이 자기 시대에 가장 모범적인 번역이 된다고 필리윌이 생각했기 때문일 것이다. 또한 이런 재수록은 선배이자 스승인 마로에 대해 표현할 수 있는 경의의 한 방식으로 간주될 수도 있다. 필리윌은 마로의 작품이 번역의 전범이 될 수 있다고 판단한 것이며, 마로의 번역은 다시 번역되어야 할 낡은 것이 아니라고 여긴 것이다. 그렇지만 필리윌은 자신의 완역에서 마로의 여섯 편 번역 가운데 한 편, 즉 『칸초니에레』의 「작품 1」을 다시 번역한다. 마로의 번역을 높이 평가하고 마로의 번역 방식이 자신의 방식과 유사하다고 판단했음에도 불구하고, 그는 마로에게서 인정할 수 없었던 부분을 발견했던 것이며, 이를 위해 마로의 번역을 재번역해야 할 필요성을 느꼈을 것이다. 필리윌 역시 마로 번역이 지닌 한계를 인식하고 있었던 것이다. 그리고 사실 필리윌의 번역이 마로에 비해 원문의 의미를 프랑스어가 허용하는 한에서 반영하려고 했다는 점을 확인할 수 있다. 페트라르카가 말하고자 했던 비일관적인 시어와 시인의 감정 상태 사이의 일치, 독자를 작품 안으로 끌어들이면서 자신의 작품이나 시적 화자인 자기에 대한 동정심을 갖게 만들려는 의도, 그리고 반복되는 리듬을 통해 시적 화자의 고립과 그에 대한 동정을 이끌어내려는 암시적 목적 등을 필리윌은 프랑스어 통사법이 허용하는 한에서 재현하려고 시도했다. 이것은 필리윌이 마로의 번역을 대부분 자신의 번역 시집에 수용하고 있으면서도 유달리 「작품 1」을 자신의 새로운 번역으로 대신한 이유를 설명한다. 『칸초니에레』의 이 첫 번째 시는 시인의 고통과 위상 그리고 그 존재를 사랑의 감정과 밀접히 연관시키며 생각과 글의 일치를 꾀하는 페트라르카를 소개하고 있지만, 마로의 번역은 이를 재현하는 데 미흡해 보였기 때문일 것이다.

22) 뒤 벨레가 번역가들을 지칭하기 위해 "traducteurs"라는 용어를 사용한 것은

업은 **외국어**를 모르는 자들에게 사물에 대한 지식[23]을 가르치는 데 있어서는 일견 대단히 유용하지만, 우리가 바라는바, 우리 언어에 그런 완벽함을 부여하기에는, 마치 **화가들**이 자기네 **그림**을 대할 때와 마찬가지로 우리가 염원하는 마지막 손길[24]을 얹기에는 충분 하지 않다고 나는 생각하게 되었다.[25] 내가 피력한 이런 이유가 충

그들의 기여를 제한적이지만 다소간 높이 평가하기 때문이다. 그러나 그들의 한계를 지적하고 그들을 부정적으로 지칭할 경우에 그는 'traducteurs'라는 표현보다는 'translateurs'라는 어휘를 사용한다.

23) "사물에 대한 지식"은 사물에 내재된 힘, 속성, 특징들을 포함하는 개념이라고 할 수 있는 '자연스러움'을 포착하는 행위를 가리킨다. 사물의 자연스러움을 파악하는 데 있어서 축자역의 역할은 매우 제한적이라는 관점을 뒤 벨레는 견지한다.

24) "마지막 손길"은 라틴어의 'extrema manus'에 해당한다. 바르텔르미 아노는 뒤 벨레의 이런 라틴어법을 비난한다. 그에 따르면 뒤 벨레가 '마지막 손길'을 프랑스어로 번역하지 못한다면 그의 표현 역시 '불완전할' 뿐이다. 뒤 벨레는 이 표현을 에라스무스의 『키케로 반박』(LB I, 983A)에서 인용하였다.

25) 번역의 불가능성, 좀 더 정확하게는 축자역 한계에 대한 주장이다. 번역이 원문의 '우아함'과 '자연스러움', 즉 감춰져 있는 '무언가 알 수 없는' 생명력을 옮겨내지 못하기 때문이다. 이런 이유로 뒤 벨레는 번역이 모국어의 발전에 기여할 수 없다고 주장하며, 이런 주장은 모방의 필요성을 제기하기 위한 토대로 작용한다. 그런데 뒤 벨레가 언급하는 번역은 번역 일반이 아니라 축자역에 해당하는 것임을 다시 한 번 상기할 필요가 있다. 많은 번역 이론가들이 이 문장들을 인용하면서 뒤 벨레를 번역 불가능성을 주장한 자로 고려했다. 그러나 그런 관점은 뒤 벨레의 입장을 제대로 파악하지 못한 오류에 해당한다. 그가 언급하는 번역은 사물 안에 내재된 자연스러운 생명력을 옮겨내지 못하는 축자

분히 납득되지 않는다면, 나는 내 보증인과 변호사로 고대 로마의 작가들, 특히 시인들과 산문가들을 내세우겠다. 그들은 (비록 키케로가 크세노폰과 아라토스의 몇몇 작품을 번역하였고, 호라티우스가 제대로 번역하기 위한 법칙들[26]을 제시했다 하더라도) 자기네 언어의 확장이나

역이기 때문이다. 뒤 벨레가 축자역을 비판한 것은 역설적으로 당시에 축자역의 방식이 번역가들에게 활발히 수용되었음을 의미한다. 어휘에 대한 충실성을 주장한 많은 번역가들이 있었으며, 이런 입장에는 정당한 사유가 있었다. 예를 들어 프랑수아 티사르(François Tissard)는 1507년 에우리피데스의 『메데이아(Médée)』 번역을 프랑수아 2세(François de Valois)에게 바치면서 "나는 오직 라틴어로만 번역될 수 있는, 우아함과 웅변적 문채가 제거된 일부 문장들을 지나치게 거칠고 투박하게 될 것을 염려하지 않고 각 어휘를 따로 떼어 충실하게 번역했다"라고 고백했다. 문화의 발달에 번역이 필요하다고 생각하는 자들의 요구를 따르는 티사르의 고백은 번역가의 고충을 밝히는 동시에 어휘에 대한 충실성이 필요하다는 것을 언급한 적절한 사례가 된다. 티사르가 축자역 번역을 시도한 것은 무엇보다도 에우리피데스의 비극성과 철학적이고 도덕적인 교훈을 당시의 식자들에게 '소개'하기 위해서였다. 독서의 '유용성'을 염려한 그는 의도적으로 에우리피데스의 문체적 특징을 번역 대상으로 삼지 않았다. 원문 전체의 복원이나 작품의 역사적 혹은 문화적 문맥을 번역에 반영할 필요가 없다고 판단한 그는 저자의 시대에 대한 언급이나 그의 문화적 소양을 굳이 번역의 대상으로 삼으려고 하지 않았다. 그는 어휘에 대한 충실성이 오히려 작품의 이해를 돕는다고 판단했던 것이다.

26) 뒤 벨레의 오류이다. 『서한시』 133-134행에서 호라티우스가 말한 '어휘 대 어휘로 번역하지 않도록 해야 한다, 충실한/번역가여(Nec verbum verbo curabis rederre, fidus/Interpres)'라는 표현은 번역이 아니라 시에 대한 규범들을 제시하기 위해 언급되었기 때문이다. 한편 호라티우스가 사용한 '충실한 번역가'라는 표현은 번역이 제기하는 제반 문제의 시발점이기도 하다. 특히 호라티우스의 이런 언급은 르네상스 시기에 여러 해석의 대상이 되었다. 그의 언

그것의 영광 그리고 타인의 편의를 위해서보다는 자신들의 공부와

급을 말 그대로 번역한다면 '어휘 대 어휘로 번역하지 않도록 해야 한다/충실한 번역가'이다. 이때의 충실한 번역가가 어휘에 대해 충실한 번역가를 지칭하는지, 아니면 다른 그 무엇에 충실한 번역가를 지칭하는지에 대한 해석은 크게 두 가지로 구분될 수 있다. 젊은 시인들에게 그리스 작가들을 종속적으로 모방하지 말 것을 권유한 호라티우스는 가능한 한도 내에서, 그리고 언어의 특이성(proprietas)이 허용하는 정도에 따라서, 어휘 대 어휘 번역 방식을 취할 것을 권유하고 있다. 따라서 이 문장은 '충실한 번역가들이 어휘 대 어휘로 번역하는 것처럼/그렇게 하지 않도록 해야 한다'라고 해석될 수도 있다. 이런 해석에서 호라티우스가 지칭하는 충실한 번역가는 흔히 사용되는 개념인 축자역을 시도하는 자가 된다. 그렇다고 해서 호라티우스가 이런 번역 방식을 전적으로 따를 것을 권유한 것도 아니다. 그가 축자역 번역가를 충실한 번역가라고 지칭한 것에는 이유가 있다. 그는 어휘 차원의 번역이 인간의 의사소통과 관련된 어떤 영역에서는 유용한 역할을 할 수 있다는 것을 알고 있었기 때문이다. 예를 들어 서로 다른 언어를 사용하는 협상의 장소에서는 문체보다 어휘의 정확성이 더 중시되기 마련이며, 단지 의미 사이의 균형만이 필요한 이런 상황에서 상이한 두 어휘에 담긴 뜻을 가능하면 서로 가까이 접촉시켜 해석하는 것이 협상가에게는 중요한 사항이 되기 때문이다. 이 점을 고려한다면 호라티우스에게서 '충실한 번역가'는 '믿을 만한 중립성'이라는 의미도 담고 있다. 그렇지만 자유로운 번역을 지지하는 번역가들은 호라티우스의 원문을 '그러니, 충실한 번역가의 예를 따라서/어휘 대 어휘로 번역하지 말아야 한다'라고 옮기면서 충실한 번역가를 축자역을 취하지 않는 자로 이해했다. 예를 들어 1536년에 안드레아스 알키아투스(Andreas Alciatus)를 번역한 장 르페브르(Jean Lefèvre)는 "내 고백하건대, 일전에 나는 어휘를 어휘로 번역하면서 각 문장 전체를 언제나 보존하려고 하지 않았다. 오히려 호라티우스의 가르침에 따라서 논거를 드러내는 데 만족하였다"고 말하면서 호라티우스를 의미역의 지지자로 간주한다. 이것은 분명 오독이지만, 이 오독은 여전히 살아남아 긴 생명력을 유지하면서 번역 방식에 대한 논의에서 중요한 한 자리를 차지하게 되었다.

개인적인 이득을 위해 이 일[27)]에 더 열중하였다. 만약 누군가가 저 행복했던 키케로나 베르길리우스 그리고 아우구스투스 시대의 몇몇 작품들을 번역으로 본 적이 있다면 내가 말한 것을 반박할 수도 있을 것이다.[28)]

---

27) 번역을 가리킨다.

28) 결론적으로 말해, 뒤 벨레가 번역의 공로를 인정한다면 그것은 번역가를 위해서가 아니다. 오히려 그것은 그가 번역하지 말아야 한다고 지적한 시의 장르에 종사하는 시인들을 위한 것이다. 그가 이 장의 서두에서 수사학의 다섯 영역을 소개한 것은 번역가나 연설가를 위해서라기보다는 시인이 취하고 다루어야 할 기능, 특히 착상과 표현의 중요성을 강조하기 위해서이다. 결국 5장에서 다루어진 번역이나 모방에 대한 언급은 미래의 시인을 양성하려는 차원에서 고려되어야 한다. 시인이 번역이나 모방된 작품에서 영감을 얻을 수 있느냐 아니냐가 가장 중요한 문제라고 뒤 벨레는 파악한 것이다. 번역이 만들어낸 작품들은 미래의 시인에게 단지 모델들만을 제공하는 기능을 맡을 뿐, 모국어의 발전이나 창작을 직접 이뤄내는 역할을 수행하지는 못한다는 것이 뒤 벨레의 관점이다. 번역은 고대어의 혜택을 프랑스어가 맛보게 만드는 장점과 고대어를 모르는 자들에게 그 언어의 가치를 맛보게 만드는 역할을 지니지만, 따라서 착상의 가능성을 제공하지만, 착상을 작품으로 "실현하는(mettre en oeuvre)" 일을 번역은 해내지 못한다는 것이다. 번역은 자기 나름대로 착상하는, 즉 이미 존재하지만 눈에 보이지 않는 것들을 '발견하는(inventer)' 일을 수행하지 못하는 영역이기 때문이다.

제 6 장

좋지 않은 번역가들 그리고
시인들을 번역하지 말아야 하는 것에 관하여

그런데 **번역자**라기보다는 **반역자**라고 불리기에 참으로 마땅한 이런 사람들에 대해서 내가 무슨 말을 할 수 있단 말인가?[1] 그들은 자신들이 번역하려고 했던 사람들로부터 영광을 박탈하고, 그런 방식으로 검은 것을 희다고 보여주면서 무지한 **독자**들을 속이고 그들을 배반하기 때문이다. 그리고 그들은 **식자**라는 **명성**을 얻기 위해서 히브리어나 그리스어와 같이 가장 기본적인 **요소**들을 전혀 이해하지도 못하면서 그런 **언어**들을 무작정[2] 번역하고, 더 가관인 것

---

1) 이탈리아의 유명한 속담 '번역가는 배반자다(Traduttore, traditore)'를 언급한 것이다. 번역어 "번역가"는 원문의 "traducteur"를 옮긴 것이다.

2) "무작정(à credict)"이라는 표현은 『시편(Psaumes)』을 번역한 클레망 마로에 대한 암시이다. 마로는 그리스어나 히브리어의 기본적인 요소들을 모르면서 『시편』을 번역했다고 평가받는다. 그럼에도 불구하고 마로는 『시편』과 무사에

우스(Musaeus)의 『헤로와 레안드로스(Hero et Léandre)』를 번역함으로써 대중적인 성공을 거두었다. 마로에 대한 비판은 지나치지만, 이는 역으로 뒤 벨레가 번역에 대해 엄격한 관점을 지니고 있다는 반증이기도 하다. 즉 그는 번역 자체를 거부한 것이 아니라, 원전의 가치를 이해하고 드러내지 못하는 번역을 비판하고 있다. 이런 의미에서 뒤 벨레가 번역의 불가능성이나 불필요성을 주장한 작가로 인식되는 데에는 문제가 있다. 그가 번역을 거부한다면, 그것은 우선 모방을 통한 창작을 강조하기 위해서였다. 둘째로 그가 축자역을 거부한 것이지 번역 자체를 부인한 것도 아니다. 번역이 사물의 전달에 어느 정도 기여한다는 점을 앞의 장에서 언급했기 때문이다. 그는 언어의 발달, 고유한 창작의 가능성, 독창성을 지닌 창조의 측면을 논하는 자리에서 축자역에 근거한 번역의 한계를 지적했을 뿐이다. 그런데 조르주 무냉(George Mounin)과 같은 연구자는 『부정한 미녀들(Les Belles infidèles)』의 1장을 '번역은 가능한가'라는 제목하에 다루면서 번역 불가능성을 주장한 이론가들의 한 명으로 뒤 벨레를 언급하고 비판한다. 특히 그는 뒤 벨레가 시에 내포된 '에네르지', '탁월성', '정신' 등은 고유한 속성이기에 번역하기 힘들다고 주장했으며, 이런 것들을 번역 불가능성의 원인으로 뒤 벨레가 지적했다고 파악한다. 그러나 뒤 벨레는 시 번역의 어려움을 제시했을 뿐이다. 게다가 뒤 벨레 자신은 후에 베르길리우스의 『아이네이스(Enéide)』를 번역하기도 했다. 조르주 무냉은 자기가 잘못 이해한 것을 가지고, 자기 논리를 만들면서 뒤 벨레를 왜곡하고, 그를 자기 논리 전개의 수단으로 삼는다. 이런 이유로 1994년 무냉의 연구서가 릴(Lille) 대학 출판사에서 재간행되었을 때, 이에 대한 서평을 쓴 오타와 대학의 조르주 바스탱(Georges L. Bastin)은 무냉이 '편견'에 이끌려 번역의 가능성에 대한 '확신'을 드러내고 있다고 지적한 바 있다. 서구의 번역학 이론은 무냉의 관점에 대하여 비판적 견해를 제시하고 그의 한계를 지적하기 시작했다. 반면에 한국의 상황은 다르다. 국내 연구자들은 그의 입장을 반추 없이 되풀이한다. 그에 대한 비판을 찾을 수 없다. 게다가 뒤 벨레가 언급한 내용의 맥락을 직접 살피지 않고 무냉의 관점을 전적으로 수용하는 번역학 연구의 양상 역시 한계가 있다고 말할 수 있다.

은 스스로를 돋보이게 만들기 위해서 **시인들**을 엿본다.[3] 그런데 시
인들은 내가 번역할 수 있고 혹은 번역하기를 바란다고 할지라도
가능한 한 가장 최소한으로 말을 삼가고 싶은 작가들의 부류이다.
그 이유는 **착상의 신성함**, 문체의 웅장함, 어휘의 장대함, 생각의
진지함, 문체의 담대함과 다양함, 그리고 **시**의 수많은 광채들, 즉
글에 담긴 저 **에너르지**, 로마인들이 **뛰어난 재능**[4]이라고 불렀을 어

---

3) "엿보다"는 원문의 "se prendre à"를 옮긴 것이다. 이 표현은 '비난하다
(blâmer, s'en prendre à)'의 부정적 의미뿐만 아니라 '시작하다' 혹은 '엿보다
(s'emparer de)'의 뜻도 지닌다. 뒤 벨레는 이 표현을 통해 그리스어나 히브리
어를 알지 못하면서 『헤로와 레안드로스』 그리고 『시편』을 번역한 마로를 겨
냥한다.

4) "에너르지", "뛰어난 재능(Genius)", "어떤 알 수 없는 정신(je ne sçay quel
Esprit)"은 언어가 내포한 예술성과 창조성에 대한 암시를 전제로 삼는다. 각
언어의 타고난 속성들이 예술적 창조를 가능하게 만드는 힘을 지닌다고 파악
하는 뒤 벨레에게 있어서 시의 번역은 거부의 대상이 될 수밖에 없었다. 특
히 생명력을 부여하는, 그러나 포착하기 힘들다는 이유로 뒤 벨레가 '광채들
(lumieres)'이라고 명명한 것들을 축자역은 드러내지 못하는 한계를 지닌다.
'뛰어난 재능'은 개인적인 뛰어남보다는 신성한 영감을 받을 능력을 가리킨다.
선천적으로 가지고 '태어난 자질(inclination naturelle)'을 가리키지는 않는다.
이 용어는 뒤 벨레에 의해 프랑스어에 처음으로 도입되었다. 이것은 시인의 개
인적 자질과 신의 영감이 결합된 것으로서의 '시적 영감'이라고 번역될 수도
있다. 호라티우스는 '신성한 정신(mens divinior)', 즉 '착상의 신성함(divinité
d'invention)'을 언급한 바 있다. 이것은 '어떤 알 수 없는 정신'과 같은 의미를
지니는 것으로서, 그 누구에 의해서도 모방될 수 없는 요소이다. 따라서 모든
문학 작품이 감동(moverer)을 지향한다면, '뛰어난 재능'은 글의 '에너르지'를
보장하는 최초의 요소라고 할 수 있다.

떤 알 수 없는 정신이 다른 어떤 이들보다도 시인들에게 더 많이 있기 때문이다.[5] 이 모든 것은 화가가 사람의 육체와 영혼을 자연스럽

---

5) 1권 5장에서와는 달리 이 장에서 뒤 벨레가 언급한 '에네르지'는 아리스토텔레스의 '에네르게이아(energeia)'를 가리킨다. 그것은 '현동화(en acte)'라는 개념과 연관된 것으로서 '활동하고 있는 상태'를 만들어내는 어떤 '힘'에 해당한다. 고대 수사학에서 이것은 이미지를 착상하여 그것을 실제 사물인 것처럼 언어로 옮겨낼 수 있는 시인의 능력을 지시했다. 예를 들어 그것은 실제 피가 흐르고 있다는 인상을 언어를 통해 갖도록 만드는 힘에 해당한다. 이것은 시인의 '역동적 창조력(la dynamisme créative)'과 관련되고, 그래서 '영감'을 의미할 때도 있다. '에네르지', '뛰어난 재능', '어떤 알 수 없는 정신'과 같은 표현들이 '에네르게이아'와 같이 사용되는 이유가 여기에 있다. 만약 시인이 자연을 모방한다면, 그는 자연의 창조적인 힘을 모방해야 하는 것이다. 뒤 벨레가 『옹호』를 통해 반박하는 토마 세비예는 『프랑스 시학』에서 이것을 '신성한 지혜와 정신(entendement et esprit divin)'이라고 정의했다. 그런데 일부 연구자들은 6장에서 사용된 '에네르지'가 5장에서의 의미였던 '에나르게이아', 즉 '생동감'을 가리키는 것으로 보기도 한다. 특히 뒤이은 문장에서 화가들의 표현력이 문제가 된다는 점을 고려한다면, 뒤 벨레가 '에나르게이아'를 염두에 두고 있는 것으로 보아도 무방할 수 있다. 한편 이런 성찰은 창조 행위를 중시한 르네상스 시기가 '한가로움(oisiveté)'을 경계했다는 점과도 연관이 있다. 롱사르는 『사랑 시집 제2권』에 수록된 소네트 XXVII 「사랑은 (내 증명하건대) 한가로움에서 태어나지 않는다(Amour (j'en suis tesmpoin) ne naist d'oisiveté)」에서 언제나 활발한 활동을 멈추지 않는 자연의 속성을 자기 것으로 삼기를 권고한 바 있다. 또한 『오드 시집 제4권』의 「르네 위르부아에게(A René Urvoy)」에서는 화가들의 작업을 '말없는 일(mestier muet)'이라고 폄하하면서 말과 소리의 역동성이 오직 시에서만 재현될 수 있다고 주장하기도 했다. 그리고 1584년에는 「풍경화들(Les Peintures d'un païsage)」이라는 작품을 통해 그림 같은 시의 한 사례를 제시하기도 했다. 노래하는 대상의 속성과 운동성을 언어로 묘사함으로써 화가의 묘사를 능가하는 역동적인 시, 살아 움직이는 시, 스스로 힘을

게 끄집어내서 재현해 보일 수 있는 것처럼 그런 식으로 번역으로도 표현될 수는 있는 것들이리라.[6] 그런데 내가 말한 것은 군주나 대귀족들의 주문에 의해서 그리스와 로마의 가장 유명한 **시인들**을 번역하는 그런 사람들에게는 해당되지 않는다. 왜냐하면 그런 **인물들**에 대한 복종은 이 점에서는 어떤 **변명**도 받아들이지 않기 때문이다.[7] 그러나 내 말이 상대하는 사람들은 (흔히 말하듯이) 즐거운 마음[8]으로 그런 일들을 가볍게 시도해서 가볍게 완성해 내는 사람

만들어내는 시가 가능하다는 것이다. 뒤 벨레가 『옹호』에서 시도한 글쓰기 방식 역시 이런 맥락 안에서 파악할 수 있다. '자연스러움'을 언어와 모방의 차원에서 중요한 요소로 보고 있는 그가 『옹호』에 반영한 글쓰기는 자연스러움의 원칙에 따라 역동성을 지향한다. 장문과 단문이 뒤섞이는 공간에 뒤 벨레 자신의 목소리를 깊숙이 개입시키면서 자신의 숨결을 작품 안에 불어넣는다. 그의 글쓰기에 '역동적'이라는 형용사를 부여하는 것이 지나치지 않을 것이다.

6) 조롱적 어조의 문장이다. 이런 번역을 하는 자들은 자연스럽게 번역을 한다고 하지만, 실은 다음 문장에서 볼 수 있듯이 주문에 따라 번역에 임한 자들이기 때문이다.

7) 주문에 따라 강제적으로 이루어진 번역은 자유로움을 상실하지 않을 수 없다. 주문한 자의 정치적, 예술적 의도를 번역에 반영해야 하기 때문이다. 그것은 자연스러움을 상실한 것이기에 시인들의 작품 안에 있는 '에네르지'를 포착하여 드러내지 못하는 한계를 지닌다.

8) "즐거운 마음(de gayté de coeur)"은 자연스럽게 우러난 마음을 의미한다. 화가들이 자연스럽게 그림을 그릴 수 있다고 말하면서도 그렇게 하지 못하는 것과 마찬가지로, 번역가들 역시 자연스럽게 시인들을 번역한다고 말하지만, 실제로는 그렇게 할 수 없다는 것이 뒤 벨레의 견해이다. 이것은 번역가에게 '자

들이다. 오, 아폴론이여! 오 뮤즈들이여! 그렇게 **고대의 신성한 유물들**을 더럽혀야 한단 말인가?[9] 하지만 나는 이 말만은 하겠다. 자기 모국어로 가치 있는 작품을 만들려고 하는 자는 번역을, 특히 **시인들**을 번역한다는 수고를, 고생을 요구하면서도 별 이득도 주지 않는, 그래서 여전히 내가 쓸모없다고 여기는, 나아가 **모국어의 성장**에 해를 끼침으로써 영광보다는 더 많은 근심을 분명히 가져다 줄 것이 뻔한[10] 그런 사람들에게 내맡겨야 할 것이다.

연스러움', 즉 '자기 맘대로'가 아니라 자연이 부여하고 사물에 숨겨놓은 '에네르지'를 자신의 '자유로운 의지'에 따라 포착하고 재현하는 작업이 필요하다는 것을 지적하는 것이기도 하다. 예술가의 창조적인 의지에 대한 암시이다.

9) 뒤 벨레의 고대에 대한 이중적 태도를 발견할 수도 있다. 일견 그는 고대의 신성한 가치를 보존하기를 원하면서도 동시에 고대를 극복해야 한다고 주장하는 것처럼 보이기 때문이다. 그러나 고대로 진격하자는 그의 발언이 고대의 가치를 훼손하자는 뜻을 담고 있지는 않다. 오히려 그것은 숨겨진 고대의 진정한 가치를 포착하기 위해 고대를 향해 나아가자는 의미를 지닌다. 고대의 신성함에 대한 존중이 모국어의 가치를 풍부하게 만들 수 있다고 주장하는 그에게서 고대에 대한 모순된 태도가 발견된다고 지적하기는 힘들다.

10) "근심(molestie)"은 신조어로서 라틴어 'molestia'의 차용어이다. 프랑스어의 발전을 위해 신조어를 사용해야 한다는 권고는 바르텔르미 아노의 비판을 받았다. 그러나 뒤 벨레는 모국어의 발전이 낯선 외국어의 수용을 통해서도 이루어져야 한다는 관점을 견지하고 있으며, 2권 6장에서 이것을 다시 다룰 것이다. 모국어라는 자아가 고대라는 타자와의 관계를 통해서 발전한다는 이런 관점은 타자의 존재를 인정하는 행위이기도 하다. 몽테뉴가 아메리카 식민지 개척을 비난한 것도 이런 측면에서 이해될 수 있다.

제 7 장

로마인들은 자기네 언어를
어떻게 풍부하게 만들었는가

만약 로마인들이 (누군가가 말하겠지만) 이런 번역이라는 수고에 전력을 다하지 않았다면, 대체 어떤 수단을 사용해서 자신들의 언어를 그리스어와 거의 어깨를 겨룰 정도로 풍부하게 만들 수 있었을 것이란 말인가? 로마인들은 그리스 최고의 저자들을 모방하고, 자신들의 모습을 그들의 모습으로 바꾸고, 그들을 먹어 삼키고, 그리고 그들을 잘 소화시킨 후에, 그들을 피와 자양분으로 바꾸고, 각자 자신들의 성향과 주제에 따라 가장 뛰어난 작가들을 모델로 삼아, 그들의 가장 드물고 가장 뛰어난 특성들[1]을 섬세하게 관찰하여, 내가 앞에서 말했던 접목처럼, 그것들을 자기네 언어에 갖다 붙

---

1) 원문의 "vertuz"를 옮긴 것이다.

였다.[2] 이렇게 함으로써 (굳이 말한다면) 로마인들은 우리가 열광적으로 칭송하고 경탄하는 이 모든 훌륭한 **작품**을 때로는 그리스인들의 몇몇 작품에 버금가게, 때로는 그리스 작품들을 능가하면서 만들어냈다.[3] 이런 말에 대해서는 내가 라틴어에서 기꺼이 그리고 영

---

2) 접목과 소화의 비유는 외부의 것들을 자기 것으로 만드는(assimilation) 과정으로서 시인의 작업 방식에 대한 암시이기도 하다. 낯선 것들은 이 과정을 거치며 새로운 조직을 만드는 자양분으로 변해간다. 그런데 이 두 비유에는 의미상 약간의 차이가 있다. 접목이 자기 밖에 있는 외부의 것들을 전제로 하는 작업이라면, 소화는 외부의 것들을 자기 안으로 받아들이는 행위, 즉 자기 내부를 전제로 하며, 외부의 것과 자기와의 개인적인 관계를 설정한다. 따라서 접목은 객관적인 것들 사이의 관계를, 소화는 외부와 나의 주관적 관계를 전제하는 방식들이다. 뒤 벨레는 접목과 소화의 비유를 스페로네 스페로니(Sperone Speroni)의 『제 언어에 관한 대화』에서 빌려왔지만, 그 저변에는 퀸틸리아누스의 『웅변가 교육』(X, 1, 19)에서 직접적인 영향을 받은 것으로 보인다. 뒤 벨레가 "각자 자신들의 성향과 주제에 따라"라고 언급한 것은 바로 이런 개인적인 소화의 방식, 즉 다양한 방식의 수용 가능성을 언급한 것에 해당한다. 외부의 것들을 축자역 번역가들처럼 곧이곧대로 복제할 것이 아니라, 모방하는 자의 상황과 취향에 따라 모방할 것을 권고함으로써 모방이 다양한 창조를 위한 조건이 될 수 있음을 제시한다. 모방의 대상이 중시되는 것이 아니라 모방하는 자의 타고난 개인적 능력과 취향 그리고 조건을 중시하는 이런 관점은 외부의 모델을 '변화'시켜 새로운 것으로 만드는 '창조'의 본질에 대한 언급으로도 파악할 수 있다. 몽테뉴는 『에세』(I, xxvii)에서 날것 그대로 주어진 증거를 불로 구워 자기 것으로 소화시키지 못하는 재판을 조롱한 바 있다.

3) 뒤 벨레는 번역과 모방의 대립을 앞의 3-4장에서 다루고, 번역의 불충분함을 5-6장에서 논의한 후에 본격적으로 7-8장에서 모방이 언어를 풍부하게 만들기 위한 최선의 수단이라는 고찰을 다룬다. 그에 따르면 언어는 모방에 의해 풍부해질 수 있다. 따라서 모방은 언어의 발전을 위한 또 하나의 수단이었

던 번역과 경쟁할 수밖에 없다. 사실 뒤 벨레가 처음으로 모국어의 현양을 제시한 것은 아니다. 조프루아 토리의 경우에서처럼 이미 16세기 초에 그런 주장들이 있었으며, 더 거슬러 올라가면 14세기 말 샤를 5세(Charles V)는 고대어 번역 프로그램을 수립하였고, 1488년에는 아리스토텔레스의 『윤리학』 번역을 당시 최고의 지식인이었던 니콜 오레슴(Nicoles Oresme)에게 명령하였다. 따라서 모국어의 옹호와 현양은 이 시기 이후에 일종의 토포스가 되었다고도 말할 수 있다. 그런데 14세기 말부터 16세기 전반까지의 모국어에 대한 이런 주장이 모두 '번역의 영역' 안에서 전개되었다는 점을 환기할 필요가 있다. 따라서 모국어의 옹호와 현양이라는 문제를 번역의 영역이 아닌 시학의 영역에서 다루는 뒤 벨레의 주장은 매우 혁신적이라고 할 수 있다. 그는 시학의 차원에서 모국어로 독창적인 작품을 창조하는 것을 중시한다. 이런 이유로 뒤 벨레는 『옹호』의 앞부분에서 서둘러 번역에 대한 입장을 드러내지 않을 수 없었다. 물론 그의 태도가 매우 신중한 것은 사실이다. 3장의 소제목 "프랑스어가 그리스어나 로마어처럼 풍부하지 않은 이유는 무엇인가"와 4장의 "프랑스어는 많은 이들이 생각하는 것처럼 그렇게 빈약하지 않다"는 서로 대립하기 때문이다. 이것은 뒤 벨레가 어느 정도 중립적 입장을 취하려 했다는 인상을 남긴다. 또한 이것은 프랑스어가 중간 정도의 발전 단계에 도달한 것으로 그가 보고 있다는 추측도 가능하게 만든다. 왜냐하면 많은 번역들이 진행되었다는 것은 프랑스어가 고대가 다룬 다양한 '소재들'을 다룰 수 있는 역량을 지녔다는 것을 의미할 수 있기 때문이다. 다만 뒤 벨레가 그것이 어떤 미학적인 완성의 단계, 즉 독창적인 작품의 창조에 이르지 못했다고 파악하고 있는 것만은 분명하다. 한편 뒤 벨레의 모방에 대한 주장은 다소간 모순적으로 보인다. 모국어를 발전시키기 위해 외국어를 모방의 대상으로 삼기 때문이다. 그러나 낯선 것을 참조하는 것은 '새로운' 언어와 말 그리고 생각을 갖게 만드는 중요한 요소이다. 시집 『올리브 증보판(L'Olive augmentée)』의 서문 「독자에게(Au lecteur)」에서 그는 자신의 이탈리아어 사용을 비난하는 자들에 맞서서 자신은 인위적이고 맹목적인 모방을 넘어선 어떤 '자연스런 착상(naturelle invention)'을 훨씬 더 많이 시도했다고 반박한다. 따라서 그가 주장하는 언어의 현양은 '시의 현양'으로 확대되어 간다. 그의 궁극적 목적은 시와 관련이 있기 때문이다. '훌륭한 착

광스럽게도 언제나 인용하는 키케로와 베르길리우스가 좋은 증거
가 되는데, 키케로는 그리스인들의 **모방**에 전적으로 자신을 바쳐서
플라톤의 풍부함과 데모스테네스의 강렬한 힘 그리고 이소크라테
스의 유쾌한 부드러움을 모방[4]하고 아주 생생하게 표현하였다. 그
래서 그가 낭송하는 소리를 들은 몰로 드 로데스는 키케로가 그리
스의 웅변을 로마에 옮겨놓았노라고 외치지 않을 수 없었다.[5] 베르

상'에서 나온 '독창적인 작품'은 프랑스어가 시의 영역에서 사용될 만한 잠재
력을 지니고 있다는 것을 드러낼 뿐만 아니라 프랑스인들에게 어떤 뛰어난 시
적 정신이 있다는 것을 증명할 수 있기 때문이다. 모방은 번역과 달리 한 언어
의 '자연스러움'을 자기 언어의 '자연스러움'에 적응시키고 또한 적용시키는 작
업이고, 그것은 모국어의 발전과 나아가 역량을 지닌 언어에 의해 탄생하는 독
창적인 시를 위해 반드시 필요한 수단이기도 하다. 모방은 번역처럼 어휘를 다
루는 것이 아니라, 정신을 다룬다. 따라서 모방은 시적 착상 혹은 시적 창조
(l'invention poétique)와 이 창조가 초래할 언어와 문화의 갱신과 발전을 위한
요소로 간주되지 않을 수 없었다.

4) 풍부함(copie), 강렬한 힘(vehemence), 부드러움(douceur)이라는 세 가지 요
소는 모방을 통해 완성된 작품의 주된 특징을 가리키지만, 동시에 이런 특징을
지닌 시의 장르들을 시인이 모방해야 한다는 주장과도 관련된다. 그래서 뒤 벨
레는 '자연스럽게' 베르길리우스를 언급할 수 있었다. 베르길리우스의 『아이네
이스』는 『일리아드』나 『오디세우스』와 같은 서사시이고, 그의 『농경시』는 헤
시오도스의 『노동과 나날들』과 같은 전원시이며, 그의 『목가시』는 테오크리토
스의 『전원시(Idylles)』에 해당한다. 즉 작가는 모방의 대상이 된 작품의 속성
뿐만 아니라 그 속성이 지배하는 장르들도 모방해야 하는 것이다. 따라서 뒤
벨레는 문체뿐만 아니라 장르의 모방도 필요하다고 언급한다. 그가 2권 4장에
서 모방해야 할 장르들을 구체적으로 제시하는 것도 이와 연관이 있다.

길리우스는 호메로스와 헤시오도스 그리고 테오크리토스를 아주 훌륭하게 모방해서, 사람들이 그에 대해 말한 바에 따르자면, 그는 이 세 사람 중에서 첫 번째 사람을 능가했고, 두 번째 사람과 어깨를 겨루었으며, 세 번째 사람에게 아주 근접하였기에, 그들이 다루었던 **주제**들이 만약 동일한 것이었다면 누가 **우승**할지 알 수 없었을 것이라고 했다.[6] 그러니 나는 그대들, 오직 **번역**[7]에만 열중하는

---

5) 플루타르코스가 『키케로』(IV, 6-7)에서 언급한 아폴로니우스 몰론(Apollonius Molon)에 대한 에피소드이다.

6) 스칼리제(J.-C. Scaliger)는 1561년 사후에 출판된 라틴어로 작성된 『시학(Poetices)』에서 베르길리우스를 호메로스를 능가하는 시인으로 소개했다. 스칼리제의 작품은 펠르티에의 『시학』(1555)에 영향을 주었다. 그래서 펠르티에 역시 베르길리우스를 호메로스보다 더 뛰어난 시인으로 간주한다. 이것은 호메로스를 언제나 시인들의 반열 제일 앞에 위치시켰던 퀸틸리아누스의 견해에 역행하는 것이기도 하다.

7) 원문의 "Translation"을 옮긴 것이다. 이 어휘는 사물의 내용을 옮기는 것을 목적으로 하는 번역을 가리킨다. 'traslatio studii' 혹은 'translatio imperii'의 뜻을 그대로 간직한 어휘이며, '번역', '은유', '이전', '이식(transplantation)' 혹은 '변환(transmutation)'의 뜻도 지닌다. 따라서 현재 우리가 파악하는 '번역'의 개념과는 차이가 있다. 한편 '번역'으로 옮길 수 있는 또 다른 용어인 'traduction'은 내용의 이전을 통한 '자기화(appropriation)'보다는 오히려 '축자역'에 가깝다. 7장에서 뒤 벨레가 번역의 한계를 지적하면서 'translation'이라는 어휘를 사용한 것에서 그가 번역가들의 수고를 다소간 인정한다는 것을 확인할 수 있다. 그들이 번역 대상의 내용을 프랑스에 옮겨 심으려 한 노력은 인정하는 것이다. 'translation'과 'traduction'의 차이는 1권 10장에서 다루어질 것이다. 10장에 등장하는 '현명한 번역가(savant translateur)'는 'paraphraste'에 해당하는

그대들에게 권고한다. 만약 이처럼 유명한 **작가들**이 번역하는 일에만 사로잡혔다면 그들이 자기들 **언어**를 지금 우리가 보고 있는 이런 훌륭함과 이런 높이에까지 고양시킬 수 있었겠는가? 그러니 그대들이 번역에 주의를 기울이고 심혈을 기울인다 한들, 여전히 바닥을 기고 있는 우리 **언어**가 머리를 치켜들고 제 발로 우뚝 일어서게 만들 수 있을 것이라고 생각하지 말라.[8]

자로서 분별력과 감수성을 지닌 자이다. 그는 어휘에 집착하는 '충실한 번역가(fidèle traducteur)'와 달리 비록 한계가 있긴 하지만 나름의 창조적 능력을 발휘하는 자이다. 이런 면에서 'translateur'는 '모방자(imitateur)'에 도달하기 직전에 위치한 자이다. 키케로식으로 말하자면 '말(verba)'보다는 '사물(res)'을 옮겨놓는 자이다. 또한 그는 원전의 '의미'에 묶여 있긴 하지만 'traducteur'보다는 더 많은 자유를 누리는 자이다.

8) 뒤 벨레는 모방에 대해 자세한 설명을 하지 않으면서 모방과 번역을 언어의 풍부화를 위한 차원에서 서로 비교한다. 그에 따르면 번역은 모방에 비해 언어의 발달에 크게 기여하지 못한다. 또한 그는 프랑스어의 잠재력을 인정하면서도 이 언어가 아직 높은 단계에 이르지는 못했다고 판단한다. 6장에서 다루어진 모국어 현양의 차원에서 번역가들이 지닌 한계를 그는 7장에서도 연장해서 언급하고 있다.

제 8 장
고대 그리스와 로마의 작가들을 모방하여 프랑스어를 발전시키는 것에 관하여

따라서 자기 언어를 풍부하게 만들고자 하는 자는 그리스와 로마의 최고 작가들을 모방하여 글을 쓰고, 마치 어떤 과녁을 겨누는 것처럼 그들의 가장 뛰어난 모든 특성[1]을 향해 자기 펜 끝[2]을 겨냥해야 한다. 왜냐하면 거의 대부분의 기술[3]이 모방에 포함되는 것은 의심의 여지가 없으며, 착상을 잘했던 고대 작가들이 칭송을 가장 많이 받은 것과 마찬가지로, 심지어 아직 풍요롭고 풍부하지 않은

---

1) 7장에서와 마찬가지로 원문의 "vertuz"를 옮긴 것이다.

2) "펜 끝"은 원문의 "la pointe de son Style"을 옮긴 것이다. 고대 작가들의 펜(stylus)은 금속이나 상아로 만들어졌으며, 그런 펜을 사용해서 그들은 밀랍 판에 글을 새겼다.

3) 원문의 "Artifice"를 옮긴 것이다.

언어를 가진 사람들에게조차도 잘 모방하는 것이 가장 유용하기 때문이다.[4] 그러나 모방하고자 하는 자는 어떤 훌륭한 작가의 뛰어난 특성들을 제대로 쫓아가서 그의 모습으로 자신의 모습을 바꾸는 것이 쉽지 않다는 점도 잘 이해해야 한다.[5] 왜냐하면 사물들이 아주 흡사해 보인다 할지라도 **자연**마저도 그것들이 약간의 표시와 차

---

4) 『웅변가 교육』(X, ii, 1)에서 퀸틸리아누스는 "사실 기술이 대부분 모방으로 이루어진다는 것은 명백하다. 결국 가장 첫 번째 요소이고 가장 중요한 것은 착상이었고, 여전히 착상이라면, 성공적으로 착상된 것에 자신을 맞춰보는 것은 여하튼 유용하다"라고 언급한 바 있다. 뒤 벨레는 착상을 잘하고, 이후에 모방에 공을 들이는 것이 필요하다는 견해를 드러낸다. 그가 5장 서두에서 수사학의 구성 요소 중에서 착상과 표현을 강조한 것을 고려한다면, 모방이 표현과 밀접한 관련을 지닌다는 것을 유추할 수 있다. 그리고 이 장의 본문에서 그는 모든 예술이 모방에 속한다고 말한다. 따라서 예술성 혹은 미학성이 표현의 힘에 의해 형성되고 보장된다는 점에서 모방은 허구의 힘에 의지한다. 뒤 벨레가 모방의 필요성을 강조하는 본질적 이유가 바로 여기에 있다. 사물이 생명력을 지니게끔 만들어주는 창조적 에네르지를 포착하여 그것을 표현하는 것이 모방의 역할이라면, 모방에 대한 주장은 언어가 예술적 창조를 가능하게 만드는 내적인 힘을 지니고 있다는 신뢰를 드러내는 것이기도 하다. 모방의 대상이 된 사물에 내재된 자연적 본질을 겨냥하는 모방을 위해 작가에게는 생명력으로 넘쳐나는 자연을 그려낼 수 있는 기법이 마땅히 요구되어야 한다. 그는 그런 표현들을 사용하면서 사물의 생명력을 드러내는 고유한 창조성을 확보할 수 있다. 따라서 예술의 역할을 파악하려는 의지를 지녔던 뒤 벨레는 예술이 모방에 "포함된다(contenue)"라고 강조하지 않을 수 없었다.

5) 앞 장에서 뒤 벨레는 고대 작가들의 특성들을 소화해야 한다고 언급한 바 있다. 그에게 모방은 '양분 섭취(innutrition)'와 다르지 않다.

이로 구분되지 않게끔 만들 수는 없기 때문이다.[6] 내가 이렇게 얘기하는 것은 모든 언어를 통틀어서 보면, 자기에게 주어진 작가의 가장 은밀하고 내적인 부분을 꿰뚫고 들어가기는커녕, 단지 처음 눈에 띈 것에만 자신을 맞추고 어휘들의 멋부림에 재미있어 하다가 사물의 힘을 잃어버리는 자들이 많기 때문이다.[7] 분명 다른 언어들

---

6) 역시 퀸틸리아누스의 『웅변가 교육』(X, ii, 10)을 참조한 것으로서, 그는 사물들은 고유한 속성을 지니며, 그것은 자연에 의해 부여되었다고 주장했다. 뒤 벨레는 세상의 풍요로움이 차이에 의해 만들어진다는 생각을 한다. 세상은 같음으로 구성되지 않으며, 각 사물들 사이의 차이는 각 사물들의 존재 가치를 보장한다. 그렇다고 해서 사물들이 서로 연관성을 지니지 않는 것도 아니다. 그것은 유사한 모습을 지니지만, 속성의 측면에서 차이를 보일 뿐이다. 따라서 사물들의 유사성을 통해 세상이 풍요롭게 구성한다면, 유사성에 근거하는 모방은 언어와 문화를 풍요롭게 만들 수단이 된다. 바로 여기에서 '타자'에 대한 뒤 벨레의 관점을 읽을 수 있다. 고대 모방을 주장하는 뒤 벨레가 타자를 거부할 이유는 없었다. 자아를 풍요롭게 만들어줄 속성이 타자에게 있다는 것을 그는 인정한다. 그리고 타자와 자아의 유사성이 존재한다는 생각도 지니고 있다. 다른 것의 모방을 통해 나를 살찌우는 것의 효용성을 알고 있는 그에게 타자는 나의 외부에 존재하는 자이지만, 동시에 나를 변화시키고, 나 안에서 새롭게 태어날 수 있는 가능성을 지닌 존재, 나를 또 다른 새로운 나로 변화시킬 수 있는 존재이기도 하다. 타자의 것을 자기 내부로 받아들여 자기화하는 행위는 인문주의 정신의 기초가 되는 개념이다.

7) 퀸틸리아누스의 『웅변가 교육』(X, II, 16)을 참조했다. 그는 "사물의 특징을 깊숙한 안쪽까지 검토하지 않은 자들은 소위 말의 껍데기 양상에 집착하곤 한다"라고 언급했다. 뒤 벨레는 8장의 상당 부분에서 퀸틸리아누스의 『웅변가 교육』을 따르고 있다. 물론 퀸틸리아누스의 표현마저 그대로 차용하고 있다는 점에서 그에 대한 비판은 가능하다. 그러나 『옹호』가 문학 작품으로서뿐만 아니라

에서 **관념**[8]과 어휘들을 빌려와서 자기 언어에 적응시키는 것이 결코 잘못된 일은 아니며 오히려 크게 칭찬받을 만한 일이기도 하다. 마찬가지로 어떤 지식을 갖춘 이가 에로에[9]나 마로를 닮았을 때 자기가 최고가 된다고 생각하는 것처럼, 같은 언어 안에서 그런 **모방**을 하는 것은 자유로운 **성정**을 지닌 모든 **독자**가 보기에는 크게 비

교육적 목적을 지녔다는 점도 상기할 필요가 있다. 모방을 통해 숨겨진 본질을 파악해야 한다는 뒤 벨레의 주장은 번역에 대해서도 적용 가능하다. 번역이 어휘에 그칠 때, 그 번역은 사물의 발전을 불러일으킬 수 없는 한계를 지닌다. 자연이 부여한 숨겨진 본질을 찾아나서는 것, 바로 그것이 모방의 목적이며, 이런 이유로 모방은 창조의 한 방식이 된다. 번역과 창조를 연관시켜 말한다면, 번역은 사물의 은폐된 본질을 옮겨놓는 일이어야 하고, 자기화 혹은 접목의 과정을 거치면서 창조의 흔적을 지녀야 한다. 롱사르나 뒤 벨레의 번역뿐만 아니라 이 시대의 번역들이 각색과 변신의 과정을 거치는 이유가 여기에 있다. 그들의 번역은 모방의 차원에서 고려될 필요가 있다.

8) "관념들"은 원문의 "sentences"를 옮긴 것이다. 이 어휘는 라틴어 'sententia'에서 차용한 것으로서, '감정, 의견, 견해, 뜻, 의미, 표현된 관념' 등을 가리킨다. 뒤 벨레는 이 어휘를 『옹호』에서 다섯 번 사용하는데, 이 장에서는 '관념'을 지시한다.

9) 앙투안 에로에(Antoine Héroët)이다. 신플라톤주의를 반영하는 『완벽한 애인 (La Parfaite Amye)』의 저자로서 세비예는 그의 작품을 프랑스 시인들이 모방해야 할 전범들 가운데 하나로 소개하였다. 그러나 뒤 벨레는 『시집(Recueil de poésie)』의 「오드 XIII」에서 에로에를 "영웅적인 시(vers héroïques)", 즉 서사적 어조를 지닌 시를 쓴 시인으로 칭송하면서 뮤즈들에게 "평화의 올리브 나무"로 그의 "박식한" 머리를 장식해 줄 것을 권고한 바 있다.

난받고 심지어 구역질나는 일이기도 하다.[10] 따라서 내 그대에게 권고하노니 (오, 자기 **언어**의 **성장**을 염원하고, 자기 언어에서 뛰어나길 원하는 그대여), 예전에 누군가[11]가 말했듯이, 자기 언어의 가장 유명한 **작가들**을 무턱대고 모방하지 말기 바란다. 비록 대부분의 우리 프랑스 **시인들**이 그렇게 한다고 하더라도 그것은 우리 언어에 아무런 득이 되지 않을뿐더러 그만큼 좋지 않은 것이기도 하다. 이미 제 것인 것을 자기에게 주는 (참으로 관대하지 않은가!) 행위 이외에 다른 것이 아니기 때문이다.[12] 내가 진정 원하는 것은 우리 언

---

10) 『프랑스 시학』의 1권 3장에서 "그대는 머리를 바짝 세우고 프랑스 오드를 위해 서라면 신성하고도 감미로운 저자인 생 즐레를 모방해야만 한다"라고 말했던 세비예는 뒤 벨레와는 반대로 모국어 작가들의 모방을 권장하였다. 특히 마로가 모방의 대상으로 추천된다. 뒤 벨레의 이런 언급은 세비예의 입장에 반대하기 위해서이다.

11) 토마 세비예를 가리킨다.

12) 뒤 벨레는 2권 1-2장에서 이것을 다시 다룰 것이다. 모국어 작가를 모방하는 것이 언어의 발달에 도움이 되지 않는다는 그의 발언은 예술에 있어서의 진실이 '이곳'이 아닌 '다른 곳'에 있다는 관점과 연계된다. 고대 모방을 주장한 그가 1553년부터 1557년까지 로마를 직접 방문한 것도 이것과 무관하지는 않을 것이다. 게다가 자기 것의 발전이 낯선 것의 도움에 의해 가능하다는 생각은 그가 파악하는 시인의 정신과도 일맥상통한다. 뒤 벨레가 보기에 창조적인 시인은 사물의 "가장 은밀하고 내적인 부분을 꿰뚫고 들어가"는 자이다. 따라서 그의 시선은 표면의 아름다움에 멈추지 않으며, 포착하기 힘든 그리고 알 수 없는 저 너머로 향한다. 나의 경계를 벗어나야 한다는 관점에서 뒤 벨레의 타자관의 한 양상을 살필 수 있다. 이 점은 그가 로마에 체류하며 작성한 『회한

시집』에서도 잘 드러난다. 일반적으로 이 시집은 로마에 대한 그의 열정과 반대급부로 주어진 극복할 수 없는 실망이라는 개인적 감정을 담아내는 작품으로 인정받고 있으며, 많은 연구자들은 이국의 땅에서 삶에 대한 감각을 잃어버리게 된 한 시인의 '회한'이 실은 '낯섦'을 거부하려는 그의 의도에 기인하고 있다고 읽어냈다. 그러나 생트 뵈브가 소네트 형식으로 쓰인 프랑스 시 가운데에서 "최고"의 "걸작"이라고 칭한 「소네트 31편」은 단순한 고향으로의 회귀, 그래서 낯선 것에 대한 부정을 주장한 작품으로 여겨지기 힘들다. 원문을 번역하면 다음과 같다.

> 행복하리라, 율리시스처럼 멋진 여행을 한 자는,
> 혹은 황금 양털을 손에 넣은 그 사람처럼,
> 그러곤 경험과 분별력으로 가득 차 돌아와서
> 남은 인생을 부모와 함께 사는 자는.
>
> 아, 언제 보게 될 것인가, 내 자그마한 마을
> 굴뚝에서 연기가 피어오르는 것을, 대체 어느 계절에
> 보게 될 것이란 말인가, 내 가난한 처소의 밭뙈기를
> 내겐 수도였고, 그 이상이기도 했는데.
>
> 내 선조들이 지어놓은 거처가 더욱 좋아한다,
> 로마 궁정의 저 오만한 성벽보다도,
> 저 단단한 대리석보다도 더 좋아한다, 저 얇은 기와지붕을,
>
> 로마의 티브르강보다도 프랑스의 루아르강을,
> 팔리타나산보다도 내 작은 리레를,
> 그리고 바다 내음보다도 앙주의 감미로움을.

율리시스가 고향으로 돌아와서 자신의 아내를 탐했던 자들과 무한한 싸움을 벌이지 않을 수 없었듯이, 고향은 시인에게 '친숙한 것'의 상징이지만, 「소네트

40」에서 "그의 재산을 지켜준 친지들은 그가 오길 기다렸지만, /나를 기다린 그 누구도 내 재산을 지켜주지 않는다"라고 말하는 시인에게 고향은 그를 낯선 자로 만드는 공간이기도 하다. 낯선 곳을 경험한 그가 고향으로 돌아왔다고 해서 그에게 낯선 것의 흔적이 남아 있지 않게 되었다고 말할 수는 없는 것이다. 다음의 「소네트 130」이 다루는 것처럼 비록 귀향을 했더라도 그는 낯선 것을 경험하기 이전의 감정으로 고향을 대하지 못하게 되어버리고 말았다.

> 나 역시 율리시스가 생각했던 것처럼
> 언젠가 난로에 피어오르는 연기를 보고,
> 오랜 체류 끝에 어머니의 땅에서 자기 친지를
> 다시 보는 것보다 더 즐거운 것은 없으리라고 생각했다.
>
> 나는 벗어났다고 기뻐했다, 악덕을,
> 이탈리아의 키르케를, 사랑의 세이레네스들을,
> 프랑스로 되돌아오면서
> 충실한 봉사로 얻게 된 명예를 다시 가져왔노라고.
>
> 아, 하지만, 이 오랜 계절의 고통을 겪은 나는
> 수많은 근심이 내 집을 물어뜯고,
> 위안의 희망을 잃은 내 심장을 갉아먹는 것을 보게 되리니.
>
> 그러니 잘 있으시오 (도라여) 난 여전히 로마인일 것이니,
> 아홉의 누이들이 그대 손에 안겨준 활을
> 앙갚음하려는 이곳의 나에게 그대가 빌려주지 않는다면.

그에게는 낯섦의 흔적이 여전히 남아 있다. 낯선 곳을 경험한 그가 돌아온 고향 역시 그에게는 낯선 곳에 해당한다. 낯선 것은 시인 자신을 자신에게마저도, 그리고 친숙한 것들에게서마저도 낯선 존재로 만들어버렸다. 낯섦을 경험한 자는 이국의 땅과 고향의 공간으로부터 버림받는다는 '변질(altération)'의

어가 **외국어들**에 의지할 필요가 없을 정도로 그렇게 우리네의 **본보기**들로 풍부해지는 것이다. 그런데 만약 베르길리우스와 키케로가 자기네 언어를 사용하는 작가들을 모방하는 데만 만족했다면, 로마인들은 에니우스나 루크레티우스, 크라수스나 안토니우스[13] 말고 그 누구를 가질 수 있었겠는가?

운명을 피해갈 수 없게 된 것이다. 그러나 낯섦을 경험하고 나서 "지금의 나는 더 이상 과거의 내가 될 수 없"(「소네트 42」)다고 외치는 이 시인에게 유형은 그를 오히려 정신적으로 풍부하게 만드는 계기가 되기도 한다. 그는 낯섦이 부여한 고통 덕분에 자신의 시를 풍부하게 만들 수 있었기 때문이다. 낯선 곳이 강제하는 시적 영감의 상실은 그를 위기에 빠뜨리면서도 다른 한편으로는 새로운 시적 영감을 찾을 수 있는 기회도 제공한다. 고통과 낯섦은 오히려 그에게 영감을 불어넣어 새로운 언어를 찾도록 촉구하는 기제로 작동한 것이다. 낯섦의 공간에서 혼자 남을 수밖에 없다는 사실에서 갖게 되는 회한은 그를 되살리는 동기로 기능한다. 따라서 『회한 시집』에서 낯섦을 접한 시인은 자신의 소멸을 목격하면서도, 그 소멸에서 새로운 자아가 형성되는 것 역시 경험하게 된다. 그는 낯섦과의 만남에서 자아를 담을 새로운 시의 가능성을 엿볼 수 있게 된 것이다. 따라서 낯섦을 찾아 나선 시인의 유형은 자아를 회복할 해결책을 마련하기 위한 탐색과 다르지 않고, 시의 새로운 얼굴을 확보하기 위한 여정이 된다. 거부의 대상이 되기 마련인 낯섦은 그의 이런 인식 속에서 고유한 시적 세계의 영역을 구축하는 데 기여하는 역할을 담당하는 것이다. 뒤 벨레는 낯섦과의 접촉은 그 무엇에도 종속되지 않는 새로운 시의 세계를 생산하도록 이끄는 계기로 파악하고 있는 것이다.

13) 에니우스는 고대 로마 시인이며, 크라수스나 안토니우스는 키케로 이전에 활동했던 로마의 연설가들이다.

제 9 장
일부의 반박에 대한 답변

　우리 언어의 확장을 열망하는 사람들에게 가능한 한 가장 간략하게 길을 열어 보일 수 있었으므로, 이제는 그리스어와 로마어에 있는 저 우아함과 풍부함을 지닐 수 없을 정도로 우리 언어가 미개하고[1] 불규칙적이라고 평가하는 사람들에게 대답을 하는 것이 적절하고 또한 필요한 것으로 여겨진다. 그들은 프랑스어에는 다른 두 언어들에서처럼 **격변화**, 운각,[2] **운율**[3]이 없다고 말한다. 나는 이 자

---

1)　뒤 벨레는 모국어를 미개하다고 여기는 자들을 1권 2장에서 비판한 바 있다.

2)　원문의 "piedz"를 옮긴 것이다. 음절 수와 강세에 따라 음절들이 모여 만들어 내는 리듬의 통일성을 가리킨다.

3)　원문의 "nombre"를 옮긴 것으로서, 남녀 성운의 교차가 만들어내는 효과를 가리킨다. 시행의 운율성을 의미하는 이 용어는 수사학에서는 일반적으로 '운율을 띤 산문(prose nombreuse)', 즉 듣기에 좋을 정도로 조화롭고 동시

리에서 (당당하게 말할 수도 있지만) 자신들이 품은 **생각들**을 기법이나 장식 없는 헐벗은 말들로 표현하는 데 만족했던 우리 선조들의 단순 **무지함**[4]을 부각시키고 싶지는 않다. 그들은 (누군가가 말한[5]) 둥근 입, 즉 완벽하게 우아하고 **아름다운**[6] 말을 뮤즈로부터 물려받았던 그리스인들, 그리고 이후에 그리스인들을 모방했던 로마인들의 **섬세한 열의**[7]를 모방하지 않았다. 그러나 나는 사람들이 흔히 말하고 싶어 하는 것과는 달리 우리 **언어**에 규칙성이 결핍된 것은 아니라는 점을 기꺼이 말하겠다. 우리 언어는 **명사, 대명사** 그리고 **분사**에 따른 격변화를 하지는 않지만, 최소한 동사에 의해서 **시간과 법** 그리고 **인칭**에서 격변화를 하기 때문이다. 우리 언어는 섬세하게 규

에 균형을 이룬 문장을 가리키는 데 사용되었다. 키케로는 『연설가』의 「단락 152」에서 '좋은 소리(bon sonus)'가 결여된 귀에 거슬리는 소리(cacophonie)를 경계했으며, 이와 반대로 「단락 168」에서는 조화로움을 보장하는 '운율 (numerus)'을 권장하였다.

4) 원문의 "simplicité"를 옮긴 것이다. 언어를 발전시키기 위한 '수고'를 강조하는 뒤 벨레는 여기에서 이를 등한시한 이전 작가들의 나태함을 비판한다.

5) 호라티우스는 『시학』 323-324행에서 "그리스인들에게 뮤즈는 둥근 입으로 말하는 재능을 부여하였다"라고 노래한다. 둥근 입은 조화로운 말을 가리킨다. 르네상스 시대에 원은 종종 완벽함의 동의어로 사용되었다.

6) 원문의 "Venusté"를 옮긴 것이다. 비너스에게만 있는 아름다움을 가리키는 라틴어 'venustas'에 어원을 둔 이 용어는 라틴어법에 해당한다.

7) 원문의 "Curieuse diligence"를 옮긴 것이다.

칙화되지 않거나 다른 부분들에서 서로 얽혀 묶여 있긴 하지만, 그리스어나 라틴어에 있는 **예외**나 **불규칙성**, 즉 기이한 괴상함을 조금도 갖고 있지는 않다. 운각과 운율에 대해서는 2권에서 우리 언어가 그것을 어떻게 보완하고 있는지 설명할 것이다.[8] 그리고 분명히 (그리스인들이 자기들 말로 풍부한 문장을 만드는 것에 대해 어떤 **수사학자**가 말한 것처럼[9]) 나는 이와 같은 특징들이 그 **언어들**의 타고난 속성으로 만들어졌다고는 생각하지 않지만, 우리는 항상 **타국의 것들**을 특별한 것으로 대하는 법이다.[10] 대체 그 어떤 이가 모든 품

---

8) 2권 7장에서 다룰 것이다. 이런 발화를 통해 뒤 벨레는 프랑스어의 규칙적인 문법을 만들려는 의도를 드러낸다. 당시에 라틴어의 뛰어난 문법적 요소는 문법적 차원 이상으로 높이 평가되었으며, 많은 작가들이 프랑스어 대신 라틴어로 작품 활동을 했다. 여기에서 뒤 벨레는 이런 신라틴 작가들(néo-latins)을 비난하고 있다.

9) 퀸틸리아누스는 『웅변가 교육』(I, v, 70)에서 "나는 이런 것이 우리 언어의 속성보다는 낯선 것에 이끌리는 우리의 경향 때문이라고 생각한다"고 말한 바 있다.

10) 뒤 벨레는 이탈리아 작가들에 대한 무비판적인 모방을 비판한다. 당시에 보카치오, 사나자로, 벰보, 아리오스토, 페트라르카 등이 번역과 모방 그리고 표절 등의 형식으로 소개되었다. 당시에 약 400종에 이르는 이탈리아 작품들의 번역이 출간되었다. 이탈리아 작품들은 피렌체 출신의 카트린 드 메디치와 같은 여왕을 둔 궁정에 깊은 영향을 끼쳤고, 이탈리아어를 높이 평가하는 델벤(Del-bene)이나 비라그(Birague)와 같은 작가들이 궁정에서 활동했다. 물론 『광란의 롤랑(Orlando furioso)』이나 『해방된 예루살렘(Le Jerusalem délivré)』 그리고 이탈리아 연극들은 프랑스 연극에 이탈리아 색채를 부여했다. 또한 뒤 트로세(Du Trochet), 벨포레(Belleforest), 파피르 마송(Papire Masson)과 같은 작

사가 격변화를 하고, 어떤 음절을 늘리고 다른 음절은 줄이고, 그리고 그것으로 운각이나 운수(韻手)[11]를 우리 선조들이 만들지 못하도록 가로막았겠는가? 그리고 마치 누군가에게는 불가능한 것처럼 보였지만 또 다른 이들에게는 가능한 것으로 보였던 무언가를

가들은 이탈리아의 문학적 그리고 예술적 성과를 적극적으로 수용했다. 그러나 몽테뉴의 이탈리아 여행이 반도의 문화, 정치, 역사 속에 새겨진 프랑스의 영광스런 나날들에 대한 환기로 이어지듯이, 그들은 이탈리아 작품들의 번역을 통해 프랑스의 고유한 전통을 확인하고 강화하려는 목적도 지녔다. 나아가 이탈리아 작품의 번역자들은 나름의 독창성과 개인성을 번역에서 확보하려고 했으며, 번역을 통해 모국어의 뛰어난 역량을 드러내려는 의도도 가지고 있었다. 그것은 프랑스어가 문학어가 될 수 있으며, 또한 문화, 정치, 종교의 언어가 될 수 있는 역량이 있다는 것을 증명하는 행위이기도 했다. 이탈리아의 영향이 프랑스의 정체성을 형성하는 데 영향을 끼치는 방향으로 나아간 것이다. 그리하여 르메르 드 벨주의 『두 언어의 일치(Le Traité de la Concorde des deux langues)』(1549)와 앙리 에티엔(Henri Estienne)의 『프랑스어의 뛰어남이라는 제목을 지닌 책을 위한 서설(Projet du livre intitulé de la Précellence du langage françoise)』(1579) 등과 같이 모국어를 옹호하는 작가들은 뒤 트로셰와 같은 이탈리아 선호 작가들이 모국어의 사용을 무질서하게 만들었다고 비판했다. 세기 후반에 접어들면서 이탈리아의 영향력을 거부하고 부정하는 경향이 문학의 영역에서 자리를 잡게 되었다.

11) 뒤 벨레의 어조는 매우 조롱적이고 신랄하다. 그는 그리스어에 있는 발걸음의 율격을 지칭하는 운각을 언급하면서 프랑스어가 손의 움직임에 따른 율격, 즉 우리가 "운수(韻手)"라고 옮긴 "des Mains"을 만들어낼 수 있는 속성이 있었다면 그렇게 했겠지만, 프랑스어가 그런 것을 본질적으로 허용하지 않는다고 밝히고 있다.

민법으로 만들어보겠다고 키케로가 약속한 것처럼,[12] 우리의 후손들, 특히 지식을 갖추었으면서도 나름의 재능을 지닌 이 시대의 누군가[13]가 그것을 법칙으로 만들려고 하는 것을 대체 누가 가로막을 것이란 말인가? 여기에서 고대의 탁월함을 내세울 필요는 전혀 없다. 그리고 호메로스가 자기 시대 사람들의 키가 너무 작다고 불평했던 것처럼,[14] 근대의 정신이 고대의 정신에 견줄 수 없다고 말할 필요도 전혀 없다. 고대의 건축술, 항해술 그리고 다른 발명들은 분명 훌륭하다. 그러나 필요가 예술의 어머니란 점을 고려한다면,[15]

---

12) 키케로는 『웅변가에 관하여』(I, XLII, 190; I, LVIII, 246; II, XXIII, 142)에서 여러 번에 걸쳐 산만하게 흩어져 있는 민법 관련 법률들을 하나의 원칙 아래 묶은 책을 출판하려는 의도를 드러냈다. 그리고 아울루스 겔리우스(Aulu-Gelle)의 『아테네의 밤(Nuits Attiques)』에 따르면 키케로는 그런 의도를 『민법을 하나의 기술로 축소하기(De jure civili in artem redigendo)』라는 제목으로 출간하였다. 이 책은 소실되었다.

13) 운각시(vers mesuré)를 고안하고 사용한 시인 장 앙투안 드 바이프(Jean-Antoine de Baïf)에 대한 언급이다. 뒤 벨레는 『옹호』에서 기욤 뷔데와 이 시인의 아버지 라자르 드 바이프(Lazare de Baïf)를 프랑스의 두 광채로 칭송한다.

14) 『일리아드』, I, 260-272행; V, 302-304행; XII, 378-385행. 사실 호메로스는 "옛날 사람들"이 "지금 사람들"보다 훨씬 더 강건하다고 '판단했을' 뿐, "불평" 하지는 않았다.

15) 에라스무스는 필요는 발명의 어머니라고 『격언집(Adages)』(IV, vii, 55)에서 말했다.

하늘과 **자연**이 자기네의 모든 힘과 활력 그리고 능란함[16]을 거기에 쏟아부었다고 평가해야만 할 정도로 그것들이 그렇게 대단한 것은 결코 아니다. 이런 내 말의 증거로 뮤즈들의 **자매**이며, 그중에서도 열 번째 뮤즈라고 할 수 있는, **대포**만큼이나 해로우면서도 훌륭하지 않은 것이 아닌, 또한 인간의 정신은 시간이 흐를수록 사람들이 말하는 것과는 달리 그렇게 퇴락하는 것이 아님을 진정 보여주는 최근의 다른 많은 것들과 함께 **인쇄술**을 굳이 내세우지는 않겠다.[17] 내가 단지 말하려는 것은 우리 **언어**가 그리스인이나 로마인들에게 있는 그런 정교한 장식과 세밀한 기법을 앞으로 언젠가는 받아들이는 것이 불가능하지 않다는 점이다. (그들 스스로 말하고 있는 것처럼) 그들의 **언어**에 있는 소리의 조화(調和)와 어떤 설명할

---

16) 원문의 "industrie"를 옮긴 것이다. 무언가를 능란하게 만드는 열의를 띤 생산적 활동을 가리킨다.

17) 라블레는 『팡타그뤼엘』 8장의 「가르강튀아가 팡타그뤼엘에게 보낸 편지」에서 화약이 악마의 발견이라면 인쇄술은 근대인의 뛰어남을 증명한다고 말하였다. 인쇄술의 발명(invention)은 인간의 지적 진보 과정에서 혁명에 해당한다. 고대 문헌을 읽는다는 지식의 소통 차원에서 인쇄술은 유럽의 문화 지형도를 새로 만들었을 뿐만 아니라, 상업적 발전에도 크게 기여했다. 그러나 인쇄술의 가장 큰 공헌은 인간의 기억을 대체하기 시작했다는 점이다. 기억에 의존한 구전의 기술 방식이 글자의 기록으로 변화되면서 인간은 지적 유산을 복구하고 후세에 그것을 물려줄 수 있는 수단을 마련하게 되었다. 따라서 뒤 벨레의 인쇄술에 대한 언급은 과거와 미래를 연계한다는 측면에서 의미를 지닌다. 인쇄술에 대한 환기는 미래로 나아가는 세계의 진보에 대한 그의 신뢰를 내포한다.

수 없는 자연스런 부드러움에 대해 말해 보자면, 가장 예민한 귀에게 그 판단을 맡겨보았을 때 우리가 그들보다 모자란다고는 추호도 생각하지 않는다. 말을 하는 데 있어서 오직 혀만을 우리에게 준 **자연**의 처방을 우리가 사용하고 있는 것은 엄연한 사실이다. 우리는 술 취한 자들처럼 말을 **폐**에서 토해내지도 않으며, **개구리**처럼 그것들을 목구멍으로 조여대지도 않고, 새들처럼 그것들을 **입천장**으로부터 끊어내지도 않으며, 뱀들처럼 입술로 그것들을 불어대지도 않는다. 만약 이렇게 말하는 방식 안에 **언어**의 부드러움이 놓여 있는 것이라면, 고백하건대 우리 언어가 거칠고 울림이 나쁘다고 고백해야만 할 것이다. 그러나 우리는 **원숭이**들처럼, 혹은 언젠가 플루트를 연주하다가 거울에서 뒤틀어진 제 **입술**을 보고는 플루트를 멀리 내동댕이친 미네르바를 불행히도 보고야 말았던 **오만했던** 마르시아스가 산 채로 살가죽이 벗겨지고 말았다는 것을 잘 기억하지 못하는 많은 사람들이 그러는 것처럼, 그렇게 수많은 방식으로 입을 쥐어짜지 않는 이로운 점도 가지고 있다.[18] (누군가가 이

---

18) 미네르바는 주노와 비너스 앞에서 자신이 발명한 플루트를 연주하였다. 주노와 비너스가 미네르바의 뒤틀린 입술을 놀려대자 미네르바는 거울에서 이런 모습을 보고는 플루트를 내동댕이치면서 그것을 다시 집는 자에게는 죽음이 내려질 것이라고 예언하였다. 그런데 이 플루트를 마르시아스가 다시 들고는 뮤즈들을 관장하는 아폴론과 내기를 하였다. 여기에서 승리를 거둔 아폴론은 맞상대였던 마르시아스를 산 채로 가죽을 벗겨 죽였다.

렇게 물을 것이다) 그대는 자기의 투박한 플루트와 아폴론의 은은한 리라를 감히 비교하려 했던 저 마르시아스의 선례를 따라, 너희 언어가 그리스어와 라틴어와 대등하다는 말인가라고. 고백하건대 고대어의 **작가들**은 **지식과 웅변술**[19]에서는 우리를 능가했으며, 그리고 어떤 분야에서는 스스로를 방어해 내지 못하는 자들에 맞서 승리를 거두는 것이 그들에게는 정말로 손쉬운 일이었다. 우리는 이미 그들이 개발한 **기술**의 상당 부분을 그리고 가끔은 정치 체제[20]의 측면에서 계승하고 있기에, **자연**이 다른 이들에게도 거부하지 않았던 것[21]을 맨 먼저 차지했던 이 사람들을 오랫동안 그리고 부지런히 모방하는 방식으로는 우리가 그들의 뒤를 계승할 수 없으리라는 점, 그런 것을 나는 말하고 싶지 않다. 왜냐하면 그런 것은 단지 인간의 **정신**뿐만 아니라, 창조된 모든 것에게 영원한 지속이 아니라 한 **상태**에서 다른 상태로의 끊임 없는 이동이라는 거스를 수 없는 법을 부여했던 **신**을 모욕하는 일이 될 것이기 때문이다. 한쪽에 종말과 **소멸**이 있으면, 다른 쪽에는 시작과 생성이 있

---

19) 원문의 "facunde"를 옮긴 것이다.

20) 원문의 "monarchie"를 옮긴 것으로서 '군주의 통치'를 가리킨다.

21) 자연의 공평성을 의미하는 것으로서 1장에서 뒤 벨레는 이미 이것을 언급한 바 있다. 자연은 모든 피조물에게 공평하게 속성과 자질들을 나누어주었지만, 이들 사이에 우열이 생긴 것은 그것의 경작(cultiver) 여부와 상관이 있다.

는 법이다. [22] 완고한 생각을 가진 일부의 사람들은 여전히 반박할

---

22) 뒤 벨레는 세상에 존재하는 모든 것의 유동성을 인식하고 있으며, 익숙한 것이
낯선 것이 되고, 낯섦이 친숙하게 남을 수 있다고 판단한다. 다른 인문주의자
들처럼 세상의 유동성 그리고 변화 속의 일관성을 신뢰하는 그는 처음과 끝으
로의 순환이 언제나 동일한 모습과 양상으로 반복되는 것은 아니며, 반복의 선
회를 통해 새로운 것을 수용하고 자기를 변화시키며 진행한다고 생각한다. 이
런 관점은 낯섦에 대한 그의 입장을 설명해 준다. 로마인들은 가장 높은 자리
를 지키고 있었지만, 시간의 흐름은 그 자리가 오직 그들에게만 국한되지 않는
다는 진리를 보여주었으며, 그와 마찬가지로 낯섦이 영원한 낯섦으로 주어지
는 것 역시 아님을 뒤 벨레는 알고 있다. 이 점에서 그는 아리스토텔레스를 따
르고 있다. 죽음 뒤에 새로운 구원이 있다는 플라톤 사상과는 달리 아리스토텔
레스는 『생성과 소멸에 관하여(De generatione et corruptione)』에서 물질은
소멸하지 않고 단지 형태를 바꿀 뿐이라는 물질의 영속성을 지지한다. 그에게
서 죽음은 새로운 형태와 내용의 시작이다. 현실의 다양한 양상에 관심을 가진
아리스토텔레스는 현실 안에서의 질서의 원칙을 찾으려 했다. 지상적이고 물
리적 성격을 지닌 이런 관점을 롱사르를 비롯해 이 시대 많은 시인들이 공유하
였다. 특히 롱사르는 「죽음에 대한 찬시(Hymne de la Mort)」에서 "다시 만들
어지는 모든 것은 물처럼 흘러간다. / 그러나 형태는 다른 새로운 것으로 변화
한다"고 노래했으며, 「가틴 숲의 벌목꾼들에 맞서(Contre les bucherons de la
forest de Gastine)」라는 작품에서는 "물질은 남지만 형태는 소멸한다"고 언급
하였다. 이런 사상은 앞에서 언급했던 '제국의 이동'이라는 개념과 상통한다.
훌륭한 모든 것은 소멸될 것이고, 그 자리에 새로운 것이 탄생할 것이라는 관
점은 진보적 세계관을 구성한다. 또한 그것은 시의 측면에서는 이전과는 다른
새로운 시의 탄생을 지향하는 시인들에게는 반드시 필요한 토대가 되기도 한
다. 물론 이것은 이상적 세계를 지향하더라도 지상적 조건에 등을 돌리지 말아
야 한다는 '지금 그리고 여기(hic et nunc)'의 사상과도 관련이 있다. 롱사르와
뒤 벨레는 시인의 상상력이 현재에 존재하는 것들의 진정한 본질을 암시하고
발견하게 추동한다는 것과 그런 상상력을 통해 지상에서 가능한 '행위'를 드러
내는 것이 시인의 사명이라고 파악했다. 『옹호』에서 뒤 벨레가 번역의 한계를

것이다. 너의 언어는 그런 언어들의 **완벽함**을 받아들이기에는 시간이 한참 걸릴 것이라고. 그런데 나는 시간이 **걸린다**는 것이 그것을 받아들일 수 없다는 것을 증명하는 것이 결코 아니라는 말을 하겠다. 오히려 조만간 꽃을 피우고 열매를 맺을 모든 **나무**는 그만큼 **빨리** 늙고 죽게 되며, 반대로 **뿌리**를 내리기 위해 **오랫동안** 애를 쓴 나무는 길게 살아남게 된다는 **자연의 법칙**을 따르는 나는 매우 오랜 수고의 대가로 그런 완벽함을 얻어냈기 때문에 그만큼 오랫동안 그것을 확실히 간직할 수 있을 것이라고 말하겠다.

지적한 것이나, 그가 '에네르지'를 언급한 것 역시 이 점과 관련이 있다.

제 10 장

프랑스어가 철학에 무능하지 않다는 점과 고대인들이 우리 시대 사람들보다 더 현명[1]한 이유에 관하여

프랑스어의 옹호와 현양을 위해 내가 앞에서 언급했던 모든 것은 주로 **시인들과 연설가들**처럼 **웅변**[2]을 주된 일로 삼는 사람들과 관련된다. **지식**[3]의 다른 영역 그리고 그리스인들이 **엔키클로파이데이**

---

1) 원문의 형용사 "scavans"을 옮긴 것으로서 깊은 지식이 배양하는 '분별력과 감수성을 지닌' 것을 가리킨다. 본문에서 이 형용사는 여러 번 사용되는데, 문맥에 따라서 '박식한' 혹은 '지식을 갖춘'으로도 번역되었다.

2) 원문의 "bien dire"를 옮긴 것이다. '웅변(éloquence)'은 '말을 잘하는 기술(l'art de bien dire)'이라는 뜻을 지닌다.

3) "지식"이라고 옮긴 원문의 "Literature"는 현대의 우리가 이해하는 좁은 영역의 문학, 즉 미학적 관심사의 흔적을 지닌 글로 작성된 모든 것을 가리키지만, 학문의 분화가 교육의 측면에서 아직 진행되지 않았던 이 시기에 "Literature"는 운문, 산문뿐만 아니라 회화, 음악, 건축, 의학, 과학, 기술, 역사, 정치, 법, 지리, 종교, 미신 등 인간의 정신이 만든 모든 지식을 가리켰다.

아[4]라고 명명한 학문의 띠에 관해서는 내가 생각하는 바의 일부분을 앞에서[5] 다룬 바 있다. 즉 충실한[6] 번역가들의 부단한 활동은 이

---

4) 이 용어는 기욤 뷔데의 『군주 교육』(1552) 21장에서 처음 사용되었으며, '원처럼 순환하는 지식'이라는 뜻으로 인문학의 완벽함을 가리킨다. 라블레는 1532년에 간행된 『팡타그뤼엘』 13장에서 영국 학자 토마스트의 입을 빌려 이 용어를 "모든 학문의 진정한 원천과 심연"으로 정의했다. 그리스인들은 자유 학문과 정치학의 완벽성을 'ἐγκύκλιος, énkuklios(순환하는, circulaire)'와 'παιδεία, paideía(학문, instruction)'를 합성하여 '모든 학문의 총체(ensemble de toutes les sciences)' 혹은 '보편 문화(culture générale)'라는 뜻을 지닌 'enkuklon paideian'이라고 불렀으며, 이를 로마인들은 'enkuklopaideia(순환하는 지식)'라고 번역하였다.

5) 1권 4장과 5장에 해당한다.

6) 뒤 벨레는 '충실함'이라는 용어를 통해 번역의 부분적 가치를 언급한다. 롱사르 역시 1559년 장 아믈랭(Jean Amelin)이 번역한 티투스 리비우스(Tite-Live)의 『논변과 연설(Concions et Harengues)』 제3권 서문에 실릴 예정이었던 자신의 「엘레지(Elegies)」에서 아믈랭이 프랑스어로 출발 텍스트를 "충실하게 (fidelement)" 번역했다고 찬양하지만, 이때의 '충실함'은 단지 출발 텍스트의 단어에 대한 충실함 혹은 출발 텍스트 저자에 대한 종속성을 전제로 하는 충실함을 가리키지는 않았다. 「엘레지」의 117–140행을 인용하면 다음과 같다.

> 그런데 고대나 지금이나 그 어떤 역사가들도
> 이 로마 작가 티투스 리비우스의 영광에 이르지는 못했지만,
> 그러나 (오!) 그는 이제 어둠 속에 자리하고 있으니,
> 단지 로마의 시민들만이 그를 읽을 뿐이다.
> 그런데 이제 프랑스인들은 박식한 아믈랭 덕분에
> 모국어로 번역된 훌륭한
> 자기 작품을 갖게 될 것이다. 그는 예전에

점에서 매우 유용하고 필요하며, 프랑스어 군(群)에 수용할 수 없는 어휘들을 때때로 만나게 되더라도 그 앞에서 머뭇거려서는 안

철학에서, 연설에서,
혹은 우리 역사의 사건들을 다루는 능력에서,
그것이 우리 국왕의 귀를 즐겁게 하기 위한 것이었을지라도,
라틴어로 된 시와 프랑스어로 된 시를 가지고서
자신이 얼마나 많이 알고 있는지 여러 차례 보여주었다.
만약 로마와 그리스의 훌륭한 작가들이
이런 식으로 번역되었더라면 프랑스 젊은이들은
단어를 이해하려고 노력하지 않고서도
프랑스어로 쓰인 학문을 배울 수 있었을 것이다.
그리스인들의 언어가 프랑스인들의 언어보다
더 나은 것은 아니다. 단어는 아무런 소용이 없다.
내용이 모든 것을 이루며, 그것은 그리스어처럼
우리의 모국어인 프랑스어로도 말해질 수 있다.
어휘는 다르지만, 그 내용은 진정 하나인 것이다.

롱사르는 프랑스어의 역량을 강화하는 데 박식함이 번역가에게 필요하다는 것을 상기시키며 아믈랭의 번역을 찬양한다. 그에 따르면 라틴 시를 읽을 수 없는 프랑스 젊은이들에게 잘 알려지지 않은 티투스 리비우스의 방대한 지식을 번역을 통해 전달했다는 것은 아믈랭이 단지 단어만을 번역한 것이 아니라는 증거이다. 특히 롱사르가 높이 평가하는 것은 아믈랭의 번역 방식이다. 그는 아믈랭 번역의 뛰어남은 단어의 전이 그 이상을 지향함으로써 확보되었다고 본다. 번역의 이점이 무력을 사용하여 영토를 확장해 가듯이 고대의 지식을 프랑스의 것으로 만드는 것(rendre)에 있다고 파악하는 그는 단지 언어의 차원에서만 번역가의 기여가 가늠될 수는 없으며, 오히려 번역은 정치적 힘에 상응하는 정신의 '확장'을 위한 한 수단이 되어야 한다고 생각한다. 이때 번역이 지식의 확산에 기여할 수 있다는 차원에서 롱사르는 '충실함'을 정의한다.

된다.[7] 로마인들이 수사학, 음악, 기하학, 지리학, 철학과 같은 용어들[8] 그리고 거의 모든 학문의 용어들, 형태 용어,[9] 식물 용어, 질병 용어, 우주와 우주의 구성 부분들에 관한 용어, 그리고 일반적으로 자연과학과 수학에서 사용되는 상당수의 용어들과 같은 그리스어의 모든 어휘를 번역하려고 애쓴 것은 결코 아니기 때문이다. 따라서 이런 용어들은 우리 언어 안에서는 마치 낯선 도시에 들어온 외국인과 다르지 않게 될 것이다. 그것들에게는 완곡법이 대변인의 역할을 해줄 수 있다. 게다가 현명한 번역가는 축자역 번역가[10]보

---

7) '프랑스어로 옮겨질 수 없는 어휘들을 번역하기 위해서 시간을 낭비할 필요는 없다'는 의미이다.

8) 키케로는 『선과 악의 궁극의 용어들(Des termes extrêmes des biens et des maux)』 3권 2장에서 "오래전에 만들어진 일부의 그리스 어휘들은 라틴어 명사들 대신 사용되는데, 철학, 수사학, 논증학, 문법, 기하학, 음악 등이 그것에 해당한다. 이 어휘들은 라틴어로 표현될 수도 있지만, 그리스어를 사용하는 것이 이 용어들을 완벽하게 이해하게 만들 수 있다. 따라서 이것들을 우리의 어휘들로 간주하자"라고 언급했다. 뒤 벨레는 키케로의 이 주장을 상기하고 있다. 그는 2권 6장에서 어휘의 풍부함을 다룰 것이다.

9) 여기서는 자연과학의 형태를 지시하는 용어들을 가리킨다.

10) 원문의 "traducteur"를 옮긴 것이다. 이와 달리 "현명한 번역가"의 원문은 "scavant translateur"이다. 후자는 원전의 의미와 그 힘을 포착할 수 있는 '분별력과 감수성을 지닌' 자에 해당한다. 그는 원전의 '웅변성'이라고 말할 수 있는 어떤 특수성을 옮겨놓는 자, 문체와 문체를 구성하는 표현의 내부에 잠재된 힘, 즉 텍스트의 외형적 특징을 이루는 '에나르게이아'뿐만 아니라 텍스트의 역동성을 가리키는 '에네르게이아'를 포착하는 자, 혹은 출발어의 고유한 속성과

다는 오히려 **설명적 환언자**의 역할을 해야 한다고 나는 생각한다.[11]

구조 그리고 원전의 의미에 대한 올바른 해석을 모두 옮기는 자이다.

11) 뒤 벨레는 '번역가'를 가리키기 위해 'translateur'와 'traducteur'라는 두 어휘를 사용한다. 이 용어들은 16세기에 큰 구분 없이 사용되었다. 위 문장에 대해 앙리 샤마르(Henri Chamard)는 『옹호』 비평판(Didier, 1948, p. 60)에서 'translateur'는 일반적으로 한 언어에서 다른 언어로 생각을 옮기는(transporter) 자, 따라서 원문에 종속적이지 않고 오히려 원문을 풀어서 옮기는 자를 가리키지만, 단어 대 단어에 몰두하는 자는 'traducteur'라고 구분한 바 있다. 그런데 이 연구자는 'traducteur'와 'paraphraste'를 'translateur'의 다른 두 유형으로 보는 오류를 범했다. 뒤 벨레는 『옹호』에서 'traducteur'라는 용어를 24번이나 사용한다. 이것은 'translateur'가 세 번 사용된 것과는 확연히 구분된다. 일반적으로 'traducteur'는 축자역 번역자로서 지식의 보급에 기여하지만, 그 기여가 크지 않은 번역가를 가리킨다. 1권 5장에서 말한 "번역의 법칙" 역시 어휘에 국한된 번역을 가리키는 것으로서, 이 법칙은 수사학의 응변성과 같은 미학적 요소를 드러내지 못하는 것을 가리킨다. 따라서 "충실한 번역가"라고 옮긴 "fidele traducteur"는 가늠하기 힘든 특이성을 내포한 문체(style)보다는 어휘와 어휘의 내용에 충실한 번역가를 가리킨다. 고대어를 모르는 자에게 고대 문헌에 대한 축자 번역을 통해 그것을 접할 수 있는 기회를 제공할 수 있는 'traducteur'의 기여를 뒤 벨레는 인정하지만, 'translateur'의 가치는 어휘와 내용(chose)의 전달을 통해 문화의 발달에 다소간 기여했다는 점에 국한된다. 그래서 1권 4장에서 6장까지의 제목에서 사용된 용어는 'traduction, traducteur, traduire'일 뿐이다. 따라서 뒤 벨레가 번역을 전적으로 비판한다고 볼 수 없다. 그는 번역이 지식의 보급과 확산에 어느 정도 기여할 수 있다는 생각을 견지한다. 단, 시의 번역, 혹은 본질적 사상을 포착하지 못하는 축자역 번역의 한계 역시 그는 지적한다. 그가 고려하는 충실한 번역은 원전과 저자의 고유한 사상에 대한 충실이지 어휘 자체에 대한 충실은 아니다. 그가 번역을 수사학의 차원에서 고려한 것도 바로 이런 이유 때문이다. 그리고 이런 번역만이 번역가의 개별성(individualité), 혹은 개인적 창조성(créativité

individuelle)을 드러내도록 허용할 수 있다. 이런 이유로 'translateur'는 창조적 능력을 갖춘 자에 해당한다고 말할 수 있다. 그는 원전의 내용과 생각을 옮겨오면서 동시에 번역 텍스트 독자에게 원전의 독자가 경험할 감동과 반응을 불러올 수 있는 자를 염두에 두고 있다. 이 점에서 뒤 벨레는 『한 언어에서 다른 언어로 번역하는 방법』의 저자인 에티엔 돌레와 견해를 같이한다. 프랑스 최초의 번역 이론서인 이 책에서 돌레는 '저자의 의도'나 '생각'을 번역할 것을 권유한다. "번역가는 자신이 번역하는 저자의 의미와 내용을 완벽하게 이해해야 한다. 그렇지 않으면 그는 분명하고도 충실하게 번역할 수 없다"고 말하면서 충실성을 어휘 자체가 아닌 저자가 의도한 의미에 대한 충실성으로 파악한다. 그런데 이 충실성은 작품의 제목이 의미하듯 '한 언어에서 다른 언어로 번역하는 방법'에 국한되지는 않는다. 그가 축자역을 비난한다면, 그것이 원전의 표현에 '내재'된 '웅변적 울림'을 전달할 수 없기 때문이다. 번역을 수사학 교육의 효과적 수단으로 파악한 돌레에게 있어서 어휘에 매달린 번역은 원전의 문체상의 특징과 총체적 의미, 원전 표현의 웅변성과 저자의 의도 등을 되살릴 수 없다는 것이다. 뒤 벨레가 논쟁적 성격이 짙었던 1권 6장에서 시를 번역하려는 자들을 비난한 것도 이런 번역가들이 저자의 '프라시스', 즉 '언어의 웅변적 표현 방식'을 전달할 수 없기 때문이었다. '프라시스'는 퀸틸리아누스의 『웅변가 교육』 8-9장에 따르면 문체와 말의 기본 조건으로서 라틴어로는 'elocutio'로 옮겨질 수 있다. 그런데 'elocutio'는 사실 번역이 불가능한 용어에 해당한다. 그것은 어휘 전체, 문체 효과, 어휘와 문체의 장식들(문채)을 가리키기 때문이다. 또한 그것은 '방식(manière)'과도 관련된다. 그래서 '문채(style)'로 번역될 수 없다. 어떤 문체를 갖기 위한 작업이 아니라, 적절한 언어로 '표현하는 일'과 관계하기 때문이다. 따라서 '프라시스'는 '말하기 방식(manière de parler)'으로 풀어서 번역될 수 있다. 모든 언어가 나름의 특수성을 지니고 있음을 고려한다면 '설명적 환언자'라고 우리가 옮긴 '파라프라스트(Paraphraste)'는 어휘를 어휘로 옮기는 자가 아니라, 표현에 담긴 고유함과 그 방식을 마치 아주 가까이서 말하는 것처럼 옮기는 자를 가리킨다. 어휘의 차원을 넘어서는 이 표현은 결국 번역이란 어찌할 수 없이 세상에 대한 해석, 책이라는 세상을 구성하는 말의 '에네르지'를 드러내는 행위임을 내포한다. 달리 말해 에네르지의 재현은 '말하기 방식'을 의미하는 '프라시스'와 관계된다. 비트루비우스(Vitruve)의 『건축(L'Architecture)』을 번역한 장 마르탱(Jean Martin)은 '텍스트를 전혀 풀어놓지 못(paraphraser aucunefois le texte)'한 자신의 번역에 대해 독자에게 사과를 하였는데, 이 동사는 단지 출발 텍스트의 내용을 '설명(expliquer)'하거나 그것을 '분명히 제시하는 것(éclairer)'을 넘어서 출발 텍스트의 '에네르지'를 '다시 쓰는(ré-écrire)' 행위를 가리키는 것이어야 했기 때문이다. 이런 번역의 방식은 출발 텍스트의 내재적 움직임을 도착어로 '다시 쓰기' 위해 때로는 출발 텍스트의 어휘 순서나 문법적 제약을 파괴하도록 허용하기도 한다. 여기에서 도착 텍스트는 출발 텍스트에 버금가는 권위와 독립성을 확보하기에 이르게 된다. 그리고 이런 번역 방식을 통해서 번역가는 두 언어와 두 텍스트 사이에 놓인 단순한 중개자가 되지 않을 수 있게 된다. 오히려 도착어와 모국어에 대한 역량을 최대한 발휘하는 일종의 '창조자'로 고려될 수 있는 것이다. 이 점에서 뒤 벨레의 번역에 대한 성찰은 '모방'의 차원으로 '확장(amplification)'된다고 말할 수 있다. 그가 번역에 대한 성찰에 모방의 개념을 개입시켰다면, 그것은 이런 번역의 방식과 속성이 번역가에게 요구되기 때문이었다. 모방이 대상이 된 텍스트의 내용과 형태를 '소화'하여 자기 것으로 만드는 것(appropriation)이라면, 번역의 속성 역시 그 자체로서 모방의 영역에 포함되어야만 했던 것이다. 그가 파악한 진정한 번역가는 출발 텍스트의 구문과 대등한 구문을 도착 텍스트 내에서 만들어낼 수 있는 자이다. 따라서 '말하기 방식을 옮기기(paraphrase)'는 도착 텍스트를 고유의 방식으로 출발 텍스트와 말하게 만드는 수단이라고 할 수 있다. '옆에서'라는 의미를 지닌 'para' 자체는 본래 출발 텍스트와의 창조적인 대화를 가능케 하는 것이기 때문이다. 바로 여기에서 두 언어의 정체성을 상실하지 않으면서도 '차이'의 단계를 거치며 소통의 상황에 도달할 수 있는 번역의 방식에 대한 생각이 실은 퀸틸리아누스와 키케로의 영향을 받았던 당시의 정신성을 반영하고 있다는 점도 지적할 필요가 있다. 뒤 벨레의 『옹호』가 '현양(illustration)'이라는 표현을 동반한 것은 이 시대가 모방을 통한 언어와 문화의 '풍부함(copia)'을 지향했기 때문이다. 사실, '풍부함'은 양적인 측면뿐만 아니라 '질적인 부'라는 어원적 의미를 담고 있는 'copis'에서 유래한다. 이 용어는 웅변가의 열정적 발화에 담긴 '힘'과 발이자는 마치 **철학**에서 그렇게 했노라고 자부하는 키케로처럼,[12] 그리고 거의 모든 고대의 **철학** 용어, 특히 플라톤의 용어를 자기네 속어로 바꿔놓은 이탈리아인들의 예를 따라[13] 자기가 다루려는 모

화의 '활력(spiritus)'에 의해 청자에게로 퍼져나가는 동력을 가리킨다. 그것은 통일성을 파괴하지 않으면서도 다양한 감동을 불러일으키는 원천이다. 따라서 '말하기 방식을 옮기는 것(paraphraser)'은 필연적으로 '확대(amplification)'와 관련될 수밖에 없다. 번역가가 텍스트의 표면이 아닌 텍스트의 내용을 '재생산(régénération)'하기 위해서는, 즉 두 개의 정체성 사이에서 동일한 내용의 생산과 전이를 실현하기 위해서는 그 사이에 놓인 장애물을 비켜가야 할 필요가 있으며, 이를 위해 그는 모국어의 역량에 '최대한' 의지해야만 한다. 각 언어에는 고유한 속성이 있기 때문에 출발 텍스트의 특이성은 번역의 과정에서 '확대' 되지 않을 수 없는 것이다. 이런 면에서 볼 때 뒤 벨레가 추천하는 번역 방식은 번역가에게 출발 텍스트의 특이성을 포착해야 한다는 제한성을 지니면서도 동시에 번역가에게 자유성과 창조성으로 나아가는 길을 마련해 주면서 번역가의 위상을 새롭게 제시한다고 말할 수 있다. 게다가 이런 번역 방식에 대한 성찰은 시대의 정신적 흐름에 결코 거스르는 것도 아니었다. 그래서 이 시기 번역의 특징으로 '자기 것으로 만들기(appropriation)'를 지적할 수 있다면, 그것은 결코 자의적인 창조를 가리키는 것이 아니다. 이처럼 번역 역시 출발 텍스트의 내용과 형식을 재현하면서도 번역가의 고유한 요소가 개입되는 공간이 되어야 한다고 이 시기가 주장할 수 있었던 것은 '모방'과 번역이 서로의 속성을 공유하고 있다고 생각했기 때문에 가능했다. 달리 말해 이 시기의 번역 태도와 번역 방식에 관한 성찰은 '모방'과 '풍부함'을 지향하는 시대의 정신적 흐름 안에서 이루어지고 있다고 말할 수 있다.

12) 키케로는 『선과 악의 궁극의 용어들』 3권 4장에서 축자역 번역보다는 풀어서 번역하기를 옹호하였다.

13) 마르실리오 피치노(Marsile Ficin)는 『플라톤 향연 주해(Commentaires sur le banquet de Platon)』에서 신플라톤주의라는 새로운 사상을 제시했다.

든 학문에 자기 언어의 장식과 광채를 부여하려고 애쓸 것이다. 그리고 다른 이가 **철학**을 짊어질 수 있을 뿐 우리 어깨가 그것을 짊어질 수는 없다고 누군가가 말하고자 한다면, 내가 이 책의 앞부분에서 말했던, 모든 **언어**는 동일한 가치를 가지고 있고 동일한 판단에서 나오는 동일한 목적을 가지고 있는 사람들에 의해 만들어졌다는 점을 지적하고자 한다. 따라서 관습이나 국가를 바꿀 필요가 없으며, 그것과 마찬가지로 그리스어나 라틴어뿐만 아니라 프랑스어와 독일어도 **철학하는** 데 사용될 수 있으며, 각 언어는 자기 민족에게 모든 철학적 문제들을 전달할 역량을 지닐 수 있다고 나는 믿는다. 그러니 아리스토텔레스나 플라톤이 그리스의 저 비옥한 땅에 뿌렸던 **철학**이 우리 프랑스 **들판**에 다시 심어진다고 해도 그것은 가시덤불과 가시나무들 사이에 내던져져 말라죽고 마는 그런 것이 아니게 될 것이며, 오히려 철학을 먼 친척 그리고 우리 **공동체**[14]의 **시민**이 된 **이방인**으로 삼게 될 것이다.[15] 그리고 인도가 우리에게

---

14) 원문의 "Republique"를 옮긴 것으로서 본래 이 어휘는 '정치 체제'를 가리키지만 뒤 벨레는 이것을 '공동체' 혹은 유기적 조직을 지닌 '사회'의 의미로도 사용한다.

15) 낯선 것을 가져와 자기 것과 접목하고 소화시킴으로써 자기의 자양분이 되도록 '변형'시켜야 한다는 '자기화'와 관련된 주장이다. 낯선 것을 받아들여 자기 공동체의 구성원으로 남게 만든다는 생각은 분명 낯선 것을 자기 것으로 만든다는 측면에서 있는 그대로의 타자를 인정하지 않는 태도를 내포한다고 이해될 수 있지만, 타자와 나의 경계를 제거하여 새로운 자아를 형성해 간다는 측

보낸 향신료와 동방의 다른 귀한 것들이 처음 뿌려지고 거두어진 장소보다는 우리에게 확실히 더 잘 알려지고 심지어 더 비싸게 취급되는 것처럼, 만약 어떤 현명한 사람[16]이 그리스어와 라틴어로부터 철학적 성찰들을 우리 속으로 옮겨온다면 그것들은 지금보다 더 친근해지고, 그것이 본래 자라난 곳에서 그것들을 (이렇게 말해야만 한다면) 수확하게 될 사람들에게서보다도 우리에게서 더 쉽게 이해될 수 있게 될 것이다. 그리고 배운 자들의 생각과 배움이 적은 자들의 생각을 알리는 언어가 각각 따로 있다는 듯이, 다양한 언어들이 다양한 생각들의 의미를 밝히는[17] 데 적합하고, 또한 유달리 철학적인 문제에 아주 적합한 그리스어가 인간의 선견지명에 의해서가 아니라 자연에 의해 만들어졌기 때문에 철학적인 것들을 표현하려는 목적을 지닌 것 같다고 말하고 싶은 누군가가 있을 것이다. 그러면 나는 자연이 하늘에서나 땅에서나 모든 사람이 자기가 준 기술을 기꺼이 발휘되도록 만들고, 또한 이성적인 인간들의 생산에 더 주의를 기울이는 것은 분명하지만, 그렇다고 해서 비이성적인 자

면에서는 낯선 것을 배척하지 않는 범세계적 관점을 반영한다. 타자와의 접촉을 통한 새로운 창조를 언제나 지향하는 뒤 벨레는 1권 8장에서와 마찬가지로 꾸준히 이런 관점을 견지할 것이다.

16) 앞에서 언급된 "현명한 번역가"를 가리킨다.

17) 원문의 "signifier"를 옮긴 것이다.

들을 저버리지는 않으며, 오히려 **기법**을 동일하게 사용하면서 이것도 만들고 저것도 만들어내는 것처럼, 그렇게 자연은 모든 **시대**, 모든 **지역**, 모든 **풍습**에서 언제나 하나였다고 말할 것이다.[18] 따라서 자연은 모든 사람이나 모든 **언어**에게 마땅히 이해되고 찬양받아야 한다. 새와 **물고기** 그리고 지상의 **짐승들**은 때로는 소리로 때로는 다른 것으로, 나름의 방식으로, 말을 구분하지 않고 자기네 감정을 드러낸다. 하물며 우리 **인간들**은 다른 언어에 의존하지 말고 각자의 언어로 그와 같이 해야만 할 것이다. 글과 **언어**는 (신성하기 때문에) 굳이 우리의 도움을 필요로 하지 않는 **자연**의 보존을 위해서가 아니라 우리의 행복과 우리에게 유용하도록 고안되었다. 있든 없든, 살아 있든 죽었든, 우리 마음의 비밀을 서로에게 보여주고, 말의 소리가 아니라 **지식**의 앎[19]에 달려 있는 우리만의 행복에 좀 더 쉽게 우리가 도달할 수 있도록 만들기 위해서이다. 그래서 그 결과 어떤 **언어들**과 어떤 **글들**은 인간들에 의해 사용되면 될수록 더 쉽게 익혀질 수 있을 것이다. 안타깝지만, 단어들을 배우기 위해, 심

---

18) 뒤 벨레는 1권 1장에서 언급한 것을 다시 반복하고 있다.

19) 라블레와 몽테뉴가 배움과 교육의 중요성을 강조했듯이 인문주의자들은 인간의 행복이 오직 앎에서 온다고 파악했다. 그래서 문학의 주된 목적은 행복을 위해 인간이 진리를 발견하도록 이끄는 것이어야 했다. 이 시기가 고려한 시인들의 사명은 진리를 감싸는 외투에 비유될 수 있는 신화를 해석함으로써 세상의 진리를 발견하는 데 있었다.

지어는 중요한 무언가에 더 이상 열중할 수단이나 여유가 없는 그런 나이에 이르기까지 그렇게 많은 시간을 쓰는 대신 세상에 단 하나의 **자연어**가 있었다면 얼마나 더 좋았겠는가?[20] 그리고 **이 시대의 사람들이 고대인들보다** 일반적으로 모든 **학문에서 지식이** 부족하고 가치가 적은 이유가 무엇인지 여러 차례 생각하다가, 여러 많은 이유들 중에서 나는 다음의 것을 찾아냈는데, 이것이 주된 이유라고 감히 말하고자 한다. 그것은 그리스어와 라틴어에 대한 연구이다. 왜냐하면 우리가 이런 **언어들을** 배우는 데 소모한 시간을 **학문을** 공부하는 데 사용했더라면 분명 **자연은** 우리 **시대에** 와서 플

---

20) 뒤 벨레에게는 만국 공통어, 에덴의 언어, 아담의 언어에 대한 희망이 있다. 그리고 이것은 그만의 고유한 생각도 아니다. 당시 인문주의자들은 '만국어(Lingua franca)'를 언제나 하나의 이상으로 생각했다. 아담의 언어는 베르만의 '문자', 벤야민의 '순수 언어' 그리고 데리다의 '보편 정신'이 지향한 것이기도 하다. 그런데 아담의 언어는 언어의 분화를 초래함으로써 궁극적으로는 번역의 필요성을 낳게 되었지만, 완벽한 소통을 위한 언어가 부재하게 되었다는 측면에서 보면 번역은 그 자체로 불완전한 수단일 수밖에 없다는 의견도 파생시켰다. 그래서 베르만, 벤야민, 데리다에게서 번역가의 역할은 중요하지 않을 수 없었다. 그리고 이것이 번역가의 창조성을 요구한 배경이 되었다. 마찬가지로 뒤 벨레도 번역의 불충분함에서 창조의 필요성으로 나아간다. 다만 이 창조는 대상이 되었던 것의 '변형(altération)'을 통해 이루어진다. 모방이 주된 방식으로 추천되는 이유이기도 하다. 그래서 그는 유일어의 존재를 부정해야만 했다. 그것의 존재는 창조의 필요성을 제거하기 때문이다. 즉 하나의 언어가 존재한다면 창조란 불가능해진다. 하나의 언어는 '다양한 것들의 공존'을 허용하지 않는다. 르네상스가 다양성을 통한 풍부함을 지향한 것은 그것이 새로운 것의 '창조'에 반드시 필요한 요소였기 때문이다.

라톤이나 아리스토텔레스 같은 사람들을 배출하지 못할 정도로 그렇게 **메마르게** 되지는 않았을 것이기 때문이다. 그러나 **학식을 갖춘 사람**보다는 학식을 갖춘 자로 비추이기를 일반적으로 더 갈망하는 우리는 이런 헛된 일을 하는 데 **청춘**을 허비한다. 또한 **요람**을 버리고 성인이 된 것을 후회하면서 다시 **어린 시절**로 되돌아갈 수만 있다면 20년이나 30년 동안 누군가는 그리스어, 누군가는 라틴어 그리고 누군가는 히브리어 말하기를 배우는 것 말고는 다른 일을 하지 않게 될 것이다. 그런 시간이 지나고 그리고 그 시간과 함께 **젊은 정신**에 자연스럽게 자리를 잡고 있던 활력과 쾌활함이 사라지고 나서야 우리는 철학자가 되는 데 신경을 쓰게 되지만, 그때에는 **시간**이 동반하는 **질병**과 가정의 **근심사** 그리고 다른 방해들로 인해 우리는 더 이상 사물을 **사색**하는 데 적합하지 못하게 되어버리고 만다.[21] 그러고는 어휘들만을 익히는 데 힘든 시간을 써버렸다는 데 대개는 어안이 벙벙해지고 말아 모든 것을 절망적으로 포기하게 되고, 맛을 보고 좋아하기 시작하기도 전에 **문예**를 증오하기

---

21) 펠티에는 호라티우스의 『시학』 번역의 서문 「독자에게」에서 "우리에게서 진정한 명예를 앗아가는 가장 큰 그리고 가장 명백한 이유는 내가 보기에 우리 모국어에 대한 경멸과 멸시라고 생각한다. 그리스어와 라틴어를 말하기 위해 그것들에게 모든 시간을 허비한 우리는 모국어를 뒤쪽에 남겨두고 말았다"라는 의견을 피력했다. 몽테뉴 역시 『에세』 1권 26장에서 "그리스어나 라틴어는 분명 뛰어나고 위대한 장식이지만, 우리는 그것을 너무 비싸게 구입한다"라고 언급하였다.

에 이르게 된다. 자, 사정이 그렇다면, 언어에 대한 공부를 단념해
야 한단 말인가? 아니다. 예술과 학문이 그리스인들과 로마인들의
수중에 있는 지금으로서는 더더군다나 아니다. 오히려 미래의 사
람들이 모든 것에 대해 말할 수 있고, 그것들이 모든 사람에 의해
모든 언어로 말해질 수 있도록 해야만 할 것이다.[22] 언어를 가르치
는 선생들[23]이 나와 의견이 같지 않으리라는 것을 잘 알고 있다. 저
존경할 만한 드루이드들[24]은 더더욱 아닐 것이다. 이들은 철학자 아
나카르시스가 스키타이족들에게 끼쳤던 영향력을 우리들 안에서
얻으려는 야심찬 욕망을 가지고 있으며,[25] 예전에 역법을 칼데아인

---

22) 뒤 벨레는 소수 집단에 국한된 지식이 아닌 언어의 보급과 그것이 가져올 지식
   의 확산을 통해 일반인들의 정신과 문화의 발전을 도모해야 한다는 인문주의
   자로서의 입장을 견지한다. 이런 태도는 플레이아드 시인들의 귀족주의적 성
   격과 일견 부합하지 않는 것처럼 보인다. 이들 시인은 특권을 가진 존재로서의
   자신들을 부각시키기 위해 영감 이론에 의지하였으며, 고대어에서 차용한 용
   어들과 그것에서 힘입은 신조어들을 고안해 냈다. 그렇지만 이런 태도를 집단
   적 특권주의로 비난할 수는 없다. 보편적 가치의 확산이 일반 민중들에 의해서
   이루어질 수 없는 것이라면, 그것이 지식을 접할 역량과 권한을 가진 식자들에
   의해 이뤄져야 한다는 생각은 지극히 인문주의적이기 때문이다.

23) 일부의 인문주의자들을 가리킨다.

24) 고대 켈트족의 드루이드는 대개 신학자들로 구성되었으며, 그들은 자기들의
   글을 후대에 남기는 것을 교리로 금지하였다. 여기서는 소르본 신학자들을 가
   리키는 조롱적인 표현으로 사용되었다.

25) 아나카르시스는 스키타이의 뛰어난 철학자로서, 아테네로 귀환하면서 솔론의

들을 통해서만 배워야만 했던 것처럼, 자신들을 통해서만 알게 되어야 하는 신비한 비밀이 일반인들에게 누설되고 (키케로가 말한 것처럼) 까마귀의 눈을 후벼 파게 되는 데 이르지 않는 한[26] 그 무엇도 두려워하지 않는다.

이 점에서 나는 누군가가 자기들의 아카데미에 대해서 말했던 것을 들은 기억이 난다. 그들은 로마가 아우구스티누스의 덕택을 입은 것만큼이나 프랑스에게 덕을 베푼 국왕 프랑수아가 학문의 명예를 더럽히고 학자들을 경멸하고 말았다는 말을 했다.[27] 악이란 널

법을 도입하려고 했지만 이로 인해 죽음에 처해졌다. 그는 자신의 철학으로 스키타이 민중들에게 영향을 끼치려고 했다.

26) 특정 집단의 전문 지식이 일반인의 지식이 되지 말아야 한다고 신학자들이 생각했다는 의미이다. 신학의 지식을 독점하려는 소르본 신학자들의 행태에 대한 비판이다. 뒤 벨레는 에라스무스의 『격언집』 1권 3장 75절을 참조했다.

27) 소르본 교수인 노엘 베다(Noël Béda)가 프랑수아 1세에 의해 설립된 왕립학술원에서 라틴어와 희랍어를 가르친다면 종교는 권위를 잃게 되고 말 것이라고 파리고등법원에 탄원서를 낼 정도로 소르본은 인문주의 교육에 크게 반발했다. 소르본은 프랑수아 1세의 인문주의 정책과 개혁 종교라는 두 흐름에 대항해서 학문의 유일한 권위를 가톨릭에 근거해서 유지하려고 했다. 특히 1530년에 설립된 왕립학술원과 르 페브르 데타플과 루터의 성경 번역, 그리고 종교개혁에 우호적이었던 국왕의 태도 등에 맞서 소르본은 프랑스어의 확산을 거부했다. 이후 많은 인문주의자들, 특히 신교에 호의적이었던 인문주의자들이 소르본에 의해 유형이나 사형에 처해졌다. 에티엔 돌레가 대표적인 경우이며, 시인 마로는 소르본의 탄압을 피해 한때 유형의 삶을 살아야만 했으며, 라블레의 작품은 소르본에 의해 몰수당하기도 했다. 그러나 1550년부터 프랑스어는

리 퍼질수록 그만큼 더 해롭게 되듯이, 선은 만인이 나눌수록 더 유용한 것이 된다는 것을 전혀 이해하지 못하는 오, **시대여! 풍습이여!** 터무니없는 **무지여!** 그리고 선이 **인간들** 사이에 퍼지게 되면 덜 훌륭하고 덜 경탄할 만하게 된다고 그들이 말하고자 한다면(또한 그런 말들을 하는데), 나는 **영광**에 대한 그런 커다란 갈망과 **시기심**이 **기독교 공화국의 원주(圓柱)들**[28] 사이에 퍼져서는 안 되며, 오히려 **비밀의 학문들**, 즉 스승에게 **귀를 기울여야만** 배울 수 있는 것들을 스승이 널리 퍼뜨리고 말았다고 불평했던 저 탐욕스런 **국왕**[29]에게서만 세력을 펼쳐야 할 것이라고 대답하겠다. 그런데 어떠한가? **천상의 원수인 이 거인족들**[30]은 **신들**의 권한을 제한하려고 하고, 신들이 어떤 특별한 혜택을 통해 **인간들**에게 주었던 것을 **빼앗아서** 그것을 제대로 간직할 수 없을 사람들의 **손아귀** 안에 쥐어주려고 하지 않는가? 작은 **유리창**을 통해서만 바라볼 수 있고 손으로 만

개혁 종교의 공식 언어로 사용되기 시작한다.

28) 교회를 받치고 있는 원주 기둥들을 가리키며, '드루이드들'과 마찬가지로 소르본 신학자들에 대한 비유이다.

29) 마케도니아의 알렉산더 황제는 아리스토텔레스에게 오직 자신에게만 알려주었어야 했던 가르침을 일반에게 널리 보급했다고 불평하였다. 뒤 벨레는 언어의 보급을 통한 지식의 확산을 거부하는 소르본의 폐쇄성을 고발하고 있다.

30) 역시 신학 교수들을 가리킨다.

지는 것이 금지된 **성유함**[31]에 대한 생각이 떠오른다. 그들은 학문의 **모든 분야**에 대해서도 그렇게 하려고 하며, 그것들을 그리스어와 라틴어로 된 **책들** 안에 가둬놓고서 사람들이 그것들을 달리 보는 것을, 그리고 이 죽어버린 **말들**이 살아 있는 말들로 바뀌어 일상에서 **사람들의 입과 입**을 통해 날아다니는 것을 허용하지 않는다. 나는 우리 속어가 아주 저속하고 미개하기 때문에 철학과 같이 고상한 **소재**를 다룰 수 없다고 말하는 사람들에게 충분한 대답을 주었다(또 그랬다고 여긴다). 그런데 만약 그들이 이런 대답에 아직도 만족하지 않는다면 나는 그들에게 이렇게 묻고자 한다. 고대의 어떤 그리스인들은 **나체 고행자**를 보기 위해 인도를 여행하고, 또 다른 이들은 지금의 그리스를 이토록 오만하게[32] 만든 저 넘쳐흐르는 위대한 힘[33]을 **성직자와 예언자**들로부터 빌리기 위해 이집트를 여행했는데[34] 어째서 그들은 그런 위험을 감수하면서도 많은

---

31) 고대의 책을 소중한 것으로서 귀하게 여기면서도 그것의 내용을 파악하지 않는 행위에 대한 비유이다.

32) 원문의 "superbe"를 옮긴 것으로서 라틴어 'superbus', 즉 '오만함'을 뜻한다.

33) 원문의 "richese"를 옮긴 것이다.

34) 『유명한 철학자들의 생애와 원칙 그리고 금언들(Vies, doctrines et sentences des philosophes illustres)』을 쓴 디오게네스 라에르티오스(Diogène Laërce)에 따르면 피론은 인도를 여행했고, 솔론, 탈레스, 피타고라스, 헤로도토스, 플라톤은 이집트를 여행했다.

나라를 돌아다녔단 말인가?[35] 그러나 **철학**이 아주 쉽게 정착한 이런 나라들도 지금의 우리처럼 **미개**하고 비인간적인 **사람들**, 우리가 하는 말과 같이 그렇게 거친 말투를 만들어냈다(나는 그렇다고 생각한다).[36] 플라톤과 아리스토텔레스의 책들이 지혜를 담지 않은 채 작성된 것이라면, 그들의 책 안에 있는 **웅변**의 우아함에 나는 별로 주의를 기울이지 않을 것이다. **철학이** 그들을 진정 자기 자식으로 입양하게 된 이유는 그들이 그리스에서 태어났기 때문이 아니라 철학에 대해서 고귀한 **방향**[37]으로 말을 잘하고, 나아가 글을 잘 썼기 때문이다. 진실은 그들에 의해서 부단히 탐색되었고,[38] 말의 배

---

35) 요즈음 흔히 말하는 것처럼 노마드는 단지 '힐링'의 차원에서만 의미를 갖지는 않는다. 그것은 지식을 찾아 헤매는 여정의 방식에도 해당될 수 있다. 인간은 이미 지상에서 '헤매는' 존재이고, 당시 시인들은 사랑 시에서 '방황하는(errer)' 시적 화자를 등장시키며 이것을 암시했다. 퐁튀스 드 티아르는 『사랑의 방황(Erreurs amoureuses)』이라는 제목의 시집을 발간하기도 했다. 여러 지역을 방문하며 얻은 지식은 이런 방황의 긍정적 측면을 이룬다. 낯섦에 대해 유연하고 개방적인 사상을 지닌 뒤 벨레가 고대어에 견줄 수 있을 프랑스어를 강조하면서 민족주의적인 어조를 유지한다고 해서 그것이 결코 폐쇄적이지 않다는 것을 이 점에서 짐작할 수 있다.

36) 빈정거리는 어투이다. 공평한 자연의 혜택을 입은 언어와 마찬가지로 모든 문화는 우열을 가릴 수 없다는 의견이다. 모든 문화에는 장점과 단점이 있으며, 그것을 기준으로 삼아 타자의 문화와 언어를 평가할 수는 없다는 것이다.

37) 원문의 "d'un haut Sens"을 옮긴 것으로서 '분별력 있게'라는 뜻으로 사용되었다.

38) 그리스를 모방해야 하는 여러 이유들 가운데에는 그리스인들이 뛰어나게 말

열과 질서, 간결하고 장엄한 금언, 신성하다고 할 수밖에 없는 말의 풍부함은 그들의 것이지 다른 이들의 것이 아니게 되었다.[39] 그런데 그들이 정말로 정확하게 말한 것처럼, **자연**은 모든 이의 **어머니**이며, 그리스인이 되기 위해서가 아니라 **철학자**가 되기 위해 자연의 비밀들을 이해하려고 온갖 활동에 몰두했던 사람들에게 자연은 자신이 알려지는 것을 한 치도 염려하지 않는다. 인간을 불멸하게 만들 수 있는 것에 그 누구보다도 더 부단히 골몰했던 그리스인들과 로마인들에게서 **예술과 학문**이 언제나 힘을 가졌던 것은 사실

을 잘하고 표현에서 탁월했으며 말과 글을 기록으로 남기는 의지를 지녔기 때문이라는 점이 있지만, 무엇보다도 더 중요한 것으로 뒤 벨레가 간주하는 것은 그들이 인간과 세계의 진실을 탐색하기를 멈추지 않았다는 점에 있다. 그에 따르면 진실의 탐구는 인간의 의지에 의해 탐색되는 언어에 토대를 두어야만 가능하다.

39) 뒤 벨레는 인간과 자연의 질서를 추구한 것이 고대인들의 특징이라고 지적한다. 질서를 갖춘 생각과 그것을 표현하는 두 가지 방식, 즉 간결함(명확함)과 풍부함은 글쓰기의 방식을 가리키는 것으로서, 그리스인들은 내용과 문체에서 빼어났다. 그런데 이런 특징이 그들 모두가 자연을 따랐다는 데서 기인하는 것임을 환기할 필요가 있다. 그들은 자연의 모방을 중시했다. 따라서 공평무사한 자연의 원칙을 고려한다면 그리스의 빼어남이 프랑스로 자리를 옮기는 것은 역시 자연스러운 것에 해당한다. 자연의 모방이라는 차원에서 마땅히 이루어지는 고대 모방은 프랑스어의 가능성을 보장하지만, 그것은 또한 프랑스가 자연의 모방을 원칙으로 삼아야 한다는 것을 의미하기도 한다. 그리고 자연의 원칙을 따르는 것 역시 인간의 뛰어남과 불멸성을 보장하는 방안이 된다. 이런 이유로 뒤 벨레는 고대에 대한 찬양이 무조건적인 이유에서가 아니라 그들이 인간의 뛰어남을 다루었다는 측면에서 고려되어야 한다고 주장한다.

이기 때문에,[40] 우리는 오직 그들에 의해서만 예술과 학문이 다뤄질 수 있고, 또 그래야만 한다고 믿고 있다.[41] 그러나 생각이 뛰어나고 현명할 뿐만 아니라 대담하고, 영광을 탐하지도 않고, 누구의 질시나 증오도 두려워하지 않는 어떤 훌륭한 **사람**이 우리의 **언어**에 **문예**[42]의 꽃과 결실을 안겨주면서 그런 잘못된 견해로부터 우리를 벗어나게 해줄 그런 **시간**이 분명 오고야 말 것이다(그리고 지극히 선하시고 지극히 위대하신 신께 그것이 우리 **시대**이기를 간청한다).[43] 달리 말해 우리가 외국어들(이런 언어들 안에 있을 어떤 뛰어남)에 대해 지

---

40) 인간의 불멸에 관한 진실을 찾으려 한 그리스인들을 모방해야 한다는 뒤 벨레의 주장은 인간이 유한성을 극복하고 정신의 영원성을 확보할 수 있는 역량을 지녔다는 믿음에 근거한다.

41) 조롱적인 표현으로서 여기서의 '우리'는 고대에 대한 무분별한 추종자들을 가리킨다.

42) 여기서는 시와 연설이 배제된 철학만을 가리킨다. 뒤 벨레가 철학을 이 장에서 다루고 있기 때문이다.

43) 탁월한 자의 출현을 기대하는 뒤 벨레의 이런 입장을 귀족주의나 특권주의로 간주하기는 힘들다. 자연의 법칙에 따라 새로운 것이 탄생할 수 있음을 확신하는 그는 고대가 시도했던 모든 행위에 버금갈 정도로 고대를 능가하려는 의지를 지닌 어떤 자의 출현이 필수 불가결하다고 판단한다. 그 사람은 1권 6장에서 다루어졌던 '에네르지'의 포착을 모든 활동의 핵심으로 여기는 자이며, 언어로써 보이지 않는 힘을 발견하고 기록하는 탁월한 능력을 지닌 자가 될 것이다. 바로 그런 자의 노력과 부단함 그리고 탁월함이 만들어낼 발견 덕분에 인간 정신은 자유를 획득하고·언어와 문화의 개화를 낳게 된다는 것이 뒤 벨레의 관점이다.

니고 있는 **애정**이 우리의 이런 커다란 행복을 가로막는다면, 이 언어들은 진정 시기가 아니라 증오, 그리고 수고가 아니라 분노를 받아 마땅하며, 그것들은 결국 배워 익힐 만한 가치가 없고, 오히려 죽어버린 말[44]의 소리가 아니라 **정신**에 대한 생생한 이해를 더 많이 요구하는 사람들로부터 비난을 받기에 마땅한 것이 될 것이다. 여기까지가 **철학**에 대한 이야기이다.[45] 이제 나는 우리 언어의 장식이고 빛이며, 내가 다루려 하는 소재의 **주요** 대상인 **시인**과 **연설가**에게로 되돌아가고자 한다.

---

44) 고대어의 겉으로 보이는 표현이 아니라 그것이 담고 있는 정신을 배워야 한다는 주장이다. 그런데 이 정신은 보이지 않는 '에네르지'와 관련된다.

45) 프랑스어가 철학과 과학을 위한 언어로서 적합하다는 뒤 벨레의 생각은 『철학(Philosophie)』을 작성한 루이 르 카롱(Louis Le Caron)과 『지식에 대한 욕망 제2권(Second Curieux)』을 간행한 퐁튀스 드 티아르에 의해 계승되었다.

제 11 장
고대어를 사용하면서 고대인들과
필적하려는 것은 불가능하다[1]

훌륭한 지성을 지닌 모든 사람은 우리 언어를 옹호하기 위해 내가 말했던 것이 그리스어와 라틴어를 사용하는 누군가를 깎아내리기 위해서가 아니라는 점을 충분히 이해할 것이다.[2] 그런 생각을 나는 갖지 않았으며 고백하건대 이 두 언어를 알지 못하는, 아니면 적어도 라틴어를 모르는 사람은 자기 속어로도 훌륭한 작품을 만들 수 없다는 것을 나는 인정한다. 오히려 두 언어를 배우고 나면 자기 언어를 얕보지 않게 될 것이라고도 생각한다. 또한 타고난 성향(우

---

1) 11장 전체는 조롱적이고 경멸적이며, 아이러니로 가득하면서도 교육적인 어조를 유지한다. 이 작품이 '선언문'의 성격을 띤다고 충분히 말할 수 있는 증거이기도 하다.

2) 이런 발언은 고대어를 프랑스어보다 높이 평가하는 당대의 분위기에 대한 암시이다.

리는 이것을 페트라르카[3]나 보카치오,[4] 나아가 우리 시대 일부 **식자들**[5]의 라틴어 작품이나 이탈리아어 작품에서 파악할 수 있는 것) 때문에 그리스어나 라틴어보다는 자기 **언어**로 글을 쓰는 게 더 적당하다고 느끼게 될 사람은 두 **언어**로는 글을 잘 쓰지 못한 이유로 지식인뿐 아니라 무지한 자들의 시선에도 형편없다고 비추이기보다는 차라리 자기 속어로 글을 잘 써서 자기네 사람들 사이에서 스스로를 불멸하는 존재로 만들려고 노력하게 될 것이라고 생각한다. 그런데

---

3) 페트라르카나 보카치오는 그리스어에 맞서 이탈리아어로 창작 활동을 하면서 모국어의 부흥을 재촉하였다. 특히 페트라르카는 사랑의 숭고한 감정을 이탈리아어로 표현한 『칸초니에레』를 통해 모국어의 역량을 증명했다.

4) 보카치오의 『데카메론』은 이탈리아 산문의 초석을 이룬 작품으로 평가된다. 보카치오는 페트라르카와 마찬가지로 프랑스에 많은 영향을 끼쳤다. 1544년에 『데카메론』의 프랑스어 번역이 출간되기 이전에 이미 장 부셰(Jean Bouchet)는 『보카치오의 신전(Temple Jehan Boccace de la ruyne d'aulcuns nobles malheureux de Georges Chastellain)』을 1517년 간행했으며, 1542년에 마로는 『내가 보카치오에게 요구하는 것은 백 편의 이야기가 아니다(Ce ne sont pas les Cent Nouvelles Que je demande de Boccace)』를 간행했다. 사실 1411~1414년 사이에 보카치오는 프랑스에 각색되어 소개되었지만, 그의 명성이 본격적으로 확산된 것은 마르그리트 드 나바르가 르 마송(Le Maçon)에게 『데카메론』의 완역을 지시한 이후부터이다. 르 마송은 10여 년에 걸쳐 작품을 번역하였다. 보카치오의 작품은 기사도 정신이 유행했던 당시 환경에 적합한 내용을 다루고 있을 뿐만 아니라 세련된 궁정식 대화의 전범을 보여주었기 때문에 유행할 수 있었다.

5) 2권 12장에서 이들의 이름이 명시된다. 그들은 라블레, 뷔데, 라자르 드 바이프이다.

그리스어나 라틴어로 말하는 것은 신성한 언어로 말하는 것이며, 자기네 언어로 말하는 것은 모든 지식을 다루지 못하는 고약한 언어를 말하는 것이라는 그런 단순한 말로 자기들의 모든 예술과 학문을 취급하려는 사람들이 여전히 있다면, (달리 말해) 프랑스어로 쓰인 모든 것을 빈정대고 경멸하길 원하는 그런 사람들이 있다면, 나는 그들에게 기꺼이 다음과 같은 질문을 던지겠다. 대체 밤낮없이 모방하려고—모방이라고나 할 수 있겠는가?—아니 베르길리우스와 키케로 같은 이들을 옮겨 쓰느라고[6] 머리를 쥐어짜는 저 성벽의 묵은 때를 벗겨내는 자들은 대체 무엇을 하려고 생각한단 말인가?[7] 그들은 베르길리우스의 반구(半句)로 자기네 시를 건축하고, 키케로의 단어와 문장으로 충성을 맹세한다. 또한 호메로스가 『바트라코미오마키』[8]에서 쥐나 개구리에게 신들의 고귀한 칭호를 몸

---

6) 페트라르카는 『가족 서한집(Lettres familières)』 1권 1장에서 마크로비우스(Macrobe)를 비판하며 "옮겨 쓰고 있는 한 그것은 모방하는 것이 아니다"라고 말한 바 있다.

7) 원문의 "reblanchisseurs de murailles"를 옮긴 것으로서 번역가들을 비판하기 위해 사용된 토포스이다. 역자가 확인되지 않은 1544년 『광란의 롤랑』의 프랑스어 번역본 서문 역시 번역가들을 성을 쌓은 사람들의 수고를 빌려서 자신의 명성을 얻으려는 '성벽 청소꾼들'에 비유한 바 있다. 이런 비유를 사용하면서 뒤 벨레는 같은 언어로 쓰인 작품을 모방하는, 즉 타인의 작품으로 자신의 명예를 얻으려 하는 동시대 신라틴 작가들의 행위를 비판한다.

8) 서사 희극(héroï-comique)에 해당하는 『바트라코미오마키(Batracomyoma-

에 걸치게 했던 것처럼 (누군가가 얘기했듯이[9]) 그들은 **원로원 의원,**
집정관, 호민관, 평의원 그리고 고대 로마 전체를 꿈속에 그리고 있
다. 이들은 **대법관의 법정**에 끌려와서 자신이 키케로주의자라고 대
답했던 자[10]에게 가해진 형벌을 받아 마땅하다.[11] 그들은 고대인들

---

chie)』의 저자는 호메로스가 아니라 그리스 여왕 아르테미지아(Artémise)의 남
동생 피그레스(Pigrès)로 보는 것이 적절하다. 『바트라코미오마키』는 프랑수아
1세의 비서였던 앙투안 마코(Antoine Macault)에 의해 운문으로 번역되었다.

9) 에라스무스는 『키케로 추종자(Le Cicéronien)』에서 키케로의 문체에 담긴 정
신이 아니라 표현과 어투(tournure)를 흉내 내는 자들이 오히려 키케로의 언어
가 배경으로 삼고 있는 문화를 전달하지 못하는 오류를 범하고 있으며, 그의
문체를 왜곡하면서 기교로 넘쳐나는 라틴어를 보급했다고 비판했다. 에라스무
스는 이교도인 키케로보다는 기독교주의자인 성 아우구스티누스의 문체를 모
방할 것을 권장했지만, 에티엔 돌레는 오히려 키케로식 문체를 모방할 것을 주
장했다. 흔히 '키케로 논쟁'이라고 불리는 문체 논쟁은 라틴어에 대한 인문주의
자들의 관점을 드러내며, 지식인의 언어였던 라틴어와 속어에 해당하는 모국
어 사이에서 선택의 문제를 제기하기도 했다.

10) 성 히에로니무스를 가리킨다. 그는 자신의 벗 에우스토키움(Eustochium)에게
보낸 편지에서 기독교도가 아니라 키케로주의자라는 비난을 받아 신의 법정에
불려 나온 한 이야기를 해준 바 있으며, 뒤 벨레가 이런 이야기를 1544년에 발
간된 로렌초 발라의 『우아함(Elegantiae)』(Paris, S. de Colines)의 4권 서문을
통해 알게 되었을 것으로 추정된다.

11) 키케로에 대한 지나친 존중으로 미사여구를 존중하는 키케로주의자인 척하는
자들에 대한 비판이다. 뒤 벨레는 여기에서 키케로의 문체를 비판하기보다는
노소포노스(Nosopon)와 같이 모국어보다는 라틴어의 미문(美文)을 선호한 까
닭에 『키케로 추종자』를 쓴 에라스무스로부터 '키케로의 원숭이들(les singes
de Cicéron)'이라는 조롱을 받았던 작가들을 대상으로 삼고 있다.

의 언어를 사용해서 이런 **작가들**에게 가까이 접근하려는 생각만—필적하려고 한다는 말을 나는 하지 못하겠다—한단 말인가? 이러저러한 **연설가**와 **시인**으로부터 때로는 **명사**를, 때로는 **동사**를, 때로는 한 **시행**을, 때로는 한 **문장**을 수집하면서, 그리고 마치 낡은 **건물**을 다시 세우는 그런 방식을 사용해서 폐허에서 모아온 돌들로 이 **언어**들이 무너진 바로 그 자리에다가 최초의 영광과 우수함을 다시 **건축**하길 바란단 말인가? 그러나 그렇게 빼어난 **석공**이 아닌 그대는 (그리스어와 라틴어를 지극히 열렬하게 **찬양**하는 그대는) 저 훌륭하고 뛰어났던 예전의 **건축가들**이 처음에 만들었던 형태를 그런 건물들에게 되돌려줄 수는 없을 것이다. 그리고 그모로 돌조각들을 가지고서 그 언어들이 다시 부활할 수 있기를 (아스클레피오스가 히폴리투스의 사지를 가지고 했던 것처럼[12]) 희망한다면 그대의 생각은 잘못된 것이기도 하다. 두 강력한 **군주국**의 치명적인 파멸과 때를 같이하는 그토록 멋진 **건축물**이 파괴되면서 한 국가는 먼지가 되었고, 다른 국가는 수많은 조각이 되어버렸기 때문에 그것들을 한데 모으는 것이 불가능하다는 것, 게다가 다른 많은 조각들

---

12) 오비디우스의 『변신』에 따르면 히폴리투스는 페드라의 비방을 믿은 아버지 테제에 의해 왕국에서 쫓겨났으며, 전차 사고로 사지가 찢겨 죽었다. 아폴론의 아들 아스클레피오스(Esculape)는 그 사지를 다시 이어 붙여 그를 되살렸다. 이런 아스클레피오스의 행위는 긍정적 차원에서는 문헌학자의 복원 작업에 비유되기도 한다.

이 낡은 **성벽** 아래에 파묻혀 있거나 흘러가는 **시간**에 흩어져 버려서 누구라도 그것들을 다시 발견할 수 없게 되었다는 것을 그대는 전혀 생각하지 않은 셈이다.[13] 그래서 **건물**을 재건축하려는 그대는 흔히 **대연회장**이 있던 곳에 **방**과 **마구간** 혹은 **부엌**을 함부로 만들 것이고, **문**과 **창문**을 혼동하면서, 즉 **건물**의 모든 배치를 바꿈으로써, 최초의 웅장함을 조금도 복원할 수 없게 될 것이다. 만약 그대가 **건물**을 다시 짓게 해줄 도면에 대한 **이데아**[14]를 갖고 있지 않음에도 불구하고, 고대와 유사하게 이 건물을 복원할 수 있다면 나는 **자연**의 생생한 **에네르지**를 표현할 수 있는 그런 **기술**을 어쨌거나 높이 평가하게 될 것이다.[15] 내가 이렇게 말하는 것은 (내가 언급했

---

13) 과거의 영광이 소멸했다는 의미이다. 문화의 전이에 대한 신념을 밝히고 있다.

14) 이 문맥에서는 플라톤이 제시한 'Idée'의 개념으로 사용되었다.

15) 고대 모방을 주장하는 뒤 벨레가 고대를 숭배하며 모방하는 자들을 비난하는 근거에 해당한다. 그에 따르면 모방은 있는 것을 그대로 옮기는 것이 아니라, 대상의 에네르지를 되살리는 것이다. 그런데 이런 주장은 이미 앞의 7장과 8장에서 다루어진 바 있으며, 그런 이유로 뒤 벨레의 『옹호』는 일관성을 상실한 텍스트라는 비판을 받아왔다. 그러나 1~9장이 논증이고 10~12장이 부가 설명에 해당한다는 점에서 작품의 구조는 나름의 논리성을 확보한다. 즉 제대로 가꾸기만 한다면 프랑스어는 훌륭한 언어가 될 수 있다는 것을 다룬 1~4장의 내용은 9장에서 다시 논의되고, 번역이 모국어 현양에 도움이 되지 않는다고 언급한 5~6장의 내용은 10장에서 다시 설명되며, 모국어를 현양하는 가장 좋은 방법은 고대와 이탈리아 작가들을 프랑스어로 모방하는 것이라고 주장한 7~8장의 내용은 11장에서 반복되어 다루어진다.

던 것을 좀 더 명확히 말하기 위해서인데) 그만큼 식자들이 학문과 말 잘하는 기술을 익혔고, 그것을 통해 무식자들보다도 더 웅변적인 말을 했다고 하더라도, 식자이든 무식자이든 고대인들은 어미의 젖을 빨면서 익혔던 언어들을 사용했기 때문이다.[16] 바로 그런 이유로 지극히 행복했던 그들의 시대는 뛰어난 시인들과 연설가들로 넘쳐났으며, 사포, 코리나, 코르넬리아[17] 그리고 그리스와 로마인들의 기억과 결부되어 있는 수많은 이름의 여성들마저도 웅변과 박식함이라는 저 영광을 염원하였다.[18] 그러니 흉내 내는 자들이여, 이

---

16) 모든 모국어에는 이점이 있다는 의미이다. 아이들이 쉽게 언어를 배우는 까닭과 관계된다. 외국어보다는 모국어를 배우는 것이 더 이득이 있으며, 프랑스어의 타고난 성질이 외국어보다 못하지 않다는 의견을 뒤 벨레는 이미 앞 장에서 피력한 바가 있다. 이런 생각은 당시에 널리 퍼진 것으로, 뒤 벨레는 특히 퀸틸리아누스가 『웅변가 교육』 1권 1장 4-5절에서 젖먹이 유아들의 언어 교육에서 중요한 비중을 차지하는 유모의 역할에 대한 언급을 상기하고 있다. 한편 펠르티에는 1541년 호라티우스의 『시학』 번역의 「서문」에서 "그러나 외국의 (모국어를 존중하기 위해 이런 표현을 사용한다) 언어에 온몸을 바치고 그것에 헌신한 사람들은 내가 보기에는 비록 유사함이 있다고 주장한다고 하더라도 고대인들의 그런 자연스러운 완벽함이나 자연을 표현하는 기술에 도달하는 것이 불가능하다"라고 언급하면서 같은 생각을 피력한 바 있다.

17) 사포와 코리나는 기원전 5-6세기에 활동한 그리스의 유명한 여류 시인들이며, 코르넬리아는 로마의 여류 시인이다.

18) 뒤 벨레는 여성 작가들의 활동을 보장하고 그들을 인정하는 것이 필요하다는 생각을 드러낸다. 사실 16세기 전반기에 결혼을 둘러싼 논쟁을 통해 여성의 지위와 교육에 대한 격렬한 '여성 논쟁(Querelle des femmes)'이 있었다. 에라스

굴종의 **무리들**이여, 가장 좋은 시절을 그토록 힘들게 고생하면서 그들의 말을 배우는 데 바친 덕분에 그들의 뛰어난 경지에 그대들이 도달할 수 있게 될 것이라고 추호도 생각하지 마라.[19] 다른 언어들은 많은 수고와 노력으로 익혀야 하는 반면에 어린 시절부터 그리고 공부를 하지 않고도 우리말을 배우게 된다는 이유 아닌 다른 이유도 없으면서 그대들은 우리 언어를 경멸한다. 만약 우리 언어가 그리스어나 라틴어처럼 소멸하여 오직 **책**이라는 **성유함** 안에만 보존된다면,[20] 그 언어들만큼이나 배우기가 역시 힘들게 될 것이라는 점을 나는 추호도 의심하지 않는다. 이런 말을 나는 꼭 하고 싶었다. 왜냐하면 인간의 호기심은 **빵**이나 **포도주**처럼 흔하디흔하고, 꼭 필요한 것보다는 생활에 아주 유용하지는 않지만 향수나 **보석**처

무스와 라블레를 포함한 모든 인문주의자는 이 논쟁에서 자유로울 수 없었다.

19) 뒤 벨레가 비판하는 모방자들은 말의 힘을 포착하지 못하고 표현만을 흉내 내는 자들을 가리킨다. 또한 그는 그들의 '스노비즘', 즉 어려운 것이 좋은 것이라는 태도도 경멸한다. "굴종의 무리들(Troupeau servile)"이라는 표현은 호라티우스의 『시학』 1권 19장 19행(O imitatores, servum pecus)에서 빌려왔다.

20) 언어는 소통되지 않는다면, 즉 살아 있는 언어가 아니라면 더욱 배우기 어려운 언어가 될 것이라는 뜻이다. 그런데 이런 언급은 모호하다. 마치 프랑스어가 고대어에 견줄 수 있는 것은 죽은 언어인 고대어들처럼 배우기 어려운 언어가 될 수 있다는 점 때문이라는 인상을 줄 수 있기 때문이다. 그러나 뒤 벨레의 발언에 지나치게 민감할 필요는 없다. 그는 단지 고대어 추종자들의 스노비즘을 조롱하고 비판하는 가운데 이런 발언을 한 것이다.

럼 희귀하고 발견하기 힘든 것들을 훨씬 더 찬양하기 때문이다. 그러나 리코프론[21]이 호메로스보다 더 모호하기 때문에 그리고 루크레티우스가 베르길리우스보다 더 모호하기 때문에 훌륭하다고 말해서는 안 되듯이 나는 단지 어렵기 때문에 한 언어가 다른 언어보다 더 뛰어나다고 판단해야 한다고는 생각하지 않는다.[22]

---

21) 기원전 3세기의 알렉산드리아 출신 7명의 플레이아드 시파의 한 명이다. 모호한 언어를 사용한 것으로 유명하다. 롱사르는 그의 난해한 『알렉산드라(Alaxandra)』를 코크레 학원에서 도라의 지도하에 공부한 바 있다. 도라는 이 작가를 선호했다. 2권 8장에서 뒤 벨레는 애너그램을 만든 리코프론을 찬양하게 된다. 롱사르는 리코프론을 호메로스나 오르페우스가 포함된 '신성한 시인들(poètes divins)'의 범주보다는 한 차원 낮은 단계에 위치한 '인간 시인들(poètes humains)'의 한 명으로 간주했다. 뒤 벨레는 2권 2장에서 모리스 세브를 난해한 언어를 사용한 시인으로 비판할 것이다.

22) 난해하고 모호한 것이 뛰어난 언어의 기준이 될 수 없다는 의미이다. 몽테뉴 역시 『에세』 3권 9장에서 어렵고 모호한 것이 뛰어난 것이라는 의견을 거부했다. 그가 자신의 경험과 사상 그리고 관점을 드러내는 것을 『에세』의 주된 목적으로 삼은 것도 이와 같은 견해에 근거한다.

제 12 장
저자의 옹호

내가 우리 언어를 너무 과도하게 찬양한다고 생각하는 사람들은 로마 웅변술의 아버지인 키케로의 『선과 악의 종말』 1권을 보기 바란다. 키케로는 이 책의 도입부에서 무엇보다도 라틴어로 쓴 것들을 경멸하고 그리스어로 쓴 것들을 읽기를 더 좋아하는 사람들에게 대답을 주고 있다.[1] 라틴어가 빈곤하지도 않으며 오히려 그리스

---

1) 앞 장에서 다루어진 키케로주의자들에 대한 비판이 키케로를 겨냥한 것이 아니라는 발언이다. 키케로 문체의 우아함과 풍부함은 모방의 대상이었으며, 자기 시대 라틴어의 발전에 기여했다. 한편 프랑스어의 옹호와 현양을 지향하는 이 책의 1권 결론에서 키케로를 언급하는 것은 적절하지 않다는 의견이 있다. 그러나 뒤 벨레가 당시에 라틴어 글쓰기의 전범이었던 키케로를 언급하면서 자신의 주장을 뒷받침하는 것은 당시에 프랑스어를 열등한 언어로 취급한 자들에게는 오히려 충격이 될 수 있었다. 따라서 1권 마지막 장에서 뒤 벨레가 키케로를 언급한 것이 적절하지 않은 것만은 아니다.

어보다 더 풍부하다고 그가 평가했다는 것이 이 책의 요지이다. 뛰어난 연설가 혹은 시인들에게 모방할 수 있는 누군가가 있는데 어찌 그들에게 풍부하고도 우아한 연설이 결여되었겠는가라고 그는 말하였다.[2] 나는 우리 언어가 아직도 자기만의 키케로와 베르길리우스를 결코 가져본 적이 없기 때문에 그렇게 높이 찬양하고 싶지는 않지만, 이 나라의 지식인들이 로마인들이 자기 언어를 존중했던 것만큼이나 그렇게 할 수 있다면 조만간 이 언어가 가장 영광스런 언어들의 대열에 자리 잡게 될 수 있으리라고 나는 감히 확신할 수 있다. 이제 우리 언어의 확장과 장식을 위한 주요 요소들을 좀 더 상세하게 다루기 위해서는 이 발걸음[3]을 멈출 시간이 되었다. (독자여) 내가 시인에 대해 말한 것과 달리 연설가[4]에 대해서 말을

---

2) 『선과 악에 관한 궁극의 용어들』 1권의 1–4장은 일종의 '라틴어의 옹호와 현양'이라고 할 수 있다. 이 책의 1권 3장 10절에서 키케로는 "라틴어는 사람들이 흔히 생각하는 것처럼 그렇게 빈곤하지 않으며, 오히려 그리스어보다 더 풍부하다고 나는 생각하고 또 그렇게 말해 왔다. 우리의 훌륭한 연설가들 혹은 훌륭한 시인들은 최소한 그들이 모방할 모델을 갖게 된 이후부터는 문체의 풍부함과 우아함에 요구되는 재원들이 그들에게 결코 결여되지 않았다는 것을 나는 보아왔고 그대들도 보아왔다"라고 언급하며 라틴어를 옹호하였다.

3) 원문은 "les pas"이다. 이 표현은 고대의 영토로 진군하여 영광을 빼앗아 와야 한다는 이미지를 상기시킨다. 『옹호』의 전투적 분위기를 두드러지게 만드는 용어이다.

4) 산문을 다루지 않은 것을 가리킨다.

하지 않는 것에 놀라지 않기를 바란다.[5] 왜냐하면 시인의 자질들
은 연설가에게도 상당 부분 같은 것이라는 점 이외에도 우리 속어
로 훌륭한 판결을 내린 사람인 에티엔 돌레가 『프랑스의 연설가』[6]
를 만들었다는 것을 그리고 돌레와 프랑스를 기억하는 어느 누군
가[7]가 이 책을 (분명) 조만간 그리고 충실하게 세상에 내놓게 될 것

---

5) 뒤 벨레의 주요 관점이 시인을 향해 있다는 점을 확인할 수 있다. 이와 달리 세
   비예는 『프랑스 시학』 1권 3장에서 시인과 연설가는 매우 가깝지만 연설가보
   다 시인이 운율에 더 많은 제약을 받는다는 차이가 있다고 지적한 바 있다. 뒤
   벨레를 지지하는 펠르티에 역시 『시학』 1권 3장에서 압축해서 말하는 자가 시
   인이라면 연설가는 현재에 대해 서술체로 말한다고 지적하면서 시인과 연설가
   의 차이를 다루었다.

6) 1540년 출간된 『한 언어에서 다른 언어로 번역하는 방법』의 서문 「프랑스 민
   중에게(Au peuple françoys)」에서 열렬한 키케로 찬양자였던 돌레는 일종의
   개종된 자신의 모습을 보여준다. 그의 관심사가 라틴어에서 프랑스어로 옮겨
   졌기 때문이다. 이 서문에서 그는 『프랑스의 연설가』라는 제목을 지닌 작품
   의 간행을 약속한다. 1534년경부터 작성되기 시작한 것으로 추정되는 이 책은
   『방법』이 다루고 있는 번역의 제반 문제뿐만 아니라 문법, 철자법, 억양, 구두
   법, 발음, 발성, 번역 방법, 시학 등을 포함하는 방대한 저서로 구상되었다. 그
   리고 이 책의 간행을 돌레는 1540년에 『방법』을 간행하면서 2~3년 뒤로 미룬
   다고 밝히기도 했다. 그러나 1546년 8월에 돌레는 파리의 모베르(Maubert) 광
   장에서 종교 개혁의 지지자라는 이유로 37세의 나이에 화형에 처해졌고, 그때
   까지 이 책은 출판되지 못했다. 그가 예고했던 내용들 가운데에는 『방법』과 더
   불어 '철자법'과 '억양'을 다룬 소책자만이 출간되었을 뿐이다.

7) 뒤 벨레가 암시한 돌레를 기억하면서 『프랑스의 연설가』를 간행할 친구가 누
   구인지는 아직 연구자들에 의해 확인되지 않았다. 소르본이 고발했던 돌레가
   죽은 지 3년 뒤에 뒤 벨레가 이런 지지를 표한 것은 당시 상황을 고려한다면

임을 내가 모르지 않기 때문이다.

"웅변은 어려운 것이다", 안드레아 알치아토,

『도감도(Emblemata)』, 1546.

상당히 과감한 행동에 속한다. 그러나 언어와 종교에 대해 경직된 관점을 지닌 소르본 신학자들을 비난하는 태도를 드러낸 뒤 벨레가 프랑스어로 쓰인 산문에 관한 책을 약속한 돌레를 언급한 것에서 그가 종교나 정치의 문제를 크게 염두에 두고 있지 않으며, 오직 언어와 문학 그리고 문화의 현양을 위한 논리를 제공하는 것이 그의 주된 관심사였다는 점을 확인할 수 있다. 또한 키케로 지지자였던 돌레가 프랑스어를 위한 글을 준비했다는 사실은 모국어의 '열렬한 찬양자'인 자신의 논리를 뒷받침할 수 있는 적절한 사례가 될 수도 있었을 것이다.

2권

제 1 장
저자의 의도

시인과 **연설가**는 각 언어의 **건축물**을 받치고 있는 두 개의 기둥[1]
이고, **연설가**가 다른 이들[2]에 의해 건축되었다는 말을 들은 바 있
기에,[3] **조국**에 빚지고 있다는 의무감에 이끌린 나는 내 덕분에, 아
니면 좀 더 배움이 많은 손에 의해 완벽함을 얻게 되기를 희망하면
서[4] 전자의 **시인**에 대해 다소나마 상세하게 말하고자 했다. 그렇지
만 그렇게 한다고 해서 눈이나 귀 혹은 어떤 감각으로는 알아차릴

---

1) 연설가의 논리적 언어와 시인의 상상력이 언어의 주요 구성 요소라는 뜻이다.

2) 수사학을 다룬 인문주의자들을 가리킨다.

3) 특히 1권 12장에서 언급하였던 돌레의 『프랑스의 연설가』를 다시 환기하고
   있다.

4) 겸손함을 드러내는 수사적 표현으로서 상대를 설득하기 위해 사용되는 방식
   이다.

수 없고, 오히려 오직 이론과 **생각**을 통해서만 이해할 수 있는 **시인**에 대한 일종의 **이상적 초상**[5]을 그려 보이기를 원하지는 않았다. 그것은 인간이 눈으로 볼 수 있는 모든 것이 어떤 **유형**[6]에 관련되어 있다는 플라톤이 상정한 **이데아들**과 다른 것이 아니기 때문이다.[7] 분명 나보다 훨씬 더 많은 지식과 **여유**[8]를 가진 자들은 그렇게 할 수 있다. 그리고 내 동료들이 **고대인**의 탁월함에 도달하기 위해 가야 할 길을 손가락으로 가리켜준다면, 그리고 우리의 보잘것없는 수고에 자극을 받은 어떤 누군가가 그 길 위에서 그들을 **손**으로 붙잡아 이끌게 된다면, 나는 동료들로부터 칭찬을 받을 만하다고 느끼게 될 것이다. 그러니 1권에서 우리가 충분히 증명했다고 생각

---

5) 원문의 "Figure"를 옮긴 것이다.

6) 이 표현은 키케로가 『연설가』 3권 9-10장에서 사용한 'cogitatam speciem', 즉 '정신이 만들어낸 유형'을 가리킨다.

7) 뒤 벨레는 플라톤의 방식에 따라 '시인의 이상적 초상을 재현하는' 것과는 거리를 두고 있음을 드러낸다. 이상적 시인이 아닌 구체적이고 실질적인 시인을 '양성'하기 위한 목적이 그에게 있기 때문이다. 이것은 롱사르와 같은 시인들이 시에 대한 새로운 전망을 제시한, 흔히 '시학'이라고 불릴 수 있는 글들을 간행한 이유를 설명한다.

8) "여유"는 원문의 "loisir"를 옮긴 것이다. 여유 혹은 한가로움은 상상력을 불러일으키기 위한 조건이지만, 상상보다 실질을 택했다는 뒤 벨레의 언급을 고려한다면 그가 이 글을 문학적 창작물이 아니라 사안이 시급한 '선언문'으로 고려하고 있음도 짐작할 수 있다.

하는 것,[9] 즉 그리스인과 로마인들을 모방하지 않고서는 우리보다 더 유명한 다른 언어들이 지닌 탁월함과 찬란함을 우리 언어에 부여할 수 없다는 말로 시작해 보자.[10] 나는 알고 있다. 많은 이들이 내가 프랑스 시인들 가운데 최초로 거의 새로운 시[11]를 감히 도입하려 했다고 비난할 것을, 아니면 내가 적용하기를 원했던 간결함 그리고 누군가는 좋고 누군가는 나쁘다고 말할 내 정신의 다양함에

---

9) 정확히는 1권 8장에 해당한다.

10) 뒤 벨레는 1권에서 주장했던 내용을 요약한다. 그는 2권 1장을 시작하면서 앞의 내용을 다시 환기하는 것은 두 권으로 분리된 작품의 구성이 서로 밀접하게 연관되어 있다는 점을 암시하기 위해서이다.

11) 『옹호』와 같은 시기인 1549년 간행된 프랑스 최초의 소네트 시집 『올리브』를 가리킨다. 초판에 50편의 소네트를 수록한 『올리브』는 1550년에 재판에서는 115편으로 증보되었으며, 『옹호』에서 제기된 주장들을 반박한 세비예의 『이피게니아』(1550) 서문을 다시 비판하는 서문 「독자에게」를 싣고 있다. 이 서문에서 뒤 벨레는 만약 자신이 그리스어나 라틴어로 작품 활동을 했다면 훌륭한 시인들의 대열에 자리를 마련할 수 없었을 것이라고 언급한다. 또한 여전히 멸시의 대상이 되고 있는 프랑스어를 '새로운 시' 혹은 '고대로부터 거듭난 시'로 풍부하게 만들려고 시도했음도 밝힌다. 이때 그가 말한 '새로운 시'는 고대와 이탈리아 작가들의 모방에 토대를 두며, 소네트, 오드 등과 같이 '자연스러운 문체'를 요구하는 장르에 의지하는 시이다. 그리고 자신이 『옹호』에서 언급한 새로운 시에 대한 주장들이 '대수사파 시인들'의 불만족을 초래할 것을 알고는 있지만, 더 이상 프랑스 시를 '긴 잠의 침묵'에 빠져 있게 둘 수 없었다고 설명하면서, 명예를 얻기 위한 담보로 시를 간주했던 '운율쟁이들(rymeurs)'과는 달리 자신의 새로운 시인 『올리브』는 결코 노예나 돈을 구걸하지는 않을 것이라고 밝힌다.

대해서 그들이 충분히 만족하지 않을 것을.[12] (누군가는 말할 것이다) 마로는 쉽기 때문에 그리고 일상적 말법에서 결코 멀어지지 않은 까닭에 마음에 든다고.[13] (또 어떤 이는 말할 것이다) 시행 하나하나가 박식하고 진지하며 공을 들인 것이기에 에로에가 마음에 든다고.[14] 그렇게 또 다른 이들은 또 다른 시인을 음미할 것이다. 그러나 그와 같은 편견이 내 **시도**를 가로막지는 않을 것이다. 왜냐하면 우리 프랑스 시는 우리가 오랫동안 만족해 왔던 문체보다 더 높

---

12) 뒤 벨레는 자기 작품의 특성으로 간결함과 다양함을 지적한다. 간결함은 원문의 "brevete"를 옮긴 것으로서, 라틴어 'brevitas'에서 파생한 단어이다. 이 용어는 양적인 측면에서는 '짧음'을 그리고 의미의 측면에서는 '명확성'이나 '정확성'이라는 뜻을 가리킨다. 뒤 벨레가 이것을 자기 글의 주요 특징으로 정의한 것은 장황한 글이 독자의 이해를 방해하는 요소가 될 수 있기 때문이었겠지만, 동시에 간결함이 키케로가 사용한 라틴어 문체의 주요 특징이기 때문이기도 했다. 프랑스어의 역량을 제고하려는 그는 라틴어의 간결함을 모국어를 사용한 『옹호』 자체를 통해 증명해 보이고, 나아가 자신이 주장하는 고대 모방이 고대어에 대한 종속이 아니라 오히려 프랑스어의 뛰어남을 증명하는 수단이 될 수 있다는 점을 제시하려고 한다.

13) 마로에 대한 간접적 비판이다. 펠르티에도 『시학』 1권 3장에서 프랑스 시인들이 목가시(églogue)를 다루어야 한다고 말하면서 "고작해야 마로는 두세 편 썼을 뿐이다"라는 말을 덧붙인다. 16세기 전반기에 활동한 시인들의 전범이었던 마로의 공을 깎아내리기 위해서였다.

14) 앙투안 에로에는 신플라톤주의의 원칙을 시에 적용한 시인이다. 마로에 비해 상대적으로 높은 평가를 받지 못한 에로에의 난해한 문체에 대한 언급을 마로의 이름 옆에 놓으면서 뒤 벨레는 마로를 폄하하려는 의도를 드러낸다.

고 더 뛰어난 **문체**[15]를 지닐 수 있다고 나는 항상 판단해 왔기 때문이다.[16] 자, 그러니 우리의 프랑스 **시인들**에 대해 생각하고 있는 바를 간략하게 말해 보도록 하자.

---

15) "높은 문체"는 단지 좁은 의미의 글쓰기 방식만을 가리키지 않는다. 그것은 장르의 선택과도 관련된다. 롱사르가 1550년에 핀다로스 오드를 모방한 것은 찬양이라는 소재를 통해 시적 언어를 고양하고, 나아가 시인의 위상 역시 제고하려는 의도가 있었기 때문이다. 따라서 문체는 장르의 선택과 표현의 방식 모두에 관련된다. 펠르티에도 『시학』 1권 3장에서 지금의 서사시에 해당하는 "영웅시"의 필요성을 길게 강조하였다.

16) 프랑스어의 발달 가능성에 대한 확신은 시적 문체의 발전에 대한 믿음과 연계되어 있다. 이것은 2권에서 문체를 드높이기 위한 시의 구체적인 기법들을 다룰 것이라는 예고이기도 하다.

제 2 장
프랑스 시인들에 관하여

과거의 모든 프랑스 시인 가운데에서 기욤 뒤 로리스와 장 드 묑만이 거의 유일하게 읽을 만한 가치가 있다. 왜냐하면 그들 작품에 지금의 사람들이 모방해야 할 많은 것들이 있기 때문이 아니라, 오래되었기에 신뢰할 수 있는 프랑스어 최초의 모습을 그들이 제시했기 때문이다.[1] 모든 나이든 사람이 자기들이 젊었을 때 배웠던 사람

---

1) 기욤 뒤 로리스(Guillaume du Lauris)와 장 드 묑(Jan de Meun)은 13세기에 작성된 『장미 이야기(Le Roman de la Rose)』의 공동 저자이다. 『장미 이야기』는 16세기 문학에 가장 많은 영향을 끼친 중세 작품 가운데 하나이다. 세비예는 장 드 묑을 모방해야 할 "예전 작가들" 중의 한 명으로 추천했으며, 펠르티에는 호라티우스의 『시학』 번역에서 플레이아드 시파의 시인들이 반드시 참조해야만 하는 작품으로 권장하기도 했다. 『장미 이야기』의 수사본은 약 300여 종이 있으며, 1481년 리옹에서 비로소 처음으로 인쇄본이 출간되었다. 이후 1538년까지 20여 개의 판본이 존재했다. 장 몰리네(Jean Molinet)는 1503

들[2]의 작품에 대해서 내가 무언가를 감히 비난하거나 수정하려 든다면, 내가 염치를 완전히 내팽개쳤다고 고래고래 소리치리라는 것을 나는 추호도 의심하지 않는다.[3] 그렇게 하는 것은 내가 원하는 것이 아니며, 오히려 나는 영광을 얻을 만한 **젊은이들**을 좌절시키고, 포도주와 같이 **시간**이 오래될수록 더 좋은 **시**가 만들어진다는 듯이, 그리고 호라티우스가 말한 것처럼 죽고 나서 성스럽게 된 것이 아니라면 그 어떤 것도 높이 평가하지 않는 자가 있다면 그는 **오래된 것**을 너무 과도하게 **찬양**하는 자라고 주장하고자 한다.[4] 가

년과 1521년에 교훈을 곁들인 『장미 이야기』를 간행하였고, 마로 역시 1526년, 1529년, 1531년 그리고 1538년 등 네 번에 걸쳐 작품을 출간했다. 물론 이 판본들의 편집자가 마로인지에 대해서는 여전히 다양한 의견들이 있다. 마로는 동시대 독자들에게 당시에 통용되던 언어로 번역한 『장미 이야기』를 소개하려는 목적을 지녔다. 그러나 기존 판본들의 오류가 그의 판본들에서 재발견된다는 점에서 마로가 『장미 이야기』를 통해 모국어로 작성된 문학의 전범을 소개하려는 목적을 실현했는지 여부에 대해서는 여전히 논란이 많다.

2) 뒤 벨레와 롱사르 등이 새로운 시의 시대가 자신들에 의해 도래했다고 주장한 것을 고려한다면 15세기 후반기와 16세기 전반기에 활동했던 프랑스 시인들, 특히 수사학의 영향에서 벗어나지 못하고 언어 기교를 중시한 시인들, 그리고 마로나 생 즐레를 지지했던 시인들을 가리킨다.

3) 호라티우스의 『시학』 2권 1장 80-81행의 "우리 모든 조상님께서는 내가 감히 저 활기 넘쳤던 아이소포스와 저 능란한 로스키우스가 연기했던 것을 비난한다면 부끄러움이 죽었다고 외치실 것이다"를 참조했다.

4) 호라티우스의 『시학』 2권 1장 34행의 "시간은 시를 포도주처럼 무르익게 한다"와 48-49행의 "이 사람은 오래된 것이 가치 있다고 판단하며, 죽음이 희생

164

장 최근의 시인들, 클레망 마로가 위그 사렐에게 보낸 **에피그램**에서 언급했던 그런 시인들은 [오래되었기 때문이 아니라] 자신들의 작품 덕분에 충분히 이름을 알릴 수 있었다. **독자들**이 그들의 작품을 보고 판단하길 바란다.[5] 나는 르메르 드 벨주가 골족과 프랑스어를 처음으로 빛나게 만들었다고 여긴다. 그는 많은 어휘들과 시적으로 말하는 방식을 프랑스어에 부여함으로써 우리 **시대**의 가장 뛰어

시킨 것이 아니라면 그 무엇에도 열광하지 않는다"를 참조했다. 오래된 것만을 찬양하고 새로운 것을 거부하는 자들에 대한 비판이다. 이것은 『장미 이야기』에 대한 뒤 벨레의 높은 평가가 단지 그것이 오래된 작품 때문만은 아니라는 것을 다시 한 번 강조하는 효과를 지닌다.

5) 위그 사렐(Hugues Salel)에게 보낸 에피그램에서 마로는 장 드 묑, 알랭 샤르티에, 옥타비앙 드 생 즐레, 몰리네, 장 르메르 드 벨주, 조르주 샤틀랭, 비용, 기욤 크레탱(Guillaume Crétin), 장 메시노(Jean Meschinot), 기욤 코키야르(Guillaume Coquillart) 등과 같은 시인들을 언급한다. 이들 가운데에서 장 드 묑과 르메르 드 벨주 그리고 비용을 제외한 나머지 시인들은 플레이아드 시파에 의해 모방하지 말아야 할 이전 세대 시인들로 취급되었다. 이에 반해 세비예는 『프랑스 시학』 1권 3장에서 마로, 생 즐레, 사렐, 에로에, 세브를 프랑스 뮤즈의 개척자들로 평가했다. 뒤 벨레가 마로의 작품을 굳이 언급한 것에는 이유가 있다. 뒤 벨레의 관점을 수용하지 않으려는 이전 세대 시인들에게 마로는 여전히 가장 뛰어난 프랑스의 대표적 시인이었다. 그런데 세비예가 언급한 시인들은 대개 젊은 시인들이었다. 즉 오래된 것이 좋다는 견해를 가진 이전 세대 작가들이 보기에 새로운 시인들을 소개하는 이런 태도는 무언가 당황스러운 것이었다. 뒤 벨레는 세비예가 추천하는 젊은 시인들을 소개하면서 이전 세대 시인들의 논리적 결핍을 공격하고 있다.

난 시인들이 그것들을 사용하게 만들었다.[6] 요즘의 시인들에 대해 말하자면, 그들의 이름은 때가 되면 충분히 회자될 것이다. 내가 그들에 대해서 이렇게 말하는 것은 우리의 가장 뛰어난 시인들 중에서 서너 명을 골라내어 그들을 비난하기 위해 무언가를 매일 같이 찾아대는 참으로 부당한 사람들, 혹은 어떤 것을 지나치도록 엄격하게 **판단**하면서 다음과 같이 말하는 사람들, 그들의 의견을 바꾸기 위해서일 뿐이다. 그들의 말은 이렇다. 어떤 시인에게는 시를 잘 쓰기 위한 도입부의 무언가가, 즉 **지식**[7]이 부족하고, 혹은 자기

---

6) 장 르메르 드 벨주는 크레탱과 몰리네의 제자로서 대수사파에 속하는 시인이다. 그런 이유로 세비예는 『프랑스 시학』 1권 1장에서 그를 칭송했다. 르메르 드 벨주는 시집 『명예와 미덕의 신전(Le Temple d'honneur et des vertus)』(1503)과 『젊은 연인의 서한시(Les Epîtres de l'Amant vert)』(1510)를 간행했으며, 1511년에 『골족의 현양과 트로이아의 특이한 운명(llustrations de Gaule et Singularitez de Troye)』의 1권, 그리고 1512년에는 이 책의 2권 및 3권을 간행하면서 프랑스 산문의 역량을 드높이는 데 기여했다. 뒤 벨레가 대수사파 시인들 세대에 속한 르메르 드 벨주를 찬양한 것은 프랑스 시인들의 모방을 만류한 점과는 배치될 수 있다. 그러나 프랑스의 시적 문체를 세련되게 만든 시인이라면 과거 세대에 속하더라도 추천할 수 있다는 판단이 그에게 있었다고 짐작하는 것이 적절하다. 그는 고대 문학이든 자국 문학이든 훌륭한 전통을 계승하는 것이 새로운 시의 세계를 개척하기 위해 필요하다는 생각을 가지고 있었던 것이다. 그런 이유로 펠르티에 역시 호라티우스 『시학』의 프랑스어 번역 서문에서 장 르메르 드 벨주를 프랑스어를 더 풍요롭고 완벽하게 만든 시인으로 평가하지 않을 수 없었다.

7) 여기에서의 "지식"은 호라티우스의 "글을 잘 쓰기 위해서는 분별력이 있어야 한다. 바로 그것이 좋은 글의 원칙이고 원천이다(Scribendi recte sapere est et

책의 분량을 반으로 줄였다면 그의 영광은 반 이상 늘어났을 것이라고. 또 다른 시인은 각운이 전반적으로 풍부하지 않을 뿐만 아니라 저 유명한 시적 진미(珍味)나 장식이 결여되어 있기 때문에 **시인**의 이름보다는 오히려 **철학자**라는 이름이 더 어울린다고.[8] 또 어떤 시인은 자신의 이름을 달고 세상에 내놓은 것이 아무것도 없기 때문에 그에게 첫 번째 자리를 내주는 것이 마땅하지 않다고. (또 누군가는 말할 것이다) 이 시인은 마치 데마데스나 호르텐시우스가 데모스테네스나 키케로와 경쟁한 덕분에 높은 명성을 얻은 것처럼 자기 **시대** 사람들의 글에 힘입어서 제 이름을 널리 알리려 한다고. 그러나 명성에 근거해서만 판단을 내리기를 원한다면, 그의 단점은 그의 장점과 대등하게, 아니 그보다 더 크게 참작되어야 할 것이다. 그의 이름을 달고 나온 새로운 **글들**이 매일 읽히고 있기 때문이다. 내가 보기에 그것들은 우아함이나 박식함이 결여되었음에도

---

principium et fons)"에서 'sapere'를 옮긴 것이다. 그런데 이 라틴어는 '지식'이 아니라 오히려 '올바른 판단력'을 가리킨다. 뒤 벨레는 호라티우스를 오역한 것이다. '모든 주제와 기술에 관한 지식'을 가리키기 위해 사용했기 때문이다. 롱사르 역시 호라티우스의 이 어휘를 『시법 개요』(1565)에서 이성과 박식함을 모두 갖춘 상태를 가리키기 위해 언급한다. 뒤 벨레가 이 용어를 굳이 사용한 것은 마로를 비난하기 위해서이다. 그가 보기에 세비예가 가장 뛰어난 시인으로 칭송했던 마로는 '소박한 아름다움'을 지닌 문체를 제시하긴 했지만 새로운 시를 위한 지적인 토대를 갖추지 못한 시인이었을 뿐이다.

8) 『완벽한 연인』을 간행한 앙투안 에로에를 가리킨다.

불구하고 사람들이 그가 쓴 작품이라고 가끔씩 내게 확인해 준 그런 작품들과 그리 다르지 않다.[9] 또 어떤 이는 우리 속어에서 멀리 떨어져 있기를 바랐기 때문에 **학식**이 많은 자들뿐만 아니라 가장 **무지한** 자들이 그의 글을 명확히 이해하기에는 너무 난해해서 모호함에 떨어지고 말았다.[10] 바로 이것이 우리 **언어**로 글을 쓴 가장

---

9) 멜랭 드 생 즐레를 가리킨다. 궁정 시인인 그는 1547년에 아주 짧은 시집을 발간한 것 이외에는 생존 시에 자신의 작품을 간행하지 않았다. 그러나 당시에 그의 원고는 여러 시인들의 손을 거치면서 읽혔으며, 다른 시인들이 자신들의 작품 속에 그의 이름을 환기해 주면서 그는 명성을 얻을 수 있었다.

10) 모리스 세브를 가리킨다. 르네상스 문학사 안에서 비용이나 롱사르의 경우처럼 하나의 독립된 장을 부여받으며 지금은 그 중요성을 인정받게 된 모리스 세브는 플레이아드 유파의 시인들에 앞서서 멸시받는 사랑의 고통에 대한 정신적 비전을 소개한 시인이다. 그런 까닭에 프랑스어로 숭고한 시를 쓸 수 있는 가능성을 제시한 시인으로 지금은 인정받고 있다. 그렇지만 그가 남긴 것은 모호하고 난해하며 의미가 불명확한 통사 구문으로 점철된 『델리. 지고한 미덕의 대상(Délie. Object de plus haulte vertu)』(1544)이라는 시집이다. 출생과 사망 시기가 확인되지 않고 있는 것만큼이나 '신비로운' 그의 『델리』는 '고문'과도 같은 독서를 요구하는 '수수께끼' 같은 작품이다. 'ABABBCCDCD'의 각운 배열을 유지하는 총 449편의 10음절 10행시들로 구성된 이 작품은 수록된 시편들이 서로 겹쳐 읽힐 수 있는 구조로 이루어졌고, 작품들 사이에 50편의 '앙블렘(emblème)'이 삽입되어 있는 까닭에 사랑의 고통스런 열정을 노래하는 방식을 매우 '복잡하게' 전개시켜 놓는다. 이로 인해 모호함과 난해함이 가중된 시적 글쓰기는 델리라는 여인으로 인해 초래된 고통을 경험하는 시인의 상황마저도 이해하기 힘들게 만든다. 일부 작품에 대한 해석은 지금도 논란의 대상이 되고 있다. 그러나 세브는 꼬리에 꼬리를 무는 언어들이 순환하는 『델리』라는 작품 안에서 자신과 겹쳐진 델리를 노래하면서도 동시에 자기로부터 자아

를 분리시키려는 무모한 시도를 감행한다. 그리고 거기에서 델리의 미덕이 자신 안에 있다는 것, 이 여인이 지닌 지고함을 벗어날 수 없는 운명이 자신에게 주어졌다는 것을 언어로 옮겨내야만 하는 고통을 노래한다. 예를 들어 「10행시 144편」을 인용하면 다음과 같다.

그대 안에서 나는 산다, 그대가 비록 부재한다 하더라도,
내 안에서 나는 죽는다, 내가 비록 존재한다 하더라도,
그대가 아무리 멀리 있다 하여도, 언제나 그대는 존재하고,
내가 아무리 가까이 있다 하여도, 여전히 나는 부재한다.
내 자신 안에서보다 그대 안에서 훨씬 더 많이 사는 나를 보고는,
모욕을 당했다고 자연이 느끼게 될지라도,
한 줌의 동요도 없이 작동하여
고통에 빠진 이 육신 안에 영혼을 불어넣은 저 높으신 힘은
그것이 정수를 잃을 것을 미리 간파하고는
그대 안에 영혼을 펼쳐놓는다, 마치 그녀의 온 모습인 것마냥.(작품 144)

이 작품에서 시인과 델리는 구분될 수 없으며, 그가 델리를 자기에게서 떼어놓을 가능성도 없다. 부재하는 여인은 그의 내면에 언제나 존재한다. "정수"를 상실한 육신 안에 여인이 들어와 있다. 충만함은 부재와 구분되지 않는다. 부재하는 시인이 만약 자신이 존재한다고 생각한다면, 그것은 자기 안에 존재하는 여인 덕분이다. 주체가 머무를 자리는 없으며, 시인은 자기 주체를 찾으려고도 하지 않는다. 사랑의 고통이 사랑하는 대상으로부터가 아니라 자기 자신으로부터 초래될 때, 이 시인은 타자가 된다. 그래서 자아와 분리된 타자를 전제로 삼는 이타성의 개념을 세브에게서는 발견할 수 없다. 만약 세브의 이타성을 말해야 한다면 그것은 타자가 된 자아와 관계될 뿐이다. 이와 같은 그의 태도는 여인의 신성함을 지상에 머무는 자신의 불행한 실존 안으로 옮겨놓을 수 있는 언어의 힘에 대한 확신을 드러낸다. 따라서 갈등과 조화와 분열이 서로 겹쳐지며 반복된다는 하나의 조건을 그려 보이는 그의 방식은 미로를 연상시킬 정도로 독자들을 헤매게 하지만, 『델리』는 언어에 의존함으로써만 자기 존

훌륭한 시인들에 대해 여러 사람들이 말하는 것을 듣게 된 내용의 일부이다. 어떤 이가 다른 이들의 결함을 뚫어지게 지켜보는 것만큼이나 그들의 장점을 솔직하게 찬양한다면 그것에 대해 신이 무슨 말씀을 하시겠는가! 마치 **기수를 쫓아가듯이** 그런 중요한 작가들을 따르는 사람들의 **무리**(다섯 명 혹은 여섯 명을 제외하고)는 모든 면에 있어서 제대로 배우지 못하였으므로, 그들의 방법을 통해 우리 속어가 우리 **제국의 경계**를 넘어 결코 멀리 나아가지 못하고 있다. 만약 내가 아리스타르코스나 아리스토파네스처럼 **시**를 판단하는 고대의 **비평가심판자** 가운데 한 명이었다면,[11] 혹은 (굳이 말한다면) 우리 프랑스어의 **전투 지휘관**[12]이었다면, 나는 제대로 무장을 갖추지 못한 이런 많은 이들을 전선에서 배제시켰을 것이며, 만약 그들을 신뢰하게 된다면 간절히 소망하는 승리로부터 우리는 아주 멀리 벗어나게 될 것이다. 일반 사람들의 의견을 있는 그대로 받

재를 묘사할 수 있는, 흔히 '16세기의 말라르메'로 간주되는 새로운 시인의 등장을 예고한다고도 말할 수 있다. 이런 이유로 뒤 벨레는 1550년 이후부터는 세브에 대한 입장을 바꾸어 그를 뛰어난 시인으로 간주하게 된다.

11) 아리스타르코스(Aristarque)는 호메로스의 비판자였으며, 아리스토파네스(Aristophane)는 그리스 시인들을 전공한 문헌학자이며 그의 스승이었다. 퀸틸리아누스는 『웅변가 교육』(X, I, 54)에서 이들을 "시의 판관들(poetarum judices)"로 간주하였다.

12) 이런 표현은 작품이 공격적인 선언문의 성격을 지니고 있다는 증거가 된다.

아들이고,[13] 얇은 귀로 자신들이 일단 **예언자**로 받아들인 그런 사람들을 반대하는 것을 전혀 견딜 수 없는 이들 가운데에서 상당수가 내가 아주 자유롭게 말한 것을, 그리고 거의 **재판관**처럼 우리 프랑스 **시인**들에 대해 발언한 것을 고약하다고 여기게 될 것을 나는 추호도 의심하지 않는다. 그런데 내가 말한 것이 옳든 옳지 않든, 나는 플라톤이나 소크라테스 이상으로 진실을 좋아한다. 모든 논란에 대해 "그가 그렇게 말했다"라는 것 말고는 그 무엇도 내세우지 않았던 피타고라스를 모방하지 않는 자들에게 나는 기대를 걸고 있다. 만약 우리들의 가장 뛰어난 프랑스 **시인**들로 여겨지는 사람들이 누구냐는 질문을 내가 받는다면, 제논이나 클레안테스 혹은 크리시포스가 과연 현자인지 알아보려는 질문을 받고는 그들은 분명 위대하고 존경을 받을 만하지만 **인간**의 **본성** 중에서 가장 뛰어난 것을 갖추지는 못했다고 대답했던 스토아학파들의 예를 따라

---

13) 영감을 얻은 특별한 자로 스스로를 정의하는 뒤 벨레를 비롯한 플레이아드 시인들의 태도는 대중적이고 일상적인 것의 투박함이 초래할 위험성을 언제나 인식하고 있었다는 데 기인한다. 그런 태도는 또한 귀족적이고 배타적이라고 연구자들에게 지적되어 왔다. 그러나 이런 비난은 시대착오적이다. 우선 뒤 벨레가 이 장의 마지막 부분에서 학문에 전념하는 프랑스 독자에게 말을 거는 것에서도 알 수 있듯이, 그가 대상으로 삼는 일반인들은 평범한 모든 인간을 가리키기보다는 배움이 모자란 자들, 학문을 익히지 못한 자들을 가리킨다. 고대 작품을 접하지 못했던 그들은 프랑스어의 발전을 도모할 생각도 갖지 못하는 자들이다. 따라서 뒤 벨레가 지식을 갖춘 자들을 선호하는 것을 특권주의로 간주하고 비난하는 것은 적절하지 않다.

서, 다음과 같이 말할 것이다. 그들이 글을 잘 썼고, 그들이 우리 언어를 빛나게 했고, 프랑스가 그들에게 빛을 지고 있다고 (감히) 나는 대답할 것이다. 그러나 나는 또한 이렇게도 답할 것이다. 우리 언어에서 (만약 어떤 **지식이 많은 자**가 이 언어를 손으로 어루만지기를 원한다면) 더욱 세련된 **시의 형태**[14]를 발견할 수 있으며, 그것은 결코 프랑스 **작가들**에게서가 아니라[15] 저 옛날의 그리스와 로마인들에게서 찾아야만 할 것이라고 말이다. 왜냐하면 프랑스 작가들에게서는 살가죽이나 피부색과 같은 사소한 것만 얻을 수 있지만, 그리스나 로마 작가들로부터는 살과 **뼈**와 힘줄과 피를 얻을 수 있기 때문이다. 그런데 이런 답에 만족하기 힘든 누군가가 이런 주장을 정당한 것으로 수용하지 않으려 한다면, 나는 (까닭도 없이 무언가를 너무도 엄격하게 검토한다고 비추이지 않기 위해서라도) 다른 **예술**과 **학문**에서는 평범함이 어떤 찬양을 받을 수는 있겠지만, 내가 다루는 이 문제와 관련해서는, 그 누구보다도 더 명정한 **뇌**와 최고의 **코**[16]를 지니고 있다고 여겨져서 자주 언급해도 지나치지 않은 호라

---

14) 2권 1장에서 말한 "가장 높은 문체"에 해당한다.

15) 1권 8장에서 프랑스 작가들의 모방을 만류했던 것을 다시 언급한다.

16) 호라티우스가 『풍자시』 1권 4장에서 언급한 것이다. "최고의 코"는 섬세하고 민감한 코를 가리킨다. 호라티우스는 『풍자시』 1권 9장에서 지혜의 목소리에 주의를 기울이는 '정화된(purgé)' 시인의 귀를 강조하기도 했다. 호라티우스에 따르면 시인이 되기 위해서는 산문을 운문으로 바꾸는 것이 중요한 것이 아니

티우스의 의견을 따라서, 신도 인간도 그리고 **출판업자들**[17]도 시인들이 그렇게 평범해지는 것을 추호도 받아들일 수는 없는 법이라고 대답할 것이다.[18] 더 나아가 언젠가 신랄하고 거친 말을 사용했다고 자신을 비난했던 아이시네스에게 데모스테네스가 그런 것에 그리스의 운명이 달려 있는 것은 아니라고 대답한 것처럼,[19] 만약 누군가가 내가 자유롭게[20] 말한 것에 분노한다면, 나는 신으로부터

라 '재능(ingenium)'과 '신성한 영혼(mens divinior)'을 갖추는 것이 더 필요하다.

17) 원문의 "Coulonnes"를 옮긴 것이다. 출판업자들을 가리키는 비유적 표현이다. 당시 출판사들은 건물의 원주(圓柱)들 사이의 공간에 인쇄소를 차렸으며, 판매 서적의 제목들을 원주에 붙여놓는 것이 관행이었다.

18) 호라티우스는 『시학』 363~373행에서 시인이나 신들, 심지어 출판업자들은 저속한 것을 받아들이지 못한다고 언급한다.

19) 키케로가 『웅변가』 8장 27절에서 "데모스테네스는 그리스의 운명이 자기가 이러저러한 말을 사용한 것에, 혹은 이러저러한 의미를 끌어낸 것에 달려 있지는 않다고 조롱적으로 말하며 변명했다"라고 언급한 것을 뒤 벨레는 참조했다.

20) 여기에서의 "자유롭게(librement)는 '자신의 의지와 판단에 따라서'라는 뜻을 지닌다. 당시에 자유는 이성과 밀접한 관련을 지닌 용어였다. 몽테뉴의 벗이었던 에티엔 라 보에시(Etienne de La Boétie)가 『자발적 복종에 관한 논설(Discours de la servitude volontaire)』에서 자유를 말할 때에도 그것은 이성적 판단에 근거한 무언가를 가리키는 것이었다. 그리고 이성이 천부적 권리에 의해 인간에게 주어진 것이라는 점에서 르네상스 시기에 자유와 이성 그리고 자연은 서로 밀접히 연관되어 있었다. 이것은 언어가 자연에 의해 우열을 지니고 태어난 것이 아니라 인간의 나태한 행동 때문에 발달하지 못했다는 견해와 중첩된다. 언어가 발달하지 못한 것은 자연을 거스른 인간의 나태한 행동에 기

아우구스투스의 행복한 운명과 이 트라이아누스의 관대함을 부여 받은 국왕 앙리의 승리가 그런 것에 좌우되는 것은 아니라고 대답할 것이다.[21] (프랑스어에 열정을 지닌 **독자여**) 내가 **프랑스어**를 찬양하고 옹호하려 했던 것과는 다르게 우리 언어에서 최고의 위치에 있는 자들을 그렇게 높이 취급하지 않았기 때문에 내가 처음에 약

인하기 때문이다. 나태함은 지식의 습득을 통한 발전을 방해한다. 그것은 비이성적이고 비자연적 행위, 즉 자연을 거스르는 행위이다. 따라서 자유의 습득마저도 불가능하게 만든다. 나태함은 인간의 본질적 권리를 벗어나는 행위인 것이다. 또한 그것은 배우지 못한 자들의 속성이기도 하다.

21) 1547년에 왕위에 오른 앙리 2세를 환기한다. 뒤 벨레와 롱사르는 앙리 2세가 선왕 프랑수아 1세의 문화 옹호 정책을 계승하기를 원했으며, 새로운 국왕이 새로운 시인들에게 은총을 베풀어줄 것을 기대했다. 그리하여 1549년 6월 16일에 개최된 앙리 2세의 파리 입성을 기념하기 위해 롱사르가 작성한 「지고하신 국왕의 파리 입성을 준비하며(Avantentrée du roi treschrestien à Paris)」는 프랑스 왕권의 진정한 계승자로서의 앙리를 찬양하지 않을 수 없었다.

> 신성한 힘에 의해 그대를 불멸로 장식할
> 그대의 새로운 신, 그대의 주인을 찬양하면서,
> 그대의 다가올 행복이 어떠할지
> 자 파리스여, 바라보라.
> 티린스가 저 위대한 헤라클레스의 유산이듯,
> 카르타고가 유노의 유산이듯,
> 파리스여, 그와 같이 이제 그대는
> 국왕 앙리의 영원한 도시가 될 것이다.
> 그리고 그대 품안으로 이방인들이 와서
> 국왕의 신전에 입 맞추고, 그에게 간청을 할 것이다.

속했던 것과는 (분명) 다른 것으로 그대에게 비추일 수 있는 이 부분을 좀 더 상세하게 다루고자 했다.[22] 그러나 만약 우리 언어의 빈곤함을 그것의 타고난 속성 때문이 아니라 그것을 운용했던 사람들의 나태함 탓으로 돌리지 않고서는 내가 더 이상 우리 언어를 옹호할 수 없었다는 것을 그대가 고려해 준다면, 이런 말을 결코 이상하게 여기지 않을 것이라고 나는 생각한다. 그리고 그리스인들과 로마인들을 **모방**하는 것이 우리 언어를 풍부하고 빛나게 만드는 방법이라는 것을 그대에게 제시하는 것 말고는 내가 어떻게 쓴다 하더라도 그대를 더 납득시킬 수는 없었을 것이다.[23]

뒤 벨레가 『옹호』를 시작하며 추기경의 업적을 헤라클레스의 공적에 비유했던 것처럼, 그리고 작품의 결론에서 헤라클레스를 다시 언급하게 될 것처럼, 롱사르의 작품에서 앙리 2세는 '골족의 헤라클레스'로 등장한다. 특히 헤라클레스의 무력을 강조함으로써 그는 새로운 국왕이 프랑스 문예 부흥의 아버지인 선왕 프랑수아 1세의 업적을 계승하기를 희망한다.

22) 뒤 벨레가 '자유롭게 말하다(J'ai parlé librement)'와 의지를 뜻하는 '원했다(j'ai bien voulu)'와 같은 표현을 같이 사용한 것에는 자신의 주장이 자연의 원칙과 이성의 요구에 의해 형성된 것이므로, 이런 주장을 거역해서는 안 된다는 확신과 자신감이 내포되어 있다. 자신의 논리적 의지를 절대적이고 신성한 원칙에 의지하여 전개하는 이런 방식은 언어의 발전을 도모해야 하는 이유와 자신의 말이 '자연-이성-자유-의지-행동(나태하지 말아야 하는 것)'의 원리와 연계되어 있다는 것을 암시한다. 이 점에서 뒤 벨레의 글이 진정성을 지니고 있다는 것을 알 수 있다. 그래서 그는 작품에서 'J'ai bien voulu'라는 표현을 곳곳에서 의도적으로 사용한다.

23) 프랑스 시를 메말라버린 들녘과 다르지 않은 것으로 보는 뒤 벨레가 모국어를

옹호하면서도 고대의 낯선 것에 대한 모방을 주장한 것에서 그의 모순을 지적할 수 있겠지만, 그가 주장하는 모방의 기초에는 사물의 타고난 잠재력을 포착하고 드러냈던 고대 작가들의 명민한 행동이 프랑스 작가들에게 필요하다는 관점이 놓여 있다. 그에 따르면 자연이 각 언어에 부여한 타고난 역량은 표현을 새롭게 만들고 사고를 풍부하게 만들 수 있었다. 이 기원은 고대 작품의 모방을 통해 얻어질 수 있다. 고대 작가들은 언어와 표현이 자연이 부여한 천성에게 완성된 형태를 부여하는 '경작', 즉 '노동'의 결과로 고려했기 때문이다. 그런데 동일한 언어 내에서 모방은 시인의 자유를 제어할 위험이 있다. 영감이 신성에 의해 부여됨으로써 시인에게 특별한 권한을 부여한 것과 같이, 시인이 누려야 할 자유는 '자연스러움'과 관련되는 것이고, 이때의 자연스러움은 자연이 내재하고 있는 '에네르지'의 발견을 요구하기 때문이다. 뒤 벨레가 안타까워하는 것은 프랑스어를 경멸하는 일부의 시인들이 '모든 사물에 관한 멋진 비유들과 생생한 묘사들'로 무장하고서 그리스와 로마의 저 용맹한 군대들과 전투를 벌일 생각을 갖지 않았다는 점이다. 과거의 프랑스 시인들에게는 고대 로마인들이 그리스로부터 물려받은 유산을 자신의 것에 '접목'시켜 발전시키려고 했던 '의지'가 결여되어 있었다. 언어의 발달이 시간과 공간을 막론하고 인간의 자유로운 의지와 노력에 의해 가능하다고 보는 뒤 벨레의 입장에서 과거 프랑스 작가들의 이런 태도는 모방의 대상이 될 자격을 상실한다. "자연이 창조한 모든 것, 모든 예술, 모든 학문은 세상 그 어느 곳에서도 각기 동일하다"고 판단하며, 인간에게 "의도와 자유 의지"를 부여한 자연이 제공한 언어는 자체의 "타고난 빼어남이라기보다는 인간의 기술과 재능 덕분"에 '자연스럽게' 섬세해지고 규칙화되면서 풍부함을 얻게 된다고 『옹호』의 첫 장에서부터 확신했던 뒤 벨레가 보기에 그들은 언어의 무한한 성장 가능성과 인간이 지닌 내적 역량의 무한한 잠재력을 스스로 포기한 자들과 다르지 않은 것이다. 그리고 바로 이런 이유로 모방 대상의 숨겨진 에네르지를 파악하는 것을 목적으로 삼는 모방은 작가의 고유함을 등장하게 만드는 요소가 될 수 있다. 사실 뒤 벨레는 모방을 주장하며 고유한 글쓰기와 개인적 독창성을 드러내는 창조적 시인의 등장을 기대한다. 모방 대상의 '우아함(grace)'과 각 언어가 가지고 있는 '알 수 없는 그 무엇'을 자신의 경계 밖으로 끄집어내는 과정은 잠재적 역량을 다양하게 펼치도록 허용하면서 문학적 창조성의 발현을 가능하게 만들 수 있기 때문이다. 만약 베르길리우스의 다양한 문체를 모방하는 것이 필요하다면, 그것은 다양성을 모방하는 것이 오히려 모방하는 자가 정체성을 잃지 않게 만들어줄 수 있기 때문이다. 즉 모방은 뒤 벨레에게 시인 개인의 '고유한 독창성'과 '자유의 길'을 보장하는 요소였다. 바로 이런 이유로 그는 과거 프랑스 시인들의 모방을 경계하지 않을 수 없었다.

제 3 장
불멸에 걸맞은 시 작품을 만들려는 자에게는 타고난 재능만으로는 충분하지 않다

모든 언어에는 좋고 나쁜 작가들이 있는 법이기에, (독자여) 선택이나 판단을 제대로 하지 않고 무조건 처음에 눈에 띈 자에게 집착하지 않기를 나는 바란다. 형편없는 작가를 닮기보다는 모방을 하지 않고 글을 쓰는 것이 훨씬 더 나을 것이다. 타고난 재능[1]이 없는 기법의 규범[2]보다는 그것이 없는 타고난 재능이 더 많이 이뤄낸다는 것은 가장 뛰어난 식자들 사이에서 일치를 본 사항이기 때문이다.[3]

---

1) 원문의 "le Naturel"을 옮겼다. 태어나면서부터 가지고 나온 재능과 자질을 가리킨다.

2) 원문의 "Doctrine"을 옮긴 것으로서 '규범(précepte)'을 의미하는 라틴어 'doctrina'에 어원을 둔다.

3) 원래 이 표현은 연설가의 자질을 언급할 때 사용된 것이다. 키케로는 『아르키아스를 위하여』(VII, 15)와 『웅변가에 관하여』(I, xxv, 113)에서, 그리고 퀸틸

그러나 우리 언어의 **확장**은 (이것이 내가 다루는 사항인데) **규범**이나 **지식** 없이는 가능하지 않기 때문에 그런 영광을 열망하는 자들에게 나는 그리스나 로마, 나아가 이탈리아나 스페인 혹은 다른 나라의 뛰어난 **작가들**을 모방하든지, 아니면 자기만을 위한 것[4]이 아니라면 결코 글을 쓰지 말 것을 권고하고 싶다. 이 점에서 기법이 뛰어나지는 않지만 그래도 범속하지는 않아서 우리 언어를 사용하면서 큰 명성을 얻었던 몇몇 프랑스인들이 있다고 내게 이의를 제기하지 않기를 바란다.[5] 소소한 것들에 나서서 열광하고 자신의 **판단**을

리아누스는 『웅변가 교육』(II, xix, 2)에서 이 점을 언급하였다. 퐁튀스 드 티아르는 『고독 I(Solitarie Premier)』에서 키케로의 관점을 이렇게 소개했다. "또한 위대한 달변가인 로마의 키케로가 타고남이 없는 배움보다는 배움이 없는 타고남이 미덕과 찬양에 쓸모가 있고 가치가 있다고 말하고, 신성한 고양을 천성이라는 명칭으로 부르면서 시인 아르키아스를 옹호하기 위해 지적한 것은 바로 이것이었다. 그리고 위대하고 고귀한 자들의 권위에 확신을 얻은 그는 바로 뒤에서 다른 사물에 대한 공부는 기법, 규율, 규칙, 원칙에 달려 있지만, "시인"의 힘은 "지혜"의 힘에 의해 깨어난 것마냥 어떤 신성한 "정신"에 의해 감동을 받아 타오른다고 단언하였다.

4) 원문은 "à soy et à ses Muses"로서 '오직 자기만을 위해'라는 뜻을 지닌 숙어를 사용했다. 키케로는 『격언집』(III, v, 80)에서 이것을 언급한 바 있다.

5) 마로와 그를 추종하는 시인들에 대한 비판이다. 이것은 여전히 마로의 권위가 16세기 전반기를 지배했다는 암시이기도 하다. 이 점을 이해하기 위해서는 세기 중반기의 세비예와 뒤 벨레의 대립 양상을 살펴볼 필요가 있다. 1548년에 발간된 세비예의 『프랑스 시학』은 수사학 차원에서 시학을 다루면서도, 이전에 수사학 이론서를 간행한 피에르 파브리(Pierre Fabri)나 그라시엥 뒤 퐁

넘어서는 것을 멸시하는 자들은 있는 법이며, 그들은 그런 짓을 제
맘대로 한다. 그러나 내가 알기에 교양 있는 자들은 이들을 프랑스
어를 잘 말하고, (키케로가 고대 로마 **작가들**에 대해 말한 것처럼[6]) 정

(Gratien Du Pont)의 저작들과는 달리 프랑스 시의 고유한 가치를 고대 작품에
견주어 파악했다는 점에서 의의를 갖는다. 1권 9장과 2권 15장으로 구성된 프
랑스어로 작성된 최초의 본격적 시학이라고 할 수 있는 『프랑스 시학』은 고대
시인들보다는 마로나 세브의 작품들을 다수 인용하면서 이들의 모방을 권고했
다. 이에 대해 뒤 벨레는 『옹호』를 통해 세비예의 관점을 비판하면서 고대 모
방의 필요성을 주장했다. 그러나 프랑스 시의 옛 전통을 계승하고 현양하려는
일군의 작가들은 여전히 문단에서 큰 영향력을 발휘하고 있었다. 한 예로 1565
년에 간행된 롱사르의 『프랑스 시법 개요』는 뒤 벨레의 주장을 지지하는 성격
을 지녔지만, 이 시인은 『개요』를 1573년 이후에 자신의 『작품집』에서 삭제하
지 않을 수 없었다. 같은 해에 세비예의 『프랑스 시학』과 클로드 부아시에르
의 『개요』가 합본되어 재출간되었기 때문이다. 이런 상황은 시에 대한 관점을
둘러싼 문단의 대립이 당시에 매우 치열했음을 반증한다. 심지어 1597년에 발
간된 로댕 데갈리에(Laudun d'Aygalier)의 『프랑스 시학』은 오드와 소네트 이
외에도 세비예가 추천했던 중세의 발라드, 롱도, 궁정 가요(chants royaux), 성
가(cantique), 나아가 소극(farce)마저 시인들이 개척해야 할 장르로 제시하면
서 세비예가 제시한 시의 개념이 여전히 확고한 자리를 차지하고 있다는 것을
증명했다. 심지어 그는 2권 1장을 시작하면서 세비예의 『프랑스 시학』을 거의
있는 그대로 따르겠다는 고백을 덧붙이기도 했다. 마로를 프랑스 시의 전범으
로 간주하는 세비예의 입장을 지지하는 일군의 작가들은 뒤 벨레의 시적 개혁
에 대한 주장과 플레이아드 시파 시인들의 활발한 창작 활동에 이론적으로 대
립했던 것이다. 따라서 뒤 벨레는 당시에 문단에 큰 영향력을 지녔던 시인들의
비난을 염두에 두어야만 했으며, 이런 맥락에서 그는 마로를 비롯한 시인들을
『옹호』에서 간접적으로 비판하지 않을 수 없었다.

6) 퀸틸리아누스의 『웅변가 교육』(X, i, 40)에 따르면 키케로는 뛰어난 재능을 지

신도 뛰어나긴 하지만 **기술**[7]을 별로 지니지 못한 자들의 범주 안에 집어넣는다. 마찬가지로 **시인들**은 타고나는 법이라고 내게 주장하지 말기 바란다. 왜냐하면 그런 주장은, **시인들**을 자연스럽게 고양시키지만 만약 갖지 못하게 되면 모든 **기법**에 결함을 초래해서 쓸모없게 만들 수 있는 **정신**의 열정과 민활함을 전제하기 때문이다.[8]

니고 있었지만 그것을 다룰 기술이 결여되었던 고대 작가들에게서 많은 도움을 받았다고 한다.

7) 원문의 "Artifice"를 옮긴 것이다. 재능을 언어로 표현할 수 있는 기법을 가리킨다. 이것은 대수사파 시인들의 기술(téchnique)과는 다른 차원에 속하는 것이다. 그것은 자연이 부여한 속성에 해당한다.

8) 뒤 벨레는 '연설가는 만들어지고, 시인은 태어난다(Fiunt oratores, poetae nascuntur)'는 당시에 널리 알려진 관점을 거부한다. 이것은 그가 시인의 시적 영감을 거부하고 있다는 인상을 갖게 만들지만, 사실 뒤 벨레가 여기에서 강조하는 것은 '기법'의 가치이다. 왜냐하면 시인이 태어난다고 주장했던 세비예가 영감을 얻은 시인의 개념을 시학에 도입한 최초의 작가인 것을 부인할 수는 없지만, 그의 발언은 시인을 단지 신적 영감의 수동적 그릇으로만 여기게 만들 위험이 있었다. 수사학으로서의 시에 대한 관점이 여전히 존재했고, 수사학 기법과 관련된 용어들을 수여하는 시학 이론서들이 출간되었던 16세기 중반기에 세비예 역시 "내가 시학에서 착상에 첫 부분을 할애한 것에 놀라서는 안 된다. 수사학자들이 착상을 그들 기법의 첫 부분으로 셈해 놓았다. 왜냐하면 수사학은 모든 연설에서처럼 모든 시에도 역시 퍼져 있기 때문이다. 그리고 연설가와 시인은 서로 가깝고 같은 일을 한다. 다만 시인이 연설가보다 운율의 제약을 더 받는다는 것에서 차이가 난다"라고 말했던 것처럼, 시는 수사학의 한 형태라는 생각이 여전히 남아 있었다. 시인이 연설가에 비해 형태의 복잡한 규칙들을 더 존중한다는 점을 제외한다면, 시인과 연설가 사이에 큰 차이가 없다고 그는 파악한 것이다. 세비예는 타고난 재능을 보완하기 위해서는 철학자들의

작품과 수사학자들의 작품을 연구하여 그들로부터 기법을 이루는 넘쳐나는 착상을 찾을 것을 젊은 시인에게 권고했다. 그리고 시인의 타고난 '자질'이나 '천성' 혹은 시인의 '열정(enthousiasme)', 즉 시적 영감의 힘을 더욱 신뢰한다. 모든 기법이 완벽한 영감과 밀접히 맺어져 있다는 것을 지적하는 그는 신플라톤주의의 시적 영감 이론을 시학의 형식으로 소개한 프랑스 최초의 작가이다. 피치노의 영감 이론과 호라티우스 시학의 'art' 개념을 결합하면서 그는 '뛰어난 기술'이 만든 결과라는 차원을 벗어나는 새로운 정의를 시에게 부여하려고 시도한다. '영감 이론'과 관련된 시는 정신적인 영역과 관련을 맺으며, 진실한 자질을 지닌 시인은 신성한 호흡으로부터 영감을 받아서 고양된 정신을 통해서만 노래를 한다. 시인들을 '신들의 아이들'에 비유한 플라톤의 견해를 따르는 세비예는 시인의 '뛰어남'을 강조하고, 기법을 시의 '헐벗은 껍데기'로 간주하지 않을 수 없었지만 동시에 그 덕분에 기법은 시인의 내적 '자질'과 연관되기 시작했다. 기법은 시인의 타고난 역량이 만들어내는 결과물로 간주되었으며, '사물에 대한 이해'를 촉진시키는 요소가 되었다. 시를 정신적 인식의 영역으로 세비예가 옮겨놓았다고 말할 수 있다. 그에게 중요한 것은 '시의 실제적 본질'을 발견하여 제시하는 것이었다. 그러나 그가 대수사파 시인들이 지녔던 '기법으로서의 시'에 대한 관점에서 전적으로 벗어났다고 말하기는 힘들다. 『프랑스 시학』의 2권이 다루는 내용들이 에피그램, 소네트, 롱도, 발라드, 오드, 서한시, 단시 등과 같은 '시의 모든 형태와 장르들'이었고, 과거의 프랑스 시인들을 영감을 얻은 시인의 전범으로 제시하였으며, 이에 대한 구체적인 규칙들을 열거하기 때문이다. 미래의 시인들을 '인도'하려는 의지가 세비예에게 있었음을 부인할 수는 없지만, 그에게 수사학으로부터 완전히 독립된 시학에 대한 개념이 있었다고 보기도 힘들다. 이런 세비예의 태도와는 다르게 뒤 벨레의 『옹호』는 '진정한 시인'의 등장을 위해 반드시 필요한 요소로 모방을 권고하면서 시의 형식과 내용 모두를 아우르는 글쓰기 원칙의 중요성을 강조한다. 또한 영감과 기법을 서로 대립하는 것으로 보지 않음으로써 신성한 영감과 인간적 역량 사이의 밀접한 상호 보완성도 지적한다. 『옹호』는 사물의 본질을 포착하여 그것의 재현을 뛰어난 기술로 실현해 내는 시인의 훌륭한 역량과 역할을 옹호하는 것이다. 이런 점에서 뒤 벨레가 시인에게 영감과 기술의 결합이 중요하다고 강

단언컨대 가장 **무지한 자**들에게마저 주어지는 타고난 재능이 **불멸**에 걸맞은 무언가를 창조하는 데 충분한 것이라면, 명성을 통해 영원을 얻는 것은 분명 쉬운 일이 될 것이고, 따라서 경멸할 만한 일이 될 것이다. 하지만 **사람들**의 손과 입에 힘입어서 날아오르기를 원하는 자는 자기 방에 오랫동안 머물러 있어야만 하며,[9] 그리고

조한 이유를 이해할 수 있게 된다.

9) 나태함은 지식의 습득을 통한 발전을 방해한다. 그것은 비이성적이고 비자연적 행위이다. 즉 자연을 거스르는 행위이며, 따라서 자유의 습득마저도 불가능하게 만든다. 나태는 인간의 본질적 권리를 벗어나는 행위인 것이다. 그래서 뒤 벨레는 이 장에서 밤낮 없는 공부를 요구한다. 그것은 인문 정신을 획득하기 위한 가장 기본적 태도이며, 인간이 해야 할 가장 기본적 행위에 해당한다. 인간이기에 반드시 수행해야 하는 행위이기도 하다. 이런 '노동(labeur)'이 없다면 인간은 자연이 부여한 인간의 권위와 위엄을 스스로 포기하고 비이성적이고 비자율적이며 비자연적인 동물의 상태로 떨어지게 된다. 롱사르 역시 노동의 중요성을 여러 차례 언급한 바 있다. 특히 그가 1550년에 간행한 오드 「미셸 드 로피탈에게(A Michel de L'Hospital)」는 시적 영감 이론을 형상화한 작품으로 평가되지만, 사실 이 작품의 서두는 시적 영감에 관한 배타적 찬양만으로 구성되지는 않았다. 총 816행으로 구성된 이 작품의 1행에서 롱사르가 언급한 "자비의 들판"은 기법에 대한 영감의 절대적 우위를 암시하면서도 시인의 "공들인 손"이라는 표현에서 암시되는 기법과 밀접한 관련을 맺으며, 뮤즈들이 자신들의 아버지 주피터를 만나러 가는 여정은 기법을 다듬어가는 여정과 다르지 않다는 것을 제시한다. 그 여정은 성배를 찾아 길을 떠난 기사들이 접하게 되는 수많은 시련들이 미리 예정된 신성한 여정이다. 아직 노동의 고통을 모르는, 그러나 미래의 시간 속에서 "부드러운 노래"를 갖게 될 뮤즈들은 주피터의 공간이자 생명의 원천인 바다에 길을 내어준 어머니 므네모시네의 "흔적"을 따라 "으르렁거리는" 바다 속으로 뛰어든다. 그들이 심연

속으로 뛰어드는 모습은 "수많은 방식"으로 행해지지만, 그들에게는 아버지를 만난다는 동일한 신성한 욕망이 있다. 바다 깊은 곳을 향해 아래로 하강하는 그녀들은 그리하여 마침내 "대양의 성"에 이르게 된다. 신성한 존재들이지만 숭고한 열망을 실현하려는 그녀들에게 길을 보여준 것은 과거의 체험을 기억(memoria)하는 어머니 므네모시네이다. 이런 뮤즈들과 주피터의 해후가 암시하는 것은 신성함의 실현이 과거의 회상에 의해 그 형태를 갖추게 되는 기법 생성의 원칙에 의존할 경우에만 가능하다는 것이고, 그 기법은 신성함의 영역에서, 다시 말해 아홉 번의 잠자리에 의해 아홉 날에 걸쳐 태어난 동일한 수의 뮤즈들이나, 세상의 어둠을 밝히기 위해 열두 번을 회전한 달의 경우에서처럼 우주의 법칙에서 결코 분리되지 않는다는 것이다. 그리고 이 오드가 다루는 '영감 이론의 퇴화'는 시적 영감과 기법이 상호 배타적으로 작용하고 있지 않음을 보여준다. 시는 '신성한 시인', '인간 시인', 그리고 '로마의 예언자'라는 세 개의 세대를 거치면서 퇴화해 왔다. 즉 자신의 신성한 기원에서 멀어져 왔다. 따라서 원천으로의 회귀를 갈망하는 시인들은 무지한 인간들에게 신의 말씀을 전해주는 뮤즈들을 숭배해야만 한다. 그런데 그들이 전달하는 메시지들은 '알레고리의 모습을 한 신학', 즉 인간의 정신 안에 천상의 말씀을 자리하게 만들기 위해 '재미있는 우화' 혹은 '색감 있는 우화'로 장식되어 있다. 따라서 신성한 시인의 범주에 속하는 시인들은 자신들에게 몇 마디로만 전달된 신의 말씀을 무지한 인간을 위해 확대하고, 그것에 색채를 부여하는 것에 만족할 수 있었다. 반대로 원천에서 멀어진 마지막 세대의 시인들은 원칙과 기법을 소유하는 데만 관심을 지닐 뿐이었으므로, 그것으로의 회귀를 위해서 '자연성'의 결핍을 보상하려고 한다. 즉 노동을 필요로 한다. 이때의 노동은 윤리적 측면에도 관여하는 것으로, 순수한 영혼을 지닌 자들은 노동에 의해서만 신성한 영감을 맞이하게 된다. 그리하여 천체의 유입은 뮤즈들을 통해 윤리적으로 순결한 시인에게 전달되고, 그것은 시의 독자들에게까지 이르게 된다. 그리고 만약 이 독자들이 시인이라면, 영감에 휩싸이게 될 독자들의 타고난 성향은 자극되고 견고해진다. 달리 말해 열광의 상태에 빠진 독자들의 영혼은 활동을 시작하게 된다. 독자는 에우몰포스(Eumolphe), 뮤즈들, 오르페우스, 헤시오도스, 리노스(Linus), 호메로스 등과 같은 신성한 시인들을 모방하려는 움직임을 시작하게 되는 것이다. 이때 영감은 기법을 따르게 하며 기법의 추구는 영감의 원천에 접근하려는 시도를 가능케 한다. 즉 영감 이론은 모방 이론을 자연스럽게 동반한다. 뒤 벨레가 고대 작가들의 독서가 필요하다는 것을 강조한 것과 롱사르가 핀다로스나 호라티우스를 모방하였다고 공공연히 드러내는 것은 바로 이런 관점에 토대를 두고 있다. 여기에서 발견되는 것은 영감이 기법을 배제하지 않으며 상호 작용을 통해 그 효력을 유지한다는 것이다. 이런 측면에서 롱사르의 오드 「미셸 드 로피탈에게」가 신성한 시인들을 찬양하는 이유가 설명된다. 롱사르가 궁정 시인들의 기법을 거부하거나 '운율쟁이'들의 지나친 기법 존중을 비난하는 것은 기법 그 자체를 대상으로 하기보다는 그들의 창작 활동에서 '상호 작용'이 배제되었음을 지적하기 위해서이다. 그리하여 『오드 시집』에 뒤이어 간행된 펠르티에의 『시학』은 기법은 영감 없이는 무용하고, 뮤즈들은 신성함이 오기를 기다리고, 이 신성한 열기를 "노리고" 있어야 한다고 언급한다. 자연에 의해 시인에게 열려진 길에는 올바른 길을 따를 수 있는 방식들이 자리하고 있기 때문이다. 이런 까닭에 『오드 시집』 1권을 마무리하는 「리라에게 (A sa [Pierre Paschal] Lire)」에서 롱사르는 아폴론과 뮤즈들이 공유하는 "황금 리라"를 노래하는 자는 신들의 총애를 받은 자, 즉 영감을 얻은 자임을 스스로 증명하지만, 이 리라에 귀를 기울이지 못하는 자는 신의 버림을 받은 자이며 동시에 리라의 자로 잰 것 같은 정확한 리듬을 깨우치지 못하는 자라고 규정한다. 이런 주장은 리라로 상징되는 시적 영감과 기법이 서로 떼어질 수 없는 관계에 있음을 의미한다. 리라는 영감의 상징이지만 동시에 기법의 상징이기도 한 것이다. 이때의 기법은 인간의 영역에 속하는 것이 아니라 신의 배려에 의해 가능한 기법, 즉 '자연'이 제시한 것이다. 시인의 역할은 신성한 영감의 상태에서 가장 이상적이고 뛰어나다고 여겨지는 기법들을 발견(inventio)하는 데 있는 것이다. 진정한 시는 주피터가 베푼 열정과 그가 발견하도록 허용한 기법에 의해서 우아함과 웅장함을 갖추지 못한 시와 구분될 수 있는 것이다. 따라서 『옹호』에서 언급되는 "artifice"나 "art"는 많은 경우 인간적 기술이기보다는 자연이 부여한 기법을 가리키는 것으로 파악해야 한다. 시인의 영감은 기법을 통해 계발되어야 할 대상인 것이다. 여기에서 16세기와 현대 사이에 놓인 정신적 풍경의 차이를 확인할 수 있다. 또한 수사학적 관점에서 말하자면 착상과 후세의 기억 안에 살아남길 바라는 자는 죽은 자처럼 스스로 수백 번 땀을 흘리고 몸을 부들부들 떨어야만 하고,[10] 우리 **궁정 시인들**

표현이 서로 분리되지 않고 서로를 껴안으며 공존한다고 말할 수 있다. 따라서 영감은 이미 주어진 뛰어난 신성함으로 파악되어서도 안 되며, 또한 기법은 축소된 의미의 표현 수단으로서만 간주되어서도 안 된다. 뒤 벨레가 기대하는 미래의 시인은 고결함과 신성함을 갖추었으면서도 기법에 토대를 둔 표현의 뛰어남을 제시하면서 새로운 시의 문을 여는 자이기 때문이다. 그래서 2권 3장은 1권 8장의 내용을 다시 다루면서도 『옹호』를 새로운 시학에 대한 관점을 제시한 작품으로 고려하게 만드는 데 기여한다.

10) 뒤 벨레는 호라티우스의 『시학』 412-414행을 참조했다. 영감이 "타고난 것", 즉 자연에 의해 부여된 것이라면 그것은 특별한 기법을 요구한다. 이 기법은 대수사파 시인들이나 마로에게서 발견되는 기법이 아닌 모방의 대상과 어깨를 겨룸으로써 그들이 이룩한 숭고한 것에 비견되는 창작 활동을 할 수 있도록 허용하는 기법이다. 신플라톤주의의 범주 안에서 지상의 인간이 천상의 조화를 향해 비상하기 위해 기법은 필요한 조건이고, 영감이 미덕과 훌륭한 품성을 갖춘 자에게만 주어지는 것이라면 지상의 조건에 해당하는 기법 역시 우주의 조응이라는 측면에서 영감만큼이나 필요한 요소가 된다. 기법은 인간적인 것에 관계되는 것이지만, 천상의 조화를 목격하고, 인간이 자신이 떠나온 곳에 대한 기억을 위해서라면 반드시 갖춰야 하는 것이기 때문이다. 인간과 우주로 구성되는 자연의 범주 안에서 영감과 기법은 서로 상이하거나 대립하는 것이 아니라 상호 보완의 관계를 맺고 있다. 뒤 벨레의 글에서 기법의 필요성을 주장하는 가운데 사용된 "수백 번 땀을 흘리고 몸을 부들부들 떨어야만 하는" 것이나 "허기와 갈증 그리고 긴 밤샘을 견디어야만 한다"라는 비유처럼 자연적인 인간의 생리 현상과 관련되는 표현이 사용된 것도 바로 이런 이유 때문이다. 신성한 어머니이며 관대한 어머니인 자연의 범주 안에서 영감과 기법은 형제와 같은 존재이며, 영감이 "자연적인 것", 즉 "타고난 것"이라면 노력을 통해 얻어야 하는 기법 역시 자연스런 행위를 요구하는 것이다.

이 맘껏 마시고 먹고 잠을 잔 것만큼이나[11] 허기와 갈증 그리고 긴 밤샘을 견디어야만 한다. 인간의 글은 바로 이런 **날개**를 가지고서 하늘로 날아오른다. 그러나 내가 하고자 했던 말의 처음으로 되돌아간다면,[12] 우리 프랑스의 모방자는 우선 자신이 모방하길 원하는 자들을 바라보고, 그리고 나서 그들에게서 자신이 모방할 수 있고 또 모방해야만 되는 것을 찾아내어야 한다. 어떤 대단한 **귀족 나리**

---

11) 뒤 벨레는 1559년에 풍자시 『궁정 시인(Le Poète courtisan)』을 간행하였으며, 여기에서 그는 궁정 시인을 고대 작가들을 모방할 수 없는 자로 정의한다. 21행에서 30행까지를 옮기면 다음과 같다.

> 나는 그가 오래 공부하여 얼굴이 창백해지시기를 원치 않는다,
> 나는 그가 아침저녁 매일같이 그리스와 로마 작가들의 선례를 찾아
> 열심히 책장을 넘기시면서,
> 책을 바라보며 꿈꾸면서 늙어가기를 원치 않는다.
> 그런 일들은 그를 별로 능수능란하게 만들지 않을 것이며,
> 그를 병약하고 허약하며 연약하게,
> 고독하게, 쉽게 흥분하게, 말수가 적게, 그리고 헛된 꿈을 꾸게 만들겠지만,
> 우리 궁정 시인은 훨씬 더 쾌활하시다.
> 한 시행을 늘리기 위해 그는 손톱을 깨물어대지도 않으시며,
> 책상을 내려치지도 않고, 몽상을 하지도 공상을 하지도 않으시며,
> 빈약하기 그지없어 긴 조롱만을 불러올,
> 사방 곳곳에서 무지가 허용되는,
> 그런 보잘것없는 시행을 머리에서 끄집어내기 위해
> 수만 가지 생각으로 정신을 흐릿하게 만들지도 않으신다.

12) '모방으로 되돌아간다면'의 뜻이다.

처럼 보이고 싶어서 그의 미덕이나 우아함보다는 소소한 몸동작이나 잘못된 행동거지를 모방하게 되는 그런 사람들처럼 되지 않기 위해서라면 말이다. 무엇보다도 자신의 능력을 판단하고 자신의 어깨가 얼마나 짊어질 수 있는지를 가늠하는 판단력을 지녀야만 하며, 자신의 타고난 재능을 부지런히 재어보아야만 하고, 자신이 가깝다고 느끼게 될 자를 모방하면서 작품을 써나가야만 한다. 그렇지 않으면 그의 모방은 **원숭이**의 흉내를 닮고 말 것이다.[13]

---

13) 종속적인 모방을 가리키며 중세와 르네상스 시기에 키케로를 무조건 모방하는 자들을 가리킬 때 널리 사용된 토포스이다.

제 4 장

프랑스 시인은 어떤 장르를 선택해야 하는가[1]

(오, 미래의 **시인이여**) 무엇보다도 먼저 그리스와 로마의 모본(母

---

1) 일반적으로 문학과 예술의 영역에서 '장르'라는 용어는 1654년 라캉(Racan)
에 의해 처음 사용되었다고 알려져 있지만, 펠르티에는 이미 1521년에 폴리도
로 베르길리오(Polidoro Vergilio)의 번역과 1541년의 호라티우스 『시학』 번역
에서 "시의 모든 글과 장르에서 우리의 것들을 찬양하라"고 말하는 가운데 이
용어를 사용한 바 있다. 한편 라틴어 'genera'에 어원을 둔 '장르'는 1500년 조
세 바데(Josse Bade)가 호라티우스 『시학』에 라틴어 주석을 달면서 사용한 것
으로도 확인된다. '장르'라는 용어를 도입하면서 뒤 벨레는 『옹호』에 혁신적
인 면모를 부여하려고 시도한다. 이 점은 세비예가 중세의 시들을 언급하면
서도 '장르'라는 표현을 사용하지 않은 것과 비교될 수 있다. 롱사르 역시 『시
법 개요』에서 이 용어를 사용하지 않았다. 다만 펠르티에는 1555년 자신의 시
학에서 에피그램, 오드, 소네트, 서한시, 엘레지, 풍자시, 희극과 비극을 "글
쓰기의 장르들(G'anres d'Ecrire)"이라고 명명했지만, "형태(forme)", "구성
(composicion)" 혹은 "방식(façon)"이라는 표현도 동시에 사용하였다. 따라서

191

本)들을 밤낮없이 읽고 또 읽고, 훑고 또 훑어보아라.[2] 그러고는 툴루즈의 **꽃놀이패**[3]와 루앙의 **시회**(詩會)[4]가 지어내는 롱도, 발라드, **비를레,**[5] 궁정 가요,[6] 가요(chanson), 그리고 우리 언어의 맛을 망

이 당시에 '장르'라는 용어는 시의 구조와 내용 모두를 아우르는 폭넓은 개념으로 사용되었다고 볼 수 있다.

2) 호라티우스가 『시학』에서 언급한 "그리스의 모본들을 밤낮없이 훑어라"(268–269행)라는 문장에 펠르티에는 1541년에 이 작품을 번역하면서 '로마'를 추가하였다. 따라서 이런 발언은 뒤 벨레가 펠르티에를 참조했다고 볼 수 있는 충분한 근거가 된다.

3) "툴루즈의 꽃놀이패(Jeux Floraux de Toulouse)"는 1323년에 툴루즈 출신의 트루바두르 시인들이 조직한 기관이다. 공식 명칭은 '즐거운 학문 혹은 지식의 학원(Collège de la gaie ou du gai savoir)'이었으며, 16세기에는 '수사학 기법과 지식의 학원(Collège de L'Art et science de rhétorique)'으로 명칭을 바꿨다. 당시에 지방에서 막강한 시적 파급력을 지닌 단체였다.

4) "루앙의 시회"는 종교적이면서도 문학적 취향을 지닌 부르주아 출신들의 모임을 가리킨다. 12세기부터 프랑스 북부와 서부에 여러 시회가 널리 퍼져 있었다. 성모 마리아의 가호 아래 설립된 이 단체는 그중 가장 오래된 것이다. 마리아를 찬양하는 송가 대회를 개최하였다. 16세기에 일부의 시회가 여전히 유행을 누렸으며, 마로의 적수였던 프랑수아 사공(François Sagon)은 루앙과 디에프 그리고 캉의 시회에서 여러 차례 수상을 하면서 명성을 얻었다.

5) "비를레(virelais)"는 두 개의 각운으로만 구성된 정형시이다. 시행의 수는 다양하다. 그리고 한 시행이 후렴으로 사용된다. 'virelai'라는 용어는 정형시인 'lai'와 '돌리다(tourner)'라는 뜻을 지닌 'virer'의 합성어이다. 14–15세기에 유행했으며 기욤 드 마쇼(Guillaume de Machaut)와 크리스틴 드 피장(Christine de Pizan)이 대표적 시인이다.

가뜨리고 우리의 무지를 증명하는 것 말고는 그 무엇에도 도움이 되지 않는, 다른 잡다한 향신료와 같이 낡아빠진 모든 프랑스 시를 갖다버리라.[7] 오늘날 수많은 이야기를 시로 새롭게 만드는 자들이 그런 것처럼, 10행시에서 마지막 10행에 웃기기 위한 경박

---

6) "궁정 가요(chants royaux)"는 14세기에 발생하여 16세기에도 유행했으며, 혁명 때까지 지속된 장르이다. 발라드에 가깝다. 10음절 5개 시절로 구성되며, 각 시절은 11개의 시행으로 이루어진다. 마지막 11행은 후렴구로 사용된다. 그리고 다섯 번째 시절 뒤에 흔히 'envoi'라고 불리는 5행으로 된 한 개의 시절이 삽입된다. 이 시절은 작품을 헌정받는 사람의 이름을 환기하는 것으로 시작한다. 후렴구는 여성 운으로 종결해야만 했으며, 각 시절에서 남녀성 각운의 교차는 엄격하게 지켜졌다. 샤를 도를레앙(Charles d'Orléans), 외스타슈 데샹(Eustache Deschamps), 기욤 드 마쇼, 크리스틴 드 피장, 기욤 크레탱 등이 자주 사용했으며, 마로는 이 형식을 사용해서 기독교풍의 작품을 작성한 바 있다.

7) 자크 타위로(Jacques Tahureau)는 뒤 벨레보다 더 강한 어조로 『대화집(Dialogues)』(1565)에서 "8행시, 비를레, 롱도, 발라드 그리고 낡아빠지고 삐꺽거리는 싸구려 장신구들의 종류들"을 비난했다. 프랑스의 전통 장르를 "잡다한 향신료"로 간주하는 뒤 벨레의 신랄한 배척은 세비예를 지지했던 바르텔르미 아노와 『루이 메그레 철자법 옹호자들에 대한 반박(Réplique aux furieuses défenses de Louis Meigret)』(1550)을 간행한 기욤 데 조텔(Guillaume des Autelz)로부터 강한 반발을 불러왔다. 세비예는 『프랑스 시학』의 2권에서 다섯 개 장(3, 4, 5, 6, 13장)을 이 장르들에 할애했기 때문이다. 한편 뒤 벨레는 지방의 시 모임들을 배척하면서 파리를 시의 도시로 삼으려는 목적도 드러낸다. 동시에 시를 수사학의 영역에 포함된 것으로 간주했던 피에르 파브리나 그라시엥 뒤 퐁이 모두 루앙 출신이라는 점도 이런 태도를 취하게 만든 요인으로 지적될 수 있다. 이들이 과거 정형시의 기술적 측면을 권장했던 것을 뒤 벨레는 비판하면서 그들과의 단절을 시도하는 자신을 드러내려고 한 것이다.

한 단어가 있다면 9행까지는 가치 있는 그 무엇도 말하지 않는 것에 만족해 버리는 그런 것과는 전혀 다른, 저 즐거움만을 추구하는 에피그램[8]을 집어던져라. 오히려 외설적인 것이 마음에 들지 않거든 마르티알리스를 따라서, 그리고 찬양받는 다른 권위 있는 시인들[9]을 모방하여, 재미난 것과 유용한 것을 뒤섞어라. 오비디우스나 티불루스 혹은 프로페르티우스의 선례를 따라서 거칠지 않은 유려한 문체와 저 구슬픈 **엘레지**[10]를 만들어내고, 거기에 소소

---

8) 에피그램은 마로와 그의 유파에 의해 새롭게 도입되었으며 12행을 넘지 않았다. 새로운 장르였던 에피그램을 거부하면서 뒤 벨레는 마로와 생 즐레를 모방하면서 마지막 두 시행에 날카로운 말을 담을 것을 권장했던 세비예를 거부하고 있다.

9) 즐거움을 주기 위해 기교를 구사했던 마로 유파의 에피그램보다는 16세기 전반기에 리용에서 활동했던 살몽 마크랭(Salmon Macrin)과 에티엔 돌레와 같은 신라틴 시인들, 특히 『에피그램 시집(Epigrammata)』을 간행한 시인들을 모방하라는 의미이다.

10) 에피그램과 마찬가지로 엘레지 역시 마로에 의해 프랑스에 도입되었다. 현대에 와서 엘레지는 슬픔을 표현하는 장르로 간주되지만, 16세기에 이 장르는 모든 소재를 다양한 형식으로 다룰 수 있는 매우 유연한 장르로서의 양상을 띠었다. 그래서 일반적으로 10음절이나 12음절로 구성된 엘레지는 시대정신인 '풍요로움(copia)'을 담아낼 수 있는 대표적인 장르로 간주되었다. 롱사르는 여러 작품들을 이 장르로 작성했다. 뒤 벨레는 세비예가 『프랑스 시학』 2권 7장에서 "엘레지의 모델을 갖고 싶거든 세 권의 『사랑 시집』을 작성한 오비디우스의 예를 따르거나 마로의 엘레지를 읽는 것이 훨씬 낫다"라고 언급한 것을 염두에 두고 있다.

한 시의 장식이라고 말할 수 없는 고대의 **신화**를 가끔은 섞어보아
라. 프랑스 **뮤즈**에게는 아직 알려지지 않은 오드를 그리스와 로마
의 리라 소리에 류트가 화음을 잘 이루도록 만들어서 내게 노래하
라.[11] 소중하면서도 박식했던 고대의 흔적이 드러나지 않는 시행
들이 남아 있도록 만들지 말라. 그러기 위해서는 신과 덕성이 높

---

11) 고대 시인들이 도입했던 오드의 방식을 따르라는 의미이다. 롱사르는 1550년
   에 처음 간행한 시집을 위해 오드 형식을 선택했으며, 핀다로스와 호라티우스
   를 모방의 대상으로 삼아 다양한 소재들을 다루었다. 특히 일종의 시학에 해
   당하는 이 시집의 서문 「독자에게」에서 그는 남성 운과 여성 운의 교차를 통해
   뛰어난 음악성을 드러내는 오드를 선택한 이유와 새로운 서정시의 필요성에
   대해 언급한다. 그는 "오드라는 용어로 내 언어를 풍부하게 만들었"으며, 자신
   이 오드를 통해 프랑스에 서정시의 문을 연 "최초의 시인"이라고 주장한다. 그
   러나 '오드'라는 용어는 롱사르 이전에 이미 도입되어 사용되고 있었으며, 특
   히 마로의 『시편』은 롱사르가 사용하게 될 오드의 여러 형식들을 미리 시도하
   고 있었다. 이런 사실을 알고 있음에도 불구하고 롱사르가 자신에게 새로운 서
   정시인의 위상을 부여한 것은 지극히 의도적이라고 말할 수 있다. 그는 프랑스
   시가 신화, 철학, 윤리, 사랑, 도취 등의 다양한 주제를 마로가 제시한 것보다
   훨씬 더 다양한 형식으로 다룰 수 있는 가능성을 오드 장르를 사용하면서 증명
   하려고 했다. 내부에 운동성을 지닌 오드라는 형태를 도입하면서 다양한 감정
   과 관점을 표현할 수 있는 시의 출현을 선언하려고 한 것이다. 시의 형태가 절
   대적이고 고정된 사상의 희생물이 아니라, 자신의 권리를 반복해서 확대하고
   축소하면서 인간과 세계의 다양함을 반영할 수 있는 자유의 변호자임을 증명
   하는 그는 이를 통해 시 형식이 인간과 자연의 다양성을 담아내는 공간이라는
   새로운 관점을 제시한다. 따라서 오드라는 명칭은 이미 도입되어 사용되고 있
   었지만, 롱사르는 중세의 형식주의가 지닌 낡은 구조들을 무너뜨리는 오드의
   본질을 소개하고 증명한 최초의 시인으로 여전히 남아 있을 수밖에 없다.

은 **자들**에 대한 찬양, 세상만사의 운명적인 흐름, 사랑이나 해방감을 주는 술 그리고 모든 좋은 소중한 것들과 같이 젊은이들의 관심사를 소재로 마련해야 할 것이다.[12] 특히 이런 장르의 시들이 속인들에게서 멀리 벗어나 적절한 단어들과 쓸모가 없지 않은 **형용사들**로 풍부해지고 빛나도록 만들어야만 할 것이며, 근엄한 금언들로 장식되고, 온갖 색채와 장식들을 다채롭게 되도록 유의해야 할 것이고, 「푸르른 색채를 버려두라(Laissez la verde couleur)」, 「사랑과 프시케(Amour avecques Psyché)」, 「오 얼마나 행복한가(O combien est heureuse)」[13]와 같은 노래들 그리고 **오드**나 **서정시**라는 이름보다는 **일반 가요**라고 불리는 것이 마땅한 그런 노래들과는 다른 것

---

12) 호라티우스는 『시학』 83–85행에서 "뮤즈는 리라에게 신들과 젊은이들의 마음의 고통 그리고 술의 자유로움을 찬양하도록 요구했다"라고 언급한다. 1555년 펠르티에는 자신의 『시학』에서 오드의 소재로 신들과 군주들의 찬양, 사랑, 향연, 축제 놀이 혹은 유사한 여가 활동을 삼을 것을 권장했다. 오드는 다양한 소재들과 그 소재에 걸맞은 다양한 문체를 포용할 수 있는 장르로 간주되었다. 그리고 롱사르는 1587년 『오드 시집』 사후 서문에서 "모든 종류의 시는 각자의 주제에 적당하고 합당한 논거들을 지"니며 "서정시는 사랑, 술, 문란한 향연, 춤, 가면, 승마 경기, 검술, 기마 창술 경기, 집단 마상 경기 그리고 아주 약간의 철학적 논거를 다룬다"라고 구체적으로 설명한다.

13) 첫 번째와 세 번째 작품은 멜랭 드 생 즐레가 1547년에 소책자로 리용에서 간행한 시편이며, 두 번째 작품은 1545년에 역시 리용에서 페르네트 드 기예(Pernette de Guillet)에 의해 출간되었다. 뒤 벨레는 이들을 낡은 시인들로 규정한다.

196

이 되도록 만들어야 할 것이다.[14] 서한시에 관해 말하자면, 그것은 우리 속어를 충분히 풍부하게 만들 수 있는 시가 아니다. 왜냐하면 오비디우스가 그랬듯이 그대가 **엘레지** 모방을 원치 않거나, 호라티우스처럼 교훈적이고 엄숙하기를 원하지 않는다면, 그것은 일반적으로 친근하고 일상적인 것들을 다루기 때문이다.[15] 왜 그런지는 알 수 없으나 프랑스인들이 **두서없는 시**(coq-à-l'âne)[16]라고 불렀던

---

14) 세비예는 『프랑스 시학』에서 오드와 일반 가요(chanson vulgaire)를 동일시하면서 "그리스의 시인 핀다로스와 로마의 시인 호라티우스를 오드의 아버지로 선택하고, 감미롭고도 신성한 오드의 작가인 프랑스의 생 즐레를 적극적으로 모방하는 것 말고는 다른 규칙을 내게서 기대하지 말라"라고 말하며 생 즐레를 오드의 모델로 추천했다.

15) 오비디우스의 『흑해 사람들(Les Pontiques)』과 『서한체 시가(Héroïdes)』 그리고 호라티우스의 『서한 시집』을 가리킨다. 펠르티에는 호라티우스의 작품이 장중한 교훈과 철학을 담고 있다고 높이 평가한다. 뒤 벨레는 여기에서 서한시를 즐겨 작성하며 유행시킨 마로와 그의 유파를 겨냥하면서, 이들의 서한시가 '익숙한 것'을 다루고 있다는 점을 지적한다. 오히려 로마 시인들을 모델로 삼아야 한다는 것이다.

16) "두서없는 시"는 '닭에서 당나귀로 뛰어올라 갈아타다(sauter du coq à l'âne)'의 뜻을 지닌 표현으로 중세에는 '두서없는 말'을 가리켰다. 그런데 마로는 1532–1536년 사이에 작성한 자신의 짧은 풍자시들에 이 명칭을 부여했다. 일관성이 없는 다양한 형태와 매우 대담한 암시들을 은어를 사용하며 숨겨놓으면서 대중적인 속성을 드러내는 이 장르는 마로에 의해 성공을 거두었으며, 리용 자메(Lyon Jamet), 외스토르그 보리외(Eustorg Beaulieu)와 같은 군소 시인들이 그를 모방하며 유행시켰다. 그래서 유베날리스나 페르시우스 그리고 호라티우스의 풍자시를 로마의 '두서없는 시'로 명명하는 세비예는 마로를 프

풍자시에 대해서도 그대에게 한마디 하겠다. 두서없는 시라는 부적절한 명칭이 아니라 풍자시라는 이름하에 영웅시(8-9행[17]뿐만 아니라 10-11행[18])를 작성했던 고대인들의 전례를 따라서 시대의 악폐를 점잖게 비난하고, 악행을 저지른 자들의 이름을 그대가 언급하지 않고 싶다면,[19] 상스러운 말로부터 그대가 멀리 떨어져 있기를 바라는 나는 이런 풍자시를 그대가 별로 사용하지 않게 되기를 바란다. 퀸틸리아누스에 따르면[20] 이 장르에 관해서는 풍자 시인들 중에서 맨 앞자리를 차지했던 호라티우스가 그대에게 있다. 유쾌하고 박식한 이탈리아의 발명품인 저 아름다운 소네트들을 내게 들려달

랑스 최초의 풍자 시인으로 높이 칭송하였다. 대개의 경우 8음절의 평탄운에 알 수 없는 격언 등이 삽입되는 이 장르는 사실 이해하기가 쉽지 않지만, 그럼에도 불구하고 대중적 인기를 얻었다. 이 장에서 뒤 벨레는 풍자시를 만류하면서 간접적으로 세비예를 비난하고 있다.

17) 각운이 여성 운으로 구성되어 있을 경우에 10음절과 8음절은 11음절과 9음절의 효과를 지닌다. 8음절과 9음절은 중세 서정시의 운율이다.

18) 롱사르가 1555년 『찬송 시집(Hymnes)』에서 12음절을 선택하기 이전까지 10음절은 서사시가 즐겨 사용한 음절이었다. 뒤 벨레는 『회한 시집』의 「다방송 백작에게(A Monsieur d'Avanson)」에서 10음절을 선호한 당시의 경향을 받아들이며 '악덕을 점잖게 나무라는 가시와 꽃'이 뒤섞인 '부드러운 풍자시(la doulce satyre)'를 권고하게 된다.

19) 뒤 벨레는 마르티알리스처럼 개인사와 관련된 풍자시를 권유하지 않는다. 이점에서 인문주의 시인들의 풍자시는 비용의 풍자시와 맥을 달리한다.

20) 『웅변가 교육』, X, i, 94에 해당한다.

라.[21] 이름의 차원에서 소네트는 오드와 유사하다. 그러나 소네트가 규정되고 정해진 시행들을 지니고 있다면, 오드[22]는 시행들을 온갖 자유로운 방식으로 내달리게 할 수 있으며, 문법가들[23]이 말하는 것처럼 열아홉 종류의 시절 결합을 노래한 호라티우스의 예를 따라서 마음껏 시행들을 만들어낸다. 이 점에서 차이가 있다. 소네트에 관해서는 페트라르카와 몇몇 이탈리아의 근대 시인들[24]이 그대에게 있다. 울림이 아주 좋은 백파이프와 잘 조율된 플루트로 테오크리토스와 베르길리우스의 전례를 따라 전원을 노래하는, 또한 나

---

21) 소네트는 1536년 마로에 의해 프랑스에 처음으로 도입된 이탈리아 형식이다. 마로는 12편의 소네트를 작성했고, 생 즐레 역시 소네트를 즐겨 사용했다. 세비예에 따르면 1548년 『프랑스 시학』을 쓰던 당시에 소네트는 "가장 많이 사용되며, 신선함과 우아함으로 인해 잘 수용된" 장르였다.

22) 오드는 어원상 '노래하다(chanter)'라는 의미를 지니고 있으며, 'sonare'에 어원을 둔 소네트는 '울리게 하다(faire résonner)'라는 뜻을 내포한다. 뒤 벨레가 원문에서 "들려달라(sonne-moi)"라는 표현을 쓴 것은 소네트의 어원을 염두에 두었기 때문이다.

23) 이탈리아 문헌학자 니콜라 페로티(Nicolas Perotti, 1430-1480)를 들 수 있다. 그는 호라티우스와 보에티우스의 운율을 연구하였다. 1471년에 간행된 그의 연구는 16세기에 종종 호라티우스의 『오드 시집』에 실려 간행되었으며, 이 시집의 서두에서 그는 "호라티우스는 열아홉 종류의 운율을 사용했다"라고 밝히고 있다.

24) 15세기 말과 16세기 전반기의 이탈리아 시인들을 가리키며, 대표적으로는 피에트로 벰보(Pietro Bembo)를 들 수 있다.

폴리 귀족인 사나자로[25]의 예를 따라 바다를 노래하는, 저 흥겨운 목가를 내게 노래해 달라. 내가 언급했던 여러 종류의 시들보다도 뮤즈가 가장 마음에 들어 하는 것을 찾으라면, 우리에게는 예전에 마로가 만들었던 소품들 가운데에서 내 취향이 보기에는 가장 훌륭한 것이라고 할 수 있는 황태자의 아들 탄생[26]에 관한 목가와 같은 수많은 모방 작품들이 있다. 또한 카툴루스와 폰타노[27] 그리고 세쿤두스[28]와 같은 사람들의 선례를 따라 11운각을 프랑스 음절에 채

---

25) 16세기 프랑스에서 큰 성공을 거둔 『아르카디아(Arcadia)』라는 산문으로 널리 이름을 알린 나폴리 출신의 작가(1458-1530)이다. 출판업자이자 번역가였던 장 마르탱(Jean Martin)은 이탈리아의 베스트셀러였던 『아르카디아』의 프랑스어 번역본을 1544년에 리용에서 출간했다.

26) 1544년 1월 19일 출생한 프랑수아 드 발루아(François de Valois)를 가리키며 후에 프랑수아 2세로 등극하게 된다. 마로는 그의 출생을 축하하는「황태자의 아들 탄생을 위한 목가」를 작성했다. 그런데 세비예는 이 목가를 마로의 뛰어난 작품으로 추천하지 않았다. 따라서 마로의 목가에 대한 뒤 벨레의 긍정적인 입장은 매우 예외적이다. 아마도 마로가 베르길리우스의 『전원시(Bucoliques)』에 수록된 네 번째 목가를 충실히 모방했기 때문일 것이다. 전원의 삶을 소재로 다룬 목가의 영역에서 세비예와 뒤 벨레는 의견을 같이한다.

27) 이탈리아 인문주의자이자 정치가로서 나폴리 아카데미를 운영하였으며, 15세기 이탈리아의 가장 우아한 작가로 명성을 떨쳤던 지오바니 폰타노(Giovanni Pontano, 1429-1503)를 가리킨다.

28) 네덜란드 작가로 『입맞춤에 관하여(Livre des baisers)』와 같이 롱사르와 여러 시인들이 즐겨 모방한 관능적인 작품을 썼던 요하네스 세쿤두스(Johannes Secundus, 1511-1536)를 가리킨다.

택하라. 음절 장단이 아니더라도 최소한 음절 수에서 그대는 그렇게 만들 수 있을 것이다.[29] 소극과 교훈극[30]이 남용했던 자신들의 예전의 권위를 국왕들과 재상들이 회복하길 바란다면, 희극과 비극을 그대가 이용하기를 나는 원하며,[31] 그대가 사용하는 언어를 장식하기 위해 그것들을 만들어보기를 원한다면 그 본보기[32]가 어디에 있는지를 그대는 잘 알고 있을 것이다.

---

29) 위에서 다루어진 10–11음절이 아닌 그리스어의 11운각을 말한다. 뒤 벨레가 시의 장르를 다룬 장에서 음절 수를 언급하는 것은 적절해 보이지 않지만, 사실 그는 1553년에 『익살 시집(Folastries)』을 작성한 롱사르의 경우에서처럼 '장난기 많은 시'의 장르를 염두에 두었다. 카툴루스와 폰타노 그리고 세쿤두스와 같은 로마 시인들은 11음절을 사용했다. 1권 9장에서 고대의 음악성에 대한 모방을 권유했던 뒤 벨레는 라틴어에 있는 장단격을 갖지 못한 프랑스어로 11음절을 사용하는 것에 대해 회의적이었다.

30) 뒤 벨레는 1548년 11월 17일 고등법원 칙령에 의해 파리 내에서 상연이 금지된 '신비극'과 '기적극'을 언급하지 않는다. 그는 세비예와 마찬가지로 교훈극 작가를 비극 작가로 간주하지만, 비극을 위해서는 고대의 방식을 따르고, 중세의 소극을 희극으로 대체하기를 권고한다.

31) 1553년 에티엔 조델은 『포로가 된 클레오파트라(Cléopâtre captive)』와 『외젠(Eugène)』을 작성하여 왕실에서 공연하며 명성을 얻기 시작했다.

32) 라자르 드 바이프는 1537년에 소포클레스의 『엘렉트라(Electre)』와 1544년에 에우리피데스의 『헤카베(Hécube)』를 번역했다.

제 5 장
프랑스 장시(長詩)에 관하여[1]

오, 그대여, 자연으로부터 뛰어남이라는 지복을 부여받았고, 모든 훌륭한 예술과 학문, 특히 자연학과 수학을 공부했으며, 그리스와 로마의 훌륭한 작가들이 다루었던 모든 장르에 조예가 깊고, 매

---

1) 서사시(long Poëme)에 관한 장이다. 흔히 서사시를 프랑스어로는 'épopée'라고 부르지만, 이 용어는 1574년 이후에 사용되었다. 'héroïque'라는 표현이 1370년대부터 서사시를 지시하기 위해 사용되었다. 특히 '영웅시'라고 번역될 수 있는 'vers héroïque'는 호메로스의 서사시를 가리키는 라틴어 'heroicum carmen'에 어원을 둔다. 롱사르는 1553년에 'poëme héroïque'라는 용어를 사용하면서 이것을 개척해야 할 장르로 소개한 바 있으며, 자신의 서사시 『라 프랑시아드』를 이 용어로도 지칭했다. 세비예는 『프랑스 시학』 2권 14장에서 서사시를 "대작(grand oeuvre)"으로 불렀다. 뒤 벨레가 서사시에 한 장을 할애한 것은 그만큼 이 장르의 중요성이 플레이아드 시파의 시인들에게는 매우 컸다는 것을 의미한다. 고대 시인들의 유산을 계승하는 것을 목표로 하는 이 시인들은 아직까지 프랑스 서사시가 마로나 그 이전의 어떤 프랑스 작가들에 의해

우 높은 지위나 공적인 업무에 불려가지 않았음에도 인생사의 역
할과 기능을 모르지 아니하고, 비열하지도 가난하지도 아니하고,
집안일에 흔들리지 아니하고, 무엇보다도 고귀한 용기에 의해서
얻어지고 신중함과 현명한 처신을 유지한 덕분에 정신의 평온과
고요를 간직한 자여, 오, 그대여, (강조하건대) 수많은 우아함과 세
련됨으로 장식된 이여, 만약 가련한 이 **언어**를 그대가 가끔씩 애석
해한다면, 만약 그대가 그대의 **보물들**로 이 **언어**를 풍요롭게 만들

작성된 적이 없다는 사실을 잘 인식하고 있었다. 프랑스 문화의 개화를 지향한
그들에게서 호메로스의 『일리아드』에 버금가는 서사시에 대한 욕구는 매우 강
렬했다. 펠르티에 역시 서사시를 다루는 『시학』의 2권 7장에 "서사시는 시인
이라는 가치와 진정한 칭호를 부여한다"라는 소제목을 부여했다. 뒤 벨레가 이
장을 시작하면서 언급한 "고귀한 용기에 의해서 얻어지고 신중함과 현명한 처
신을 유지한 덕분에 정신의 평온과 고요를 간직한 자"는 당연히 영웅적인 정
신에 기반을 두고 작품을 만드는 시인을 가리킨다. 고대 작가들이 지닌 덕성의
요소 가운데 하나인 '용기'를 동시대 시인들도 지닐 수 있다는 증거가 될 수 있
는 서사시를 권장하는 것은 단지 고대와의 경쟁이라는 측면뿐만 아니라 역사
를 통해 미래를 예지할 수 있는 시인의 능력에 대한 욕구를 드러낸다. 그래서
롱사르는 등단 초기인 1552년부터 『라 프랑시아드』를 작성하려는 의도를 내
비쳤다. 비록 그의 서사시는 미완의 작품으로 남게 되었지만, 플레이아드 시파
의 시인들에게 서사시는 모든 장르의 정상에 놓인 것으로 간주되었다. 또한 그
것은 펠르티에가 말했듯이 "위대한 것을 원하지 않았다는 것 말고는 그리 다른
결함을 지니지 않은" 마로에 대립하면서 시에 고귀한 개념을 부여하려는 의도
도 드러낸다. 그리하여 베르길리우스를 "시적 전통의 주요 안내자"로 간주하
였던 펠르티에는 『아이네이스』를 항상 염두에 두었으며, 롱사르 역시 『시법 개
요』에서 호메로스와 베르길리우스를 모방해야 할 유일한 모델로 제안하지 않
을 수 없었다.

고자 한다면, 그것의 **머리**를 치켜세울 자, 그것이 담대한[2] **자부심**을 가지고, 내가 감히 (오래된 시가 신성한 것이 아니어도) 호메로스나 베르길리우스에 비교하게 될 우리 시대의 이탈리아 사람 아리오스토[3]가 자기네 속어로 그렇게 했던 것처럼, 그리스와 로마의 저 오만하기 그지없는 언어들과 어깨를 겨루게 만들 사람은 진정 그대일 것이다.[4] 따라서 우리 **언어**에서 자기 시에 등장하는 명사들과

---

2) 원문의 "d'un brave Sourcil"을 옮긴 것이다. 뒤 벨레는 1권 1장에서 "스토아학파 사람들의 오만한 태도 이상으로 눈썹을 치켜세우며"라는 표현을 사용한 바 있다.

3) 중세의 영웅 롤랑을 다룬 『광란의 롤랑』을 쓴 루도비코 아리오스토(Ludovico Arisoto, 14714-1533)를 가리킨다. 롱사르를 비롯한 많은 시인들이 페트라르카와 더불어 당시에 베스트셀러였던 그의 작품을 모방하였다.

4) 자연이 부여한 신성하고 불가침한 권리를 간직하고 있으며, 이런 자연성에 덧붙여 지식을 갖추고 있고, 인간사의 위와 낮은 곳의 일들에 대한 섬세한 시선을 갖추고 있는 자. 그리고 자연이 인간에게 부여한 가장 귀중한 덕목인 '신중함(prudence)'과 그것을 '행동(gouvernement)'으로 실천할 수 있는 자는 가장 완벽한 인간의 위엄을 갖춘 자이기도 하다. 자연과 지식 그리고 훌륭한 품성과 행동은 인간의 신성불가침한 권위를 보장하는 요소이기 때문이다. 뒤 벨레는 자신의 언어관과 시에 관한 주장을 인간의 위엄과 관련하여 파악함으로써 인식의 확장을 도모할 뿐만 아니라, 언어와 시의 궁극적 목적이 인간의 훌륭함을 드러내는 데 있다는 관점을 피력한다. 그리고 이 장의 서두에서 자연을 언급한 것은 인간에게 이성과 행동, 즉 실천의 자질을 부여한 주체가 자연이었기 때문이다. 따라서 이성적 판단에 따른 행위가 이루어질 때 비로소 자연을 따른다고 말할 수 있다. 이런 점 때문에 시학에서 이론적 측면과 실천을 위한 기법의 문제가 다루어질 수밖에 없었다.

이야기를 빌려오기를 원했던 그처럼, 『랑슬로』와 『트리스탕』[5] 혹은 그 외의 작품들과 같은 과거의 훌륭한 프랑스 **로망**들을 선택하라. 그리고 그것으로 저 경탄하지 않을 수 없는 『일리아드』와 저 공들여 만든 『아이네이스』가 이 세상에 다시 태어나게 하라.[6] 여기에서 잠시 나는 우리 로망들을 장식하고 부풀려서 그것으로 분명 멋지고 유려한 언어로 작성된, 그러나 박식함을 담은 글이라기보다는 **여인네들**을 심히 즐겁게 만드는 데 훨씬 더 적합한 그런 **책들**을 만드는 데 전념하는 자들에게 한마디 하고 싶다.[7] (감히 말하자면) 나

---

5) 중세 '브르타뉴계' 로망에 속하는 작품들이다. 뒤 벨레는 아마도 15세기에 산문으로 각색된 작품이나 번역들을 읽었을 것이다. 그는 프랑스의 과거 로망에서 소재들을 가져올 것을 권고한다. 펠르티에도 『시학』 2권 8장에서 프랑스의 로망들이 매우 창의적이기 때문에 기사들의 모험담, 사랑, 여행, 전투 등과 같이 서사시에 필요한 여러 재료들을 제공할 수 있을 것이라고 확신하였다.

6) 과거 프랑스 로망을 추천하는 것에서 프랑스의 뛰어난 전통을 계승하려는 관점이 발견된다. 모국어를 현양하기 위해 고대의 모방을 강조하지만, 그렇다고 해서 뒤 벨레에게 프랑스 시의 전통을 부활시키고 개척하려는 의지가 없었던 것은 아니다.

7) 기사도 로망은 앙리 2세 궁전에서 크게 유행했지만 뒤 벨레는 로망에서 발견되는 감미로운 사랑의 언어를 선호하던 당시의 풍속을 비난한다. 플레이아드 시파의 시인이었던 에티엔 조델(Etienne Jodelle) 역시 클로드 콜레(Claude Colet)가 작성한 『생트 팔레 여인들의 이야기(Histoire Palladienne)』의 발문에서 후세의 지적 양식을 위해서가 아니라 "귀부인들의 만족"을 위해 로망이 유행하는 것을 지적하면서 동시대인들이 역사의 엄정함을 기피하고 모든 학문을 거부하면서 무지에 빠지고 말았다고 한탄했다. 몽테뉴는 『에세』 1권 26장에서

는 진정 그네들이 과거 **프랑스의 연대기 편들**[8]을 모으고, 그리고 티투스 리비우스가 로마의 **연보**와 **연대기들**로 훌륭한 역사의 **몸통**을 세운 것처럼,[9] 방금 전에 언급했던 그와 투키디데스와 살루스티우스 혹은 잘 알려진 다른 이들[10]을 모방하되, 자신들이 적합하다고 느끼게 될 글쓰기 장르를 선택하고, 자기들의 훌륭한 **대중 연설**과 **열변**을 그것들[11]과 뒤섞으면서 자기네의 뛰어난 **웅변술**을 사용하라고 충고하고 싶다.[12] 그런 **작품**은 분명 그들의 영광이 불멸하도록,

---

　　귀부인들이 즐겨 읽은 로망들을 "애들이나 기뻐하며 읽게 될 책 나부랭이들"로 경멸했다.

8)　예를 들어 프랑스의 기원 신화부터 1483년 루이 11세의 사망 때까지를 다룬 루이 11세의 비서였던 니콜 질(Nicole Gille)의 『프랑스 연보와 연대기(Annales et chroniques de France)』가 있다. 이 작품은 1525년 장 부셰(Jean Bouchet)에 의해 처음으로 세상에 알려졌으며, 프랑수아 벨포레(François de Belleforest)와 가브리엘 샤퓌(Gabriel Chappuys)는 1621년까지 벌어진 역사적 사건들을 기존 작품에 첨가하였다.

9)　티투스 리비우스는 작품을 작성하기 위해서 성직자들이 작성한 연보와 자기 이전에 간행되었던 파비우스 픽토르(Fabius Pictor)나 대카토(Caton l'Ancien)의 연대기를 참조하였다. 참고로 티투스 리비우스의 『로마사 연보』는 과거의 사건을 통해 현재의 역사적, 정치적 상황을 이해하려고 했던 마키아벨리가 젊은 시절에 탐독했던 작품이기도 하다.

10)　뛰어난 웅변술을 발휘했던 로마인들을 가리킨다.

11)　"로마의 연보와 연대기들"을 가리킨다.

12)　뒤 벨레는 이 점에서 로망과 역사를 구분한다. 로망은 연대기의 사건들을 모아 그것을 웅변적으로 표현하는 장르이다. 따라서 로망은 사실을 다루는 역사와

프랑스의 명예와 우리 **언어**를 크게 현양할 것이다. 내가 잠시 중단 했던 말들로 다시 되돌아가자면, 누군가는 (아마도) **장시**를 만들기 를 원하는 자에게 그와 같은 정확한 완벽함[13]을 요구하는 것이 이 상하다고 여기게 될 것이다. 모든 것을 제대로 배웠다고 할지라도 그토록 고통스런 긴 시간, 거의 한 인간의 생애 전체를 요구하는 그런 작품을 시도하길 바라는 자는 그 수가 매우 적을 것이기 때문 이다. 또 다른 누군가에게는 우리 **언어**를 풍부하게 만들 수단을 알 려준다고 하면서 내가 정반대의 말을 하고 있으며, 그래서 그들을 격려하기보다는 자기네 속어를 매우 사랑하는 자들의 학습을 오 히려 지체하게 만들고 식혀버리고 있다고 비추일 것이다. 왜냐하 면 절망한 나머지 힘이 빠져버린 그들은 언젠가는 도달할 수 있으 리라고는 기대하지도 않을 그런 것을 시도도 전혀 하지 않게 될 것 이기 때문이다. 그러나 저속하지 않은[14] 훌륭하고 영광스런 저 높 은 어떤 지점에 도달하기를 열망하는 모든 이에 의해 모든 것이 실

달리 말의 웅변성을 사용하면서 '감동'을 지향하고 상상을 불러일으키는 '허구' 에 속하는 장르이다.

13) 이 장의 처음에 소개했던 서사시를 작성해야 하는 시인의 조건을 가리킨다.

14) 뒤 벨레가 기대하는 시인은 저속함을 거부하고 세련되고 훌륭한 모범이 되는 것을 지향하는 자이다. 그런 까닭에 그는 고대와 프랑스의 전통 안에서 모범이 될 만한 작가와 작품만을 지적한다.

험되는 것은 매우 마땅하다. 어떤 이에게는 내가 언급했던[15] 그런 정신의 큰 활력과 여러 학문에 대한 완벽한 지식 그리고 다른 모든 장점이 있지 않다고 할지라도, 그럼에도 불구하고 그는 할 수 있는 한 그런 길을 가야만 한다.[16] 왜냐하면 제일 높은 자리에 오르기를 열망하는 자가 두 번째, 아니 세 번째 자리에 머무르는 것도 여전히 명예로운 일이기 때문이다. 그리스 작가들 중 호메로스만이, 로마 작가들 중 베르길리우스만이 찬양과 명성을 얻지는 않았다. 오히려 다른 많은 이들이 각자 자기의 장르에서 영광을 얻었기 때문에 가장 높은 것들을 찬양한다고 해서 사람들이 그 아래에 있는 것들을 찬양하지 않는 것은 아니기 때문이다.[17] 분명 우리에게 마이케나스 혹은 아우구스투스 같은 군주들이 더 많이 있었다면, 베르길리우스 같은 이들을 지금도 갖지 못할 정도로 그렇게 하늘과 자

---

15) 이 장의 서두에서 언급한 내용을 가리킨다.

16) 인간 정신의 발달과 진보를 신뢰하는 뒤 벨레는 2권 3장에서 "나태함"을 비판하면서 프랑스어가 발달하지 못한 것은 그것의 타고난 본질 때문이 아니라 그것을 운용하는 자들의 게으름 때문이라고 지적한 바 있다.

17) 이상의 언급은 키케로의 『웅변가에 관하여』(I, 3-5)를 모방한 것이다. 키케로는 호메로스, 아르킬로코스, 소포클레스 혹은 핀다로스와 같이 가장 뛰어난 시인들이 있을 뿐만 아니라, 그들을 뒤따르는 자들도 자신들이 할 수 있는 모든 것을 시도했으며, 그들 각자는 자신들의 장르에서 위대한 작품에 대해 우리가 바치는 그런 찬양을 이끌어낼 만한 것들을 만들었다고 지적했다. 뒤 벨레는 『올리브』의 서문 「독자에게」에서 타고난 성향으로 시에 이끌린 자신은 첫 번째는 아니더라도 최소한 두 번째 자리를 얻게 되기를 희망한다고 고백한 바 있다.

연이 우리 시대에게 적대적이지는 않았을 것이다.[18] 명예는 예술을

---

18) 시인과 예술가들을 보호할 의무를 지닌 국왕들과 군주들에 대한 비판이다. 롱
사르를 비롯한 시인들은 이 점을 분명히 강조했다. 펠르티에 역시 아우구스투
스가 자기 시대를 살았다면 분명 베르길리우스 같은 작가가 활동했을 것이라
고 한탄한다. 뒤 벨레는 『회한 시집』에서도 문예와 예술을 보호하지 않는 당시
의 상태를 다음과 같이 안타까워했다.

하늘 가장 아름다운 곳에서 반짝이는 빛나는 별,
위대한 프랑수아 국왕 치하에, 프랑스는
문학과 예술을 가슴에 품었고, 앙리 2세의 치하에서
프랑스는 신성한 무리[뮤즈들] 덕분에 풍요로움을 낳았다.

그러나 프랑스가 그런 산물을 신속하게 보여준 것은 아니었으며,
그 아름다운 부분들이 천상의 빛에 빠르게 닿은 것도 아니었다,
그리하여 나는 프랑스의 광채가 어떻게 잉태되었는지,
그것이 낮과 밤을 어찌 같이 살았는지 알지 못한다.

헬리콘의 물은 메말라버렸고, 파르나스는 평지가 되었으며,
월계수는 말라비틀어졌으며, 예전에는 아폴론의 정신으로
가득했던 프랑스는 마르스의 정신으로만 가득차고 말았다.

아폴론은 우리 곁을 달아났으니, 고대의 무지가
마르스의 은총을 받아 다시 프랑스로 되돌아올 것이다,
만약 팔라스가 문학과 예술을 보호하지 않는다면 말이다.

서사시 『라 프랑시아드』를 준비하던 롱사르는 국왕의 후원이 절대적으로 필요
하다는 것을 말하기 위해 자신의 서사시를 빠른 바람을 타고 나아가는 범선에
비유했다. 그리고 국왕이 그에게 물질적인 지원이나, 거기에 상응하는 교구직
을 주는 한에서만 자신이 안정적으로 서사시를 작성할 수 있을 것이라고 다음

과 같은 「평화를 위한 오드(Ode de la Paix)」에서 주장하였다.

> 죽어갈 인간들은 어떠할 것인가?
> 아침에 그들이 꽃을 피운다 할지라도
> 저녁에는 결코 그렇게 하지 못할 것이다.
> 잡초를 만드는 저 들판과 같을 것이다.
> 그 누구도 자신의 영광을 바쳤노라고
> 자찬할 수 없을 것이다,
> 뮤즈가 그를 기억하는 찬가를
> 노래하지 않는다면 말이다.
> 그러니 국왕이여, 시를 찬양하고
> 그것을 그대의 지고하심의 선물로
> 장식하실 이는 바로 그대이다.
> 나의 범선을 밀어달라, 그러면 나는
> 내 동료들을 빠르게 인도할
> 최초의 사람이 될 것이다.

또한 『오드 시집』 1권에 실린 「앙리 2세에게 바친 오드」에서 시보다는 건축이나 회화를 높이 평가하고, 시인들에게 마땅히 주어야 할 보상에 인색했던 국왕에게 "거래"를 제안하기도 했다.

> 왕이시여, 그대에게 이 오드를 바치니
> 장사꾼들이 제 물건을 주는 그런 방식으로
> 나는 내 시를 팔려고 한다,
> 물건 대 물건으로, 부자인 그대는,
> 재산의 왕이시니 내 물건과
> 그대의 선물을 맞바꾸는 데 인색하지 않을 것이다.
> 내주는 것에 결코 싫증내지 마시라,
> 그대의 선물이 내 리라를 금빛으로 치장하게 된다면.

양육하고,[19] 우리 모두는 영광에 대한 열망 덕분에 여러 학문 분야를 공부하고 있으며, 모든 이들에 의해 경멸을 받은 것들은 결코 높

> 내가 연주할 것이라고 약속했던 명예를
> 내 얼마나 조화롭게 만드는지 그대는 보게 될 것이다.
> 그대 조상들 거의 모두에 대한 칭송은
> 시기심 많은 시간에 짓눌려버렸고,
> 뮤즈들이나 그들의 재주를 경험하지 못하였다.
> 그러나 둥근 이 커다란 우주는
> 그대의 부친을 그 안에서 불타오르게 할
> 영원한 영광으로 가득 차 있다,
> 그가 시를 무척이나 사랑했기 때문이다.

19) 에라스무스가 『격언집』(I, viii, 92)에서 인용한 키케로의 문장으로, 기욤 뷔데의 『문예 연구』는 이 문장으로 작품을 시작했다. 인쇄술이 문학에 관심을 가진 많은 젊은이들의 열정을 불태우게 만들었으며, 고전 작품들의 보급을 확산시켰고, 문학 연구가 예전에 비해 훨씬 수월해진 것을 인정하면서도 뷔데는 문학 연구의 태양이 프랑스에 떠올랐다고 말하기는 힘들며, 여전히 무지에 가까운 상식만이 확산되고 있다고 한탄했다. 특히 그는 정신의 가치보다 상업의 발달로 인해 물질적 가치를 더욱 중시하는 자기 시대의 문제를 지적하며 이 표현을 사용했다.

> '명예는 예술을 양육한다.' 전능하신 전하시여, 아주 오래된 이 속담은 금과 은을 갖다주는 소위 일상사에는 관계하지 않습니다. 그것은 고대인들이 고귀하고 자유롭다고 부르는 것이 타당하다고 판단한 그런 예술에나 어울립니다. 그들은 그렇게 부름으로써 자신들이 모든 종류의 복종을 벗어난 자들, 천박함을 알지 못할 고귀한 영혼의 인간들임을 밝히려고 했습니다.

뒤 벨레도 『회한 시집』의 「소네트 VII」에서 시적 창작에 메세나의 후원이 절실하게 필요하다는 것을 강조한다.

은 곳에 오르지 못하는 법이다. (내가 보기에) 베르길리우스가 불사를 것을 유언으로 명하였지만 그의 작품들이 불에 타 없어지게 하기보다는 오히려 존엄한 법의 효력을 중지시켰던 저 훌륭한 **황제**[20]를 **국왕**과 군주들은 기억해야만 할 것이다. 큰 전투의 전리품보다는 호메로스의 부활을 훨씬 더 열망했으며,[21] 가끔은 아킬레우스의 무

궁정이 내 작품을 읽는 동안에
국왕의 누이인 마르그리트만이
내 자격보다 훨씬 더 많이 나를 명예롭게 만드는 동안에
내 시는 그녀의 아름다운 눈의 은총을 받았다.

영적인 흥분이 죽음과 시간을 비껴가는
날개로 나를 하늘로 인도했으며,
파르나스 정상에 살고 있는 해박한 무리들이
신성한 불길로 내 뜨거움을 부추겼다.

예언자를 종으로 삼은 신께서 갑자기
영감과 목소리를 앗아가 버리면, 더 이상 그를 느끼지 못하게 되는
예언자가 그러하듯이 가끔씩 나는 말을 할 수 없었다.

그때 왕께서 그에게 작품을 명하신다면, 그 누가 기쁘지 않겠는가?
명예는 예술을 양육하고, 뮤즈는
사람들의 무대와 국왕들의 은총을 요구한다.

20) 베르길리우스가 죽어가면서 불 질러버릴 것을 요구했지만, 오히려 아우구스투스 황제는 『아이네이스』의 수사본을 보존하기 위해 책의 폐기를 다룬 로마법 조항을 파기해야만 했다.

21) 종교, 윤리, 철학, 문학 등 다양한 주제들을 다루었던 『모랄리아(Moralia)』 16

덤 옆에서 네 영광을 노래할 그런 **트럼펫 연주자**[22]를 발견했던 오, 행복했던 젊은이여!라고 소리 높여 외쳤던 다른 위대한 **군주**는 또 어떠했던가? 그리고 사실 호메로스의 신성한 **뮤즈**가 없었다면 아킬레우스의 몸을 덮고 있는 저 무덤마저도 그의 **명성**을 흙 속에 묻어버리고 말았을 것이다.[23] 그런 일은 돈을 한없이 썼지만 끝없이 신경을 써야만 했던, 그리고 하늘과 시간, 불과 철에 의해 황폐해지지 않을 수 없는, **대리석과 구리, 원주들, 피라미드들, 공들인 건축물**[24] 등에 자기네의 불멸에 대한 보장을 맡겼던 모든 이에게서

장에서 플루타르코스가 언급한 알렉산더 대왕을 가리킨다.

22) 원문의 "Buccinateur"를 옮긴 것이다. 이 용어는 '트럼펫'을 의미하는 'buccinator'에서 파생했다. 일반적으로 '찬미자(panégyriste)'라는 뜻으로 사용된다.

23) 플루타르코스의 『알렉산더 대왕』 15장과 키케로의 『아르키아스를 위하여』 10장의 일화를 뒤 벨레는 참조하였다.

24) 고대인들이 찬양한 대규모 건축물들이 시간의 흐름과 더불어 파괴되어 갔다는 것을 지적하면서 지상의 물질적 가치의 일회성을 환기하고, 시간에 종속된 모든 것을 중시하는 세대 풍조를 뒤 벨레는 비판한다. 그는 문예가 보장하는 영원성을 지향하는 것이 인간의 본질적 욕구라고 판단한다. 그는 『로마의 유적』에 수록된 「소네트 III」의 첫 시절을 다음과 같이 시작한 바 있다.

> 새로 온 이여, 로마에서 로마를 찾으려 하는 그대는
> 로마에서 로마였던 그 무엇도 알아보지 못하며,
> 그대가 보고 있는 이 낡은 궁정과 이 낡은 개선문들,
> 그리고 이 낡은 벽들, 그것만이 로마라고 불렸던 것들일 뿐이다.

벌어졌다. 비너스의 **쾌락**과 식도락 그리고 나른했던 잠자리[25]들은 인간들로부터 불멸에 대한 모든 욕망을 추방해 버렸다. 그러나 더욱 가증스러운 것은 무지와 온갖 악덕 덕분에 크나큰 영광을 얻어냈던 자들이 다른 이들이라면 **놀이**나 **목욕**, **향연**이나 다른 쾌락의 수단들에 썼을 시간을 진정으로 찬양받을 만한 이런 **시적** 노동에 쏟아부은 사람들을 경멸한다는 점이다.[26] 그럼에도 불구하고 우리가 처해 있는 이 시대의 불행이 어떠하든, 그대여, 내가 말했던 바와 같이 **신들**과 **뮤즈들**로부터 많은 은총을 받을 그대여, 그대가 사람들로부터 호의를 얻지는 못할지라도, 그대에게 마땅한 한 작품[27]

---

25) 원문의 "les ocieuses plumes"를 옮긴 것으로서, 'plume'은 침대의 깃털을 가리킨다. 페트라르카는 『칸초니에레』의 「소네트 VII」에서 "식탁과 잠 그리고 나른한 깃털들이 모든 미덕을 추방해 버렸다"라고 노래한 바 있다. 이때의 그가 말한 "otïose piume"은 침대를 가리키지만 동시에 게으름을 의미하기도 한다.

26) 16세기 당시에 시는 다른 예술 활동에 비해 여전히 뒤처진 분야로 인식되었다. 롱사르가 『오드 시집』에서 시적 영감을 얻은 시인을 언급하고, 왕실과 귀족들의 뛰어난 업적을 찬양하며, 동료 시인들의 이름을 수없이 환기하는 것은 단지 오드 장르의 속성이 요구한 것 때문만은 아니다. 그는 시의 가치를 현양하고 시인의 위상을 드높이려 했다. 뒤 벨레는 『올리브』의 「서문」에서 "놀이와 향연 그리고 다른 쾌락의 수단들을 좋아하고, 그것을 즐기며 맘에 든다면 낮과 밤을 보내는 자들"은 자신의 "시에 대한 공부"를 "절대적으로 무용하다"고 비난하지만, 그는 그것이 "조금은 고되고 매일같이" 반복되는 일일지라도 그것만이 "유일한 즐거움을 주는 관심사"이고, "시를 좋아하기" 때문에 뮤즈들이 자신을 언제나 "작품"으로 이끌어준다고 말하게 된다.

27) 이 장의 소재인 '서사시'를 가리킨다.

을 시도하기를 그만두지 말라. 찬양을 받을 만한 그 무엇도 만들어내지 못할 뿐만 아니라 찬양을 받을 만한 어떤 경우들도 만들어내지 못할 자들을 염려하지 말라. 타락하지 않을 것이며 질투하지 않을 후세에게서 그대의 노고가 맺게 될 결실을 희망하라. 그것이 영광이며, 이런 사다리의 계단을 통해서만 인간은 가벼운 발걸음으로 하늘에 오르게 되고 신들의 동반자가 된다.[28]

---

28) 프랑스 최초의 서사시이자 미완으로 남게 된 롱사르의 『라 프랑시아드』(1572)는 프랑스 사람들과 프랑스라는 한 나라의 기원을 찾으려는 시적 욕망이 낳은 작품이다. 프랑스 국왕에 대한 찬양을 자기 시의 주요 소재로 삼은 롱사르에게 있어서 프랑스 역사를 가득 메우고 있는 영광의 순간들은 그의 시가 마땅히 다루어야 할 대상으로 고려되었다. 그러나 그의 의도는 동시대 작가들과 공유된 것이라고 말할 수 있다. 고대를 능가하는 프랑스 고유의 문학을 제시하려는 인문주의 작가들은 서사시가 없는 문학은 소위 이류 문학으로 규정될 수 있다는 것을 알고 있었다. 뒤 벨레가 이 장에서 호메로스의 『일리아드』에 비견될 수 있는 프랑스 서사시의 필요성을 주장하듯이, 이 장르의 실현은 오래전부터 여러 작가들의 희망이었다. 또한 그리스와 로마 문학에 버금가는 프랑스 문학의 발전을 위해 가장 시급히 개척되어야 할 장르의 하나였다. 그런데 서사시의 소재에 대한 관점이 언제나 같은 것은 아니었다. 뒤 벨레가 "『랑슬로』와 『트리스탕』 혹은 그 외의 작품들과 같은 과거의 훌륭한 프랑스 로망들을 선택하라"라고 말하며 무훈시에서 소재를 취할 것을 권장한다면, 장 르메르 드 벨주의 『골족의 현양과 트로이아의 특이한 운명』과 롱사르의 부친인 루이 드 롱사르의 절친한 친구였던 장 부셰(Jean Bouchet)의 『프랑스 국왕 연보(Anciennes et modernes Genealogies des Rois de France)』(1527) 그리고 베르길리우스의 『아이네이스』를 즐겨 읽었던 롱사르는 다른 소재를 서사시의 내용으로 선택하려고 했다. 그것은 많은 사람들의 가슴속에 남아 있는 믿음이자 전설이고 당시 연대기 작가들이 마치 역사적인 사실로 여기고 있던 '프랑스의 트로이

아 기원론'이었다. 롱사르는 이미 오래전부터 트로이아 기원론을 민족의 영광을 보장할 수 있는 시적 소재로 파악했다. 그러나 후원을 약속하지 않는 국왕의 태도와 궁정 내에서 시인의 위상이 다른 예술가에 비해 열등한 대접을 받는 상황에 실망한 롱사르가 서사시를 작성하기 위해서는 종교 전쟁(1563)의 발발을 기다려야만 했다. 귀족 간의 분열과 갈등이 국왕의 위상 약화를 초래할 것이라는 궁정의 우려가 서사시의 필요성을 비로소 인식하게 만드는 계기로 작용했던 것이다. 특히 앙리 2세와 달리 샤를 9세는 롱사르의 시적 야망을 현실화할 수 있는 배경을 마련해 주었다. 그러나 시에 심취했으며, 직접 시를 작성하기도 한 샤를 9세는 두 개의 조건을 전제로 달았다. 우선, 과거 무훈시의 경우처럼 '평범한 시행(vers commun)'인 10음절로 서사시를 작성하는 것이었고, 또 다른 하나는 프랑스 왕들의 이름을 서사시에서 언급해야 한다는 것이었다. 그런데 10음절보다는 더 웅장한 효과를 발휘할 수 있는 12음절(alexandrin)을 선호했던 롱사르는 시 형식에 대한 이런 요구를 불편하게 여기지 않을 수 없었다. 1570년에 샤를 9세는 수고본 상태의 3권으로 된 『라 프랑시아드』의 전반부 노래(chant)들을 미리 받게 된다. 그리고 롱사르의 제자인 아마디스 자맹(Amadis Jamyn)은 스승을 대신하여 네 번째이자 마지막이 될 노래를 1571년 블루아성을 찾은 국왕 앞에서 낭송하게 된다. 1572년에 작품은 간행되었지만, 롱사르의 『라 프랑시아드』는 본래 계획했던 총 24편의 노래(chant) 가운데 단지 4개의 노래만을 담게 되고 말았다. 작품은 인기를 얻었다. 후에 한 연구자가 그 목록을 작성하지 않을 수 없을 정도로 판을 거듭하였다. 그렇지만 샤를 9세가 1574년에 사망하면서 롱사르는 작품을 미완성으로 남겨놓게 되었다. 필립 데포르트(Philippe Desportes)라는 시인을 더 선호했던 앙리 3세가 롱사르에게 더 이상 궁정의 후원을 약속하지 않았기 때문이다. 헥토르의 아들이자 프랑스인들의 조상으로 간주되었던 프랑쿠스 신화를 기반으로 하는 롱사르의 작품은 비록 미완성으로 남았지만, 다음과 같은 발언은 이 시집 전체를 지배하고 있는 영광 뒤의 인간 운명에 대한 시인의 시선이 어떠한지를 보여준다. 또한 역사를 형성하는 인간의 행위와 운명을 기록하는 시인의 글이 어떤 영광을 지녔는지를 선언한다.

헥토르의 아들이여, 모든 것이 변하고 또 변한다,
시간은 우리를 만들기도 하고, 우리를 잡아먹기도 한다,
군주들과 국왕들 그리고 그들의 후손들은 사라져갔다,
그들의 죽음에서 다른 국왕들이 다시 태어날 것이다,
영원히 지속되는 것이란 없다,
단지 세상에서 확실한 것은 미덕뿐이니!

한편 프랑스 역사를 시로 표현한 것에서 단지 한 개인으로서의 관심사를 넘어 모든 세대가 지향하는 바를 시로 표현해야 한다는 사명을 스스로에게 부여한 롱사르를 만날 수 있다. 참혹한 종교 전쟁을 거치면서 민족의 토대와 정체성에 대한 회의가 발생할 무렵에 그에게는 건국 신화를 통해 민족의 정체성을 노래하면서 모든 프랑스인이 공유하게 될 민족의 영광스런 길을 제시하려는 목적이 있었다고도 말할 수 있다.

제 6 장

신조어의 고안과 프랑스 시인이 지켜야 할 다른 몇 가지에 관하여[1]

호의의 바람이 내 배를 이 바다에서 멀리 나가도록 밀어주지 않아서 난파의 위험에 처할까 걱정이 된 나는 그동안 방치했던 길로 다시 접어들어, 키케로가 자기네 언어로 위대한 작품[2]을 썼다고 자랑했던 것처럼 그런 작품을 계획하는 자에게 그리스인들을 모방하여 몇몇 프랑스 어휘들을 창안하고 적용하여 공들여 글을 쓰라는 충고를 하고 싶다. 그런데 만약 그리스와 로마 작가들이 이 점에서 지나치게 신중했었다면, 그들의 언어에 내재된 풍부함이 오늘날 이런

---

1) 신조어는 2권 9장에서 다시 언급된다. 새로운 언어의 고안은 모국어를 풍부하게 만들기 위한 중요한 요소로 간주되지 않을 수 없었기 때문이다.

2) 16세기 당시에 "위대한 작품"은 일반적으로 서사시를 가리켰지만, 여기에서 뒤 벨레는 중립적인 차원에서 서사시뿐만 아니라 뛰어나다고 인정받을 수 있 '는 길이가 다소 긴 작품에 대해서도 언급하고 있다.

높은 찬양을 받을 만한 그 무엇을 어찌 가질 수 있었겠는가?[3] 그리고 장시를 쓰면서 때때로 졸 수 있다는 것을 호라티우스가 인정했다고 할지라도, 우리가 이런 것을 시도하면서 어쩔 수 없이 신조어를 사용하게 되는 것을 그가 금지한 것도 아니었다.[4] 그 누구도, 심지어 실제로 아는 것이 하나도 없고, 게다가 상식이 없는 자가 아니라면, 사물이 먼저 있고, 그 다음에 그것을 표현하기 위해[5] 어휘가 고안되었다는 것을 의심하지는 않는 법이다. 따라서 새로운 사물들에는 새로운 어휘들이 부여되는 것이 필요하다. 그런 어휘들을 사용하는 것은 여전히 일상적이거나 평범한 일은 아니지만, 그러나 그런 일이 우리 시인에게 자주 요구되며, 따라서 시인에게는 우리 언어에서 아직 다루어지지 않는 많은 것들을 직업어에서 빌려올 필요가 있을 것이다.[6] (학문의 경우를 빼고 말한다면) 일

---

3) 말레르브가 16세기 플레이아드 시파 시인들을 비난한 근거의 하나도 이것이었다. 풍요로움이 과도하다는 것, 즉 과도한 언어의 활용, 그리고 신조어나 신화적 비유의 남용은 박식함을 드러내려는 자기과시의 욕구에서 나온 것이며, 그것이 잉여의 부조리를 낳았다는 것이다.

4) 『시학』 360행에서 호라티우스는 이런 표현을 통해 장시에서 일부의 결함이 있을지라도 그것을 비난할 수는 없다고 지적한다.

5) 원문의 "signifier"를 옮긴 것이다.

6) 시인들이 직업 용어를 차용할 필요가 있다는 주장이다. 뒤 벨레가 신조어의 사용을 강조한 것은 단지 언어의 풍부화라는 차원에서만 고려될 수 있는 것은 아니다. 새로운 시에는 새로운 언어가 필요하고, 새로운 시대에는 그것을 설명해

상의 **노동자들**과 심지어 **육체노동자들** 그리고 온갖 종류의 장인들이 우리에게는 알려지지 않은 자기들만의 용어들을 사용하지 않는다면 그들은 일을 해내지 못하게 될 것이다.[7] 내 **의견**은 이렇다. **검사와 변호사들**은 그들의 직업에 맞는 용어들을 결코 혁신하지 않고 사용한다. 그러나 자기 **언어**를 풍부하게 만들고자 하는 **지식인**이 일상적이지 않은 **어휘들**을 가끔은 사용할 수 있는 자유를 갖지 못하게 금하는 것은, 아직은 풍부하지 않은 우리 **언어**를 그리스인들과 로마인들이 스스로에게 부여했던 것보다도 훨씬 더 엄격한 법으로 쭈그러뜨리고 말 것이다. 그들은 우리와는 비교가 되지 않을 정도로 다양하고 풍부했음에도 불구하고 종종 일상적이지 않은 사물들을 위해 일상적이지 않은 어휘들을 지식을 갖춘 자들이 사용하도록 허용했다. 그러니 미래의 **시인**이여, 특히 **장시**의 경우에서 일부의 용어들을 혁신하는 것에 두려워하지 말라. 그러나 절도 있게 유추하고 그대의 귀가 판단하게 하라. 그리고 의심스러운 것

줄 수 있는 언어가 필요하다는 것이 그의 주된 생각이었다. 따라서 그가 바로 뒤에서 언어의 혁신에 보수적이었던 법률가들을 언급하는 것은 그들이 새로움을 개척하는 길, 즉 도입부에서 비유로 사용되었던 새로운 항해의 길에 과감히 나서는 자들에 해당하지 않기 때문이다. 새로운 시대를 만들기 위해 두려움을 버리고 그것을 찾아 나서는 담대한 항해사의 기질이 시인에게 필요하다는 것이 뒤 벨레의 생각이다.

7) 뒤 벨레는 키케로가 『선과 악의 궁극의 용어들』(III.1.3과 III.2.4)에서 언급한 신조어 사용에 대한 주장을 되풀이하고 있다.

에 믿음을, 흐릿한 것에 광채를, 낡은 것에 새로움을, 익숙하지 않은 것에 쓸모를, 신랄하고 거친 것에 부드러움을 주는 이는 후세이므로, 누군가가 그것을 좋게 여길지 나쁘게 여길지를 염려하지 말고 후세가 그것을 증명해 줄 것이라고 희망하라.[8] 무엇보다도 먼저 우리 시인은 로마와 그리스의 고유명사를 사용하는 것을 매우 조심해야 한다. 그것은 진정 터무니없는 것으로서, 마치 그대가 붉은 공단으로 만든 옷에 녹색 공단을 덧붙이는 것과 같으니, 로마가 만들어낸 것에 프랑스어의 인명 고유명사나 다른 무엇을 쓴다는 것은 마치 "Jan currit(장이 달려간다)", "Loyre fluit(루아르강이 흘

---

8) 신조어의 사용은 불멸에 대한 욕망과 관계가 있다. 현재의 비난을 우려하지 말고, 미래 세대의 판단에 맡기라는 이런 권유는 시적 혁신과 언어 혁신의 길이 쉽지 않다는 것을 내포하면서도 그것에 대한 두려움 때문에 제자리에 머물러 있지 말기를 바라는 것과 같다. 시대는 변하지 않을 수 없기 때문이다. 이것은 언어와 사상 그리고 시대가 진보한다는 뒤 벨레의 믿음을 드러낸다. 펠르티에도 낡은 것에 새로움을 부여하는 것이 시인의 사명이라고 『시학』 1권 5장에서 언급한 바 있다. 또한 신조어의 사용은 낯익은 사물의 감춰진 본질을 새로운 시선으로 포착하여 새로운 언어로 표현해야만 하는 시인의 사명과도 연계된다. 인문주의는 세계를 고정된 것으로 간주하지 않았다. 신대륙의 발견, 인쇄술의 발명, 고대 철학의 융합 등과 같이 이 시대는 세계가 운동하고 확장한다고 파악했으며, 이런 세계를 지시하기 위해서라면 새로운 언어가 필요하다고 인식하였다. 루크레티우스의 『사물의 본질에 관하여』가 이 시대에 자주 번역되고 그의 유물론적 관점이 시인들에게 폭넓게 수용된 것 역시 사물의 운동성이 세계의 진보와 확장을 보장한다고 파악했기 때문이다. 낯익은 것을 새롭게 바라보게 만드는 것은 인문주의의 본질적 속성 가운데 하나이다.

러간다)[9]"처럼 정말 웃기는 일이 아니겠는가?[10] 그러니 그런 고유 명사들이 어떤 언어로 되어 있던지 간에 그대의 프랑스어의 용법에 맞추도록 하라. "Héraklès" 대신에 "Hercules", "Thèséus" 대신에 "Theseus"를 사용했던 로마인들을 따르라. 그러므로 "Hercule", "Thesée", "Achile", "Ulysse", "Virgile", "Ciceron", "Horace"라고 말하라.[11] 그러나 이 점에서 그대는 판단력과 신중함을 발휘해야만 한다. 왜냐하면 프랑스어로 바꿀 수 없는 그런 명사들이 많기 때문이다. "Mars"와 같은 단음절 명사가 있는가 하면, "Venus"와 같은 두 음절 명사가 있고, 그대가 "Jupiter"가 아니라 "Jove"[12]라고 말하고 싶어 하지 않는 단어처럼 여러 음절의 명사가 있는

---

9) 원문 "courir"의 라틴어 어원은 'currere'이며, "fluer" 동사의 라틴어 어원은 'fluere'이다.

10) 롱사르는 고대의 고유명사를 프랑스어식으로 바꿀 것을 주장하는데, 이것은 『베레니스(Bérénice)』의 작가 코르네이유의 경우에서도 발견된다. 즉 17세기 중반까지 이런 주장은 유효했다. 그러나 16세기 당시에 이미 자크 아미요는 이런 원칙을 반대했으며, 몽테뉴 역시 『에세』의 1권 46장에서 아미요의 이런 입장을 지지했다.

11) 고대가 사용한 용어들을 프랑스어로 만드는 시도는 1530-1550년대에 서서히 진행된다. 한 예로, 자크 펠르티에는 호라티우스의 『시학』 번역 재판(1545)에서 이것의 체계화를 시도한 바 있으며, 『철자법에 관한 대화(Dialogue de l'Ortografe)』(1555)에서 그 원칙을 논하기도 했다.

12) "Jove"는 'Jupiter'의 속격이다. '아버지 신'이란 뜻이다.

등, 내가 규칙을 제시할 수 없는 수많은 것들이 있기 때문이다.[13] 그러니 이 모든 것을 그대의 귀로 판단하기를 바란다.[14] 그 나머지 것들에 대해 말한다면, 순수한 **프랑스** 어휘들을 사용하되, 그렇다고 너무 흔한 일상어나 너무 사용되지 않았던 어휘들을 그대가 쓰기를 원치 않는다면 가끔씩 사용하지 않아도 된다. 그렇지만 "Illi" 대신에 "Olli"[15]를, "Aulae" 대신에 "Aulaï" 등을 사용했던 베르길리우스의 선례를 따라 값비싸고 희귀한 **보석**과 같은 몇몇 고대어를 그대의 시 안에 박아 넣어라.[16] 그러기 위해서는 과거의 모든 프

---

13) 고유명사를 프랑스어식으로 변환시키는 것은 프랑스 고유의 시를 형성하는 데 매우 중요한 요소가 된다. 그것은 고대의 인물들을 프랑스의 영역으로 데려와서 프랑스 시 안에서 노래하게 만드는 것과 다른 것이 아니기 때문이다. 고대 인물들의 속성은 프랑스 시가 노래하는 대상의 속성과 결합하게 되고, 그 속성을 두드러지게 만드는 데 이런 방식이 기여하게 된다. 주피터에 대한 찬양이 주피터 자신이 아니라 주피터에 비유될 수 있는 인물의 찬양으로 그 영역을 달리하는 것과 마찬가지이다.

14) 신조어나 고어 투의 사용은 소리의 조화와 균형의 원칙을 염두에 두고 절제되어 사용되어야 한다는 의미이다. 소리의 조화는 롱사르를 비롯한 시인들이 가장 근본적인 시적 요소로 간주한 것이다.

15) "Olli(그)"는 "Illi"의 고어이다.

16) 고어 투를 가끔씩 사용하라는 권고이다. 이것은 문어체 표현에 대한 권고로도 볼 수 있다. 시적 사상을 전달하는 데 적합한 언어를 일상어에서 발견하지 못한다면 고어 투를 사용하는 것이 한편으로는 프랑스어의 역량을 강화하는 데 도움이 된다는 의미이다.

랑스 로망과 시인을 참조하라. 거기에서 그대는 (법률가들에게는 익숙한) "faire jour" 대신에 "ajourner(유예하다)"[17]를, "faire nuyt" 대신에 "annuyter(날이 저물다)"를, 주먹질을 말하는 "frapper où on visoit" 대신에 "assener(한 방 먹이다)"를, "leger" 대신에 "isnel(날렵한)"을, 그리고 기타 등등 우리가 게을러서 잃어버리고 말았던 괜찮은 많은 어휘들을 발견할 수 있을 것이다. 이런 어휘들을 절제하여 사용하는 것이 십자가에 박힌 성자의 성유물과 신전에 바쳐진 신성한 보석들처럼 산문이나 운문에 어떤 커다란 위엄을 부여하게 되리라는 것을 결코 의심하지 말기 바란다.[18]

---

17) "ajourner"는 법률 분야에서는 "정해진 날에 판결을 내리다"라는 다른 의미로 사용된다.

18) 『옹호』는 방언이나 지방 속어를 다루지 않는다. 반대로 롱사르는 『시법 개요』에서 지방 방언이 저자가 말하고자 하는 것에 적합하고, 저자의 일상어와 어울리는 데 문제가 없다는 전제하에서 사용하기를 권장한다.

제 7 장
각운과 무운 시에 관하여[1]

각운에 관해서 말하자면, 나는 그것이 풍부해야 한다고 생각한다. 그리스와 로마 작가들에게 운율법[2]이 있었다면 우리도 그렇게 되어야 하기 때문이다. 그들에게 있는 운각 사용법이 우리에게는 없지만, 우리 시의 각 장르에는 일정한 음절 수가 있다. 그로 인해 프랑스 시행은 마치 사슬처럼 서로 연결되고 엮어지기 때문에 각운이라는 좁은 감옥에 갇히지 않을 수 없게 된다. 이것은 대부분 다른 언어가 알지 못하는 귀찮고도 까다로운 간수(看守)라고 할 수 있

---

1) 번역어 "각운"의 원문은 "rythme"이다. 롱사르와 뒤 벨레는 각운을 명명하기 위해 라틴어의 'rhythmus'에 어원을 둔 'rythme'이라는 용어를 사용한다. 이에 반해 펠르티에는 'ryme'라는 표현을 선호했다.

2) 원문의 "quantité"를 옮긴 것이다. 고대어에서 이 용어는 긴 음절과 짧은 음절이 만들어내는 운율법(prosodie)을 가리켰다.

는 중간 휴지 여성 묵음 "e"[3]의 감시를 받게 된다. 각운이 풍부해야 한다고 내가 말한다면, 그것이 억지로 짜 맞춘 것 같아야 한다거나, 가치 있는 어떤 의미나 이유를 담고 있지 못할지라도 "Imminent" 과 "Eminent", "Misericordieusement"과 "Melodieusement"[4] 그리고 다른 유사한 분가루[5]로 운을 맞추면서 프랑스어로 된 걸작을 만들었다고 생각하는 사람들의 각운처럼 만들어야 한다고 말하는 것이 아니다. 오히려 우리 **시인**의 **각운**은 강제된 것이 아니라 자발적이어야 하고, 요구된 것이 아니라 받아들여진 것이어야 하며, 맥락을 벗어난 것이 아니라 적절한 것이어야 하고, 적용된 것이 아니라 자연스러운 것이어야 한다.[6] 즉 자연스럽게 시행을 마무리하는 그런 풍부운은 멋진 완전 종지로 끝을 맺으면서 뛰어난 화음을 보여주는 **音樂**만큼이나 귀를 만족시키게 될 것이다. 따라서 **동음이의어운**, 단음의 어휘들과 그 단음들이 포함된 복합어들과 운

---

3) 프랑스 시에서는 12음절의 6번째 음절 혹은 10음절의 4번째 음절에 놓이게 되는 묵음 "e" 뒤에 다른 모음이 놓일 경우에는 모음 충돌로 간주하고 하나의 음절로 계산한다. 세비예는 "통상적으로 여성 운이라고 불리는 이 'e'는 여성만큼이나 다루기가 껄끄럽다"고 말한 바 있다.

4) 이 글은 풍부운을 선호한 펠르티에에 대한 비판이다. 인용된 각운은 펠르티에의 『시 선집(Oeuvres poétiques)』(1547)에서 발견된다.

5) 앞에서 예시로 든 어휘들로 각운을 맞추는 것과 유사한 방식을 가리키는 조롱조의 표현이다.

6) 이런 대조의 나열은 뒤 벨레가 라틴어법에 대한 취향을 지니고 있다는 증거이다.

을 이루는 것, 그리고 "Baisser"와 "Abaisser"의 각운 결합, 이런 것들은 어휘의 의미를 완전히 변화시키거나 확장하지 않는다면 아주 멀리 피해야 할 것이다.[7] 달리 말해 내가 앞에서 말한 것처럼 각운을 통제하길 원치 않는다면 운을 아예 맞추지 않거나, 아니면 페트라르카가 어디선가 했던 것처럼,[8] 그리고 다소간 박식하면서도 재미있는 『농경시』를 쓴 우리 시대의 루이지 알라마니[9]가 했던 것처럼, 무운시(無韻詩)를 만드는 것이 훨씬 낫다.[10] 그렇지만 화가나 조각가들이 벌거벗은 몸들을 다른 어떤 작품들보다도 더욱 아름답

---

7) 마로와 대수사학파 시인들이 선호한 "Pour bien savoir *comment cela se mène*, / Fille, lundi *commence la semaine*"와 같은 각운 형태가 이에 해당한다. 세비예도 『프랑스 시학』 2권 15장에서 이런 방식을 지지했다. 각운 결합이 의미와 무관하게 단지 음성적 효과만을 지니게 되는 이런 형식적 기교를 뒤 벨레는 비난하면서 작품 전체의 의미를 반향하지 못하는 각운 형태를 거부한다.

8) 『칸초니에레』의 29편 「녹색의 천이여, 붉은색이여, 어두운 색이여 아니 보라색이여(Verdi panni, sanguigni, oscuri o persi)」가 이에 해당한다.

9) 메디치가에 대한 음모를 꾸몄다고 누명을 쓴 까닭에 프랑수아 1세의 궁으로 은둔한 루이지 알라마니(Luigi Alamanni, 1495~1556)를 가리킨다. 그는 1546년 로베르 에티엔(Robert Estienne)이 운영하는 출판사에서 베르길리우스를 모방한 『농경시(Colivazione)』를 간행했다. 에피그램을 이탈리아에 도입한 최초의 시인이기도 하다. 루아르 강변에 위치한 앙부아즈에서 사망했다.

10) 뒤 벨레의 시집 『올리브』에 수록된 「소네트 114편」이 무운시에 해당한다. 뒤 벨레의 이런 입장은 각운의 옹호자였던 펠르티에의 입장과 상충되는 것이기도 하다.

고 조화롭게 만들기 위해 온갖 정성을 기울이는 것처럼, 운이 없는 이 **시행**들에는 살과 혈관들이 좀 붙어야 할 것이다. 그런 방식을 사용해서 **각운**이 없는 것을 보완해야 한다. 누군가가 "Maitre"와 "Prestre", "Fontaines"와 "Athenes", "Connoitre"와 "Naitre"가 운을 이루도록 고심하면서, "Ai", "Ei", "Oi"[11]의 이중 모음 때문에 각운을 나누어서 한 운은 소리에, 다른 운은 **철자**[12]에 맞추고 있다는 것을 내가 모르는 바는 아니다. 그러나 우리 **시인**이 이런 사소한 것에 얽매이기를 나는 바라지 않으며, 마지막 두 음이 같은 소리를 지니게 하는 것으로 충분하고, 소리의 차원에서든 철자의 차원에서든, **법률가**들에 의해 프랑스 철자법이 변질되지 않는다면 그런 것을 충분히 할 수 있게 될 것이다. 그러므로 독자여, 이런 문제[13]를 충분히 그리고 박식하게 다루었던 이가 루이 메그레[14]이므로 그의 책을 참조하기 바란다. 이제 다음과 같은 말로 단지 그대에게 충고

---

11) 16세기 당시에는 [wè]로 발음되었다.

12) 발음이 다른 단음을 유사한 발음의 이중 모음과 운을 이루게 하는 경우를 가리킨다. 예를 들어 "asseure"와 운을 이룬 "morsure"가 그러하다.

13) 소리와 철자 사이의 관계를 가리킨다.

14) 뒤 벨레는 루이 메그레(Louis Meigret)가 『프랑스 철자법의 일상적 용법에 관한 논고(Traicté touchant le commun usage de l'escriture françoise)』에서 주장한 음성에 따른 표기법에 근거한 철자법 개혁을 찬양했지만, 실제 시 작성에서는 그를 따르지 않았다.

를 하면서 논의를 끝내려 한다. 그것은 그대가 "pássé"와 "trace", "máitre"와 "mettre", "chevelúre"와 "hure", "bast"와 "bas"[15] 등처럼 명백하게 장음으로 끝나는 단어를 분명하게 단음으로 끝나는 단어와 운을 맞추지 않도록 조심해야 한다.

---

15) 모음 위의 강조 표시는 장음을 가리킨다.

제 8 장

리듬이라는 용어와 각운을 지닌 시의 창안 그리고 우리 언어에서 사용되는 고대의 몇몇 유산들에 관하여[1]

운문뿐만 아니라 산문에서 귀로 가늠하고 판단할 수 있는 모든 것은 (키케로에 따르면[2]) 라틴어로는 "Numerus", 그리스어로는 "Ruthmos"라고 불린다. 이런 이유로 우리 선조들은 시행 마지막에 떨어지는 음절들의 음조이며 리듬을 구성하는 한 종(種)이고, 같은 음으로 끝나기 때문에 "Homoïotéleuton"이라고 불러야 했지만, 이런 장르 명을 부적절하게도 "Rythme"[3]이라는 속명

---

1) 뒤 벨레는 그리스어의 '리듬'과 프랑스어 '각운(rime)'의 혼돈을 애석해한다. 그러나 리듬은 운율(cadence)에 의해 정의되고, 무운시라도 운율을 지닐 수 있기 때문에 각운이든 무운이든 프랑스 시에서는 '리듬'으로 불릴 수 있다고 해석하면서 '리듬'과 '각운' 사이의 유사성을 지적한다.

2) 『웅변가에 관하여』, XX, 67에 해당한다.

3) 뒤 벨레는 "rythme"과 "rime"의 어원이 동일하다고 믿고 있다. 이것은 오류이

(屬名)으로 축소시키고 말았다. 그리하여 동일한 소리로 끝나지 않음에도 불구하고 **시행들**은 일반적으로 리듬이라고 불릴 수 있게 되었다. 왜냐하면 "rhythmos"라는 용어의 의미는 매우 넓고, "kanon", "metron", "melos", "euphonon", "akolouthia", "taxis", "synkrisis", 즉 "규칙", "소절", "조화로운 음조", "화음의 연속", "순서" 그리고 "비교" 등과 같은 다른 많은 용어들을 포함하기 때문이다. 그런데 다른 언어들이 우리에게서 빌려갔던 각운을 지닌 이런 시행들의 진정한 고안자는, **고대**를 부단히 탐색했던 장 르메르 드 벨주[4]의 말을 믿는다면, 골족의 국왕이었던 바르두스 5세이다. 그는 "바르드(Barde)"라고 불리는 **시인들의 유파**[5]를 만들었는데, 이들은 악기를 이용해 누군가를 찬양하고 혹은 누군가를 비난하면서 자신들의 각운을 조화롭게 노래했으며, (디오도로스 시클로스가 자신의 책 6권에서 증명하고 있듯이) 서로 전쟁을 치를 준비가 된 두 **군대**들 사이에 이 **시인들**이 끼어들게 되면 전쟁이 종식되고 각

다. 물론 그럴만한 이유가 그에게 없었던 것은 아니다. 당시에 "rythme"이라는 어휘는 "rime"와 동일하게 발음되었기 때문이다. 1561년 『옹호』 판본에서 이 장의 제목에 표기된 "rythme"은 "rime"로 바뀌게 되고, 반대로 7장에서 언급된 "rime"는 "rythme"로 수정된다. 그렇지만 8장의 제목은 "rythme"이어야 하고 7장의 제목은 "rime"가 되는 것이 옳다.

4) 『골족의 현양(Illustrations de Gaule)』, I, 10에 해당한다.

5) 켈트족의 음유시인들을 가리킨다.

진영의 **분노**가 가라앉게 될 정도로 그들은 골족 사이에서 큰 평판을 누렸다. 나는 지금의 우리 **언어**를 고상하게 만들어준 다른 **오래된** 유산들을 제시할 수도 있는데, 그것은 예전의 골족이 **군사** 영역에서뿐만 아니라 모든 종류의 학문과 문예에서 번창했다는 **이야기**들이 거짓이 아니라는 것을 보여준다.[6] 그러나 이에 대한 것은 또 다른 책 한 권을 요구한다. 그리고 특히 그것들을 다룬 수많은 뛰어난 **글들**이 이전에 있었기 때문에[7] 이에 대한 책을 쓰는 것은 (흔히 얘기하듯이) 페넬로페의 베를 다시 짜는 것일 뿐이다. 단지 내가 하고자 원하는 것은, 그리고 그것은 내가 하려는 말과 관계가 없지는 않은데, 우리 **언어**에서 상당히 널리 퍼져 있고, 그리스인들에게도 오래되기는 마찬가지인, 과거가 물려준 두 가지에 관해서이다. 하나는 **고유명사**의 글자 순서를 바꾸어서 그 이름을 지닌 자에게 적합한 어떤 **명구**를 부여하는 것이다. 예를 들어 프랑수아 드 발루아(François de Valoys)를 "De façon suys royal(나는 왕족이다)", "Henry de Valoys"를 "Roy es de nul hay(아무도 증오하지 않는 왕)"

---

6) 민족주의적 자부심의 증거이다. 프랑스어의 잠재적 역량이 뛰어나다는 것을 의미한다. 이런 언급은 프랑스어를 제고하지 못한 프랑스인들의 나태함에 대한 비난과 연결되어 파악될 수 있다.

7) 뒤 벨레는 여기에서 장 르 페브르 드 드뢰(Jean Le Fèvre de Dreux)의 『골족의 뛰어난 비유법과 고대 유산들(Les Fleurs et Antiquité des Gaules)』(1532)을 염두에 두고 있다.

으로 말하는 것이 그런 것에 속한다. 다른 하나로는 에피그램 혹은 다른 시 작품들에서 시행의 첫 글자들을 선택하여 그것들이 저자의 이름이나 어떤 격언을 지니도록 만드는 것이다.[8] 글자의 도치는 그리스인들이 "anagrammatismos"라고 부른 것으로서, 리코프론의 번역가[9]가 그의 전기에서 "리코프론은 시에서뿐만 아니라 애너그램에서도 당시에 명성을 누렸다"라고 했던 바로 그것을 가리킨다.[10] 프톨레마이오스 국왕의 이름을 예로 들자면, "Prolemaios,

---

8) 이 장의 끝에서 다루게 될 이합체형의 시(acrostiche)를 가리킨다.

9) 요하네스 체체스(Joannes Tzetzes)는 12세기 비잔틴 문법가로서 루코프론의 『알렉산드라(*Alexandra*)』를 번역했다.

10) 애너그램은 16세기에 크게 유행하였다. 뒤 벨레가 "우리 언어에서 상당히 널리 퍼진"이라는 표현을 사용한 이유가 여기에 있다. 일반적으로 롱사르의 스승인 장 도라가 애너그램을 프랑스에 최초로 도입한 시인으로 알려져 있다. 장 도라의 라틴어 이름인 "Joanne Doratus"는 "Ars en nova vatis", 즉 "신성한 새로운 예술(Voici le nouvel art en divin)"로 불렸다. 프랑수아 라블레의 가명이 "알코프리바스 나지에(Alcofribas Nasier)"인 것도 애너그램에 해당한다. 롱사르(Pierre de Ronsard)는 "Rose de Pindare(핀다로스의 장미)", 퐁튀스 드 티아르(Pontus de Tyard)는 "Tu as don d'esprit(정신의 재능을 타고난 그대)", 모리스 세브(Maurice Scève)는 "vice à se muer(바꿔야만 하는 악덕)" 등의 표현으로 불렸다. 에티엔 드 타부로(Etienne de Tabourot)는 자신의 『잡학시(Bigarrures)』에서 47명의 여인들 이름을 애너그램으로 작성한 서한시 한 편을 선보인 바 있다. 또한 롱사르가 『사랑 시집 2권』에서 칭송한 연인 마리(Marie)는 사랑(amour)의 애너그램에 해당한다. 이런 애너그램은 한 인물의 숨겨진 속성과 특징을 드러내는 데 매우 효과적인 수단이었다.

apo melitos", 즉 "꿀을 입힌", 혹은 "꿀을 지닌"이라는 뜻이 된다. 프톨레마이오스 국왕의 부인이었던 아르시노에 여왕의 경우를 들자면, "Arsinoe, Heras ion", 즉 "유노의 제비꽃"이 된다. 스토아 철학자인 아르테미도로스는 자신의 책 『해몽서』에서 어구의 철자 바꾸기에 하나의 장을 할애했는데, 거기에서 그는 철자의 순서를 바꿈으로써 꿈을 해석할 수 있다는 것을 보여주었다. 첫 번째 글자의 배치에 관해서 에우세비우스는 『복음을 위한 마음의 준비』에서 예언자 에리트레아[11]가 그리스도의 마지막 강림을 예언하는 글자들로 각 시행을 시작하면서 예수 그리스도에 대해서 예언했다고 언급했다.[12] 그 철자들은 "JESUS. CHRISTUS. SERVATOR. CRUX"였다. 성 아우구스투스는 이 시를 번역했는데 (사람들은 그것을 "최후의 심판의 열다섯 징후들"이라고 부른다) 아직도 일부 지역에서는 노래로 불리고 있다. 그리스인들은 각 시행 첫 부분에 일정한 철자들을 배치하는 것을 "akrosrichis"라고 명명했다. 키케로도 『예언서』[13]에서 이것을 언급했다. 거기에서 그는 에리트레아의 시는 신의 영감에 의한 것이 아니라 인위적 기술로 짜 맞춘 것임을 증명하

---

11) 이오니아반도의 유명한 여성 예언자이다.

12) 『복음을 위한 준비』가 아니라 이 책이 간행된 1544년에 로베르 에티엔 출판사가 간행한 『교회사(Histoire ecclésiastique)』에 실린 내용이다.

13) 『예언서(Divination)』, II, 54, 110-112에 해당한다.

려고 무척이나 애를 썼다. 이와 같은 유산들은 플라우투스의 모든 운문 논거[14]에서 발견될 수 있는데, 각 시행들의 첫 글자는 희극의 제목을 드러낸다.[15]

---

14) 플라우투스의 희극들은 시적 논거를 앞에 제시하며 시작한다. 각 시행의 첫 번 째 단어를 구성하는 첫 글자들이 작품의 제목이 된다. 시적 논거를 이런 방식 으로 쓰는 것은 기원전 6세기의 유명한 문법학자 프리키아누스로부터 시작된 것으로 알려져 있다.

15) 『옹호』에서 에피그램, 애너그램, 이합체형의 시(acrostiche) 등과 같은 표현 기 술들이 언급되는 것은 프랑스어가 고대어만큼이나 언어의 자유로운 운용을 가 능하게 만드는 유연성을 지니고 있으며, 이런 유연성이 언어의 풍부한 자질과 속성의 증거라는 점을 강조하기 위해서이다. 게다가 이런 지적은 정신의 자유 로움이 자유로운 언어 사용을 허용한다는 생각을 뒤 벨레가 지니고 있다는 것 도 암시한다. 몽테뉴나 라블레가 이런 장난기 어린 표현 기술에 나름의 가치를 부여했음을 상기한다면, 언어를 재치 있고 능란하게 다루는 기술은 인간 정신 의 뛰어난 가치를 중시하는 한 흔적으로 볼 수 있다. 고대로부터 물려받은 여 러 기법을 다루면서 뒤 벨레는 인간 역량을 신뢰하는 인문주의자로서의 태도 를 견지하고 있다.

제 9 장
몇몇 프랑스어 말법에 관한 고찰

나는 프랑스 수사파 시인들[1]이 (내가 알기로는) 다루지 않았던 것에 대해 **간략히** 언급하였다. 중간 휴지의 묵음 "e", 돈호법, 강세, 남성 운 "é", 여성 운 "e", 그 외의 이와 관련된 널리 알려진 것들, 우리 **시인들은** 이것들을 이에 관해 글을 쓴 사람들로부터 배우게 될 것이다.[2] 그들이 좀 축소시키기를 원하는 시행의 **종류** 역시 인간의 상상이나 **자연만큼이나** 다양하다. 시의 장점과 단점은 아리스

---

1) 시를 '제2의 수사학'으로 간주한 피에르 파브리와 같은 대수사파 시인들을 가리킨다.

2) 세비예의 『시학』과 에티엔 돌레의 『프랑스어의 강세(Accents de la langue française)』(1540), 그리고 루이 메그레의 『프랑스 철자법의 일상적 용법에 관한 논고』(1542) 등이 이에 해당한다.

토텔레스, 호라티우스, 그리고 그들 이후에 비다[3]와 같은 고대인들에 의해 부단히 다루어졌다. 생각과 말의 문채들[4] 그리고 **표현술**에 관련된 다른 부분들, **동정심과 기쁨, 슬픔과 분노, 감탄과 영혼**의 다른 모든 감정의 **토포스들**에 대해서는 상당수의 훌륭한 **철학자들과 연설가들**이 그것을 다루었기 때문에 그들의 뒤를 이어 말하지는 않을 것이며, 나는 우리 **시인**이 무언가 높고 뛰어난 작품을 시도하기 전에 그것들을 읽고 또 읽기를 바란다. 로마의 **작가들** 중 최고의 작가들은 그리스 작가들을 아주 가까이에서 모방했던 사람들이라고 여겨지는 것처럼, 할 수 있는 한 자연스러움에 그대가 가장 가까이 다가가서 라틴어의 **문장**과 말법을, 이 두 언어의 본질적 속성이 허용하는 범주 안에서 다시 재현하려고 노력하기를 나 역시 바란다. 라틴어에는 알려져 있지 않은 관사의 경우를 통해 우리가 이해할 수 있는 것처럼, 우리 프랑스어의 말법과 그리스어는 아주 가까우며, 이에 대해서는 그대에게 충분히 말한 바 있다.[5]

---

3) 마르코 지롤라모 비다(Marco Girolamo Vida, 1480-1566)는 르네상스와 고전주의 시대에 널리 알려진 『시학(De arte poetica)』을 간행한 신라틴 시인이다. 바퇴(Batteux) 사제가 그의 『시학』을 18세기에 번역했다.

4) 완곡법, 비유법, 점층법, 강조법 등 간단한 표현으로 다양한 생각을 드러내는 데 효과적인 문채들을 가리킨다.

5) 이 점에 대해 뒤 벨레가 언급한 적은 없다. 다만 앙리 에티엔은 『프랑스어와 그리스어의 일치성에 대한 논고(Traicté de la conformité du langage françois

따라서 "l'Aller(길을 감)", "le Chanter(노래함)", "le Vivre(살아감)", "le Mourir(죽어감)"와 같은 명사형 실사를 과감하게 사용하라. "le liquide des Eaux(강물의 유려함)", "le vuide de l'Air(대기의 비어 있음)", "le fraiz des Umbres(그늘의 선선함)", "l'epes des Forestz(숲의 울창함)", "l'enroué des Cimballes(심벌즈의 쉰 소리)"와 같은 실사형 형용사를, 만약 그런 말법이 "le Chault du feu(불의 뜨거움)", "le froid de la Glace(얼음의 차가움)", "le dur du Fer(쇠의 단단함)"[6] 혹은 기타 등등과 달리 어떤 우아함과 활력을 더 갖게 해준다면 과감하게 사용하라. "craignant de mourir et se hatant d'y aller(죽을 것이 두려워 서둘러 가다)" 대신에 "tremblant de mourir, et volant d'y aller(죽을까봐 덜덜 떨며 자리를 뜨기를 원하며)"와 같이 본래 뒤에 부정법을 동반하지 않는 동사[7]와 분사를 부정법과 함께 사용하라. "obstinément(끈질기게)" 대신에 "ilz combattent obstinez(끈질긴 그들은 싸워나갔다)"처럼, "legerement(가뿐하게)" 대신에 "il vole

---

avec le grec)』를 1565년에 발표하면서 그리스어와 프랑스어 사이의 유사성과 일치의 가능성을 제시했다. 프랑스어와 고대어와의 유사성을 강조하는 뒤 벨레는 이 점에서 17세기가 경험할 '신구 논쟁'의 선구자라고 할 수 있다.

6) "le Chault du feu", "le froid de la Glace", "le dur du Fer" 등의 실사형 형용사는 전치사 'de' 이하의 명사와 같은 속성을 지니기 때문에 의미를 반복하는 진부함만 느끼게 만들 위험이 있다.

7) 자동사를 가리킨다.

legere(그는 가뿐히 날아오른다)"처럼 부사 대신에 형용사[8]를 사용하라. 그리고 내가 그대에게 여기에서 말할 수 없는 수없이 많은 다른 말법들을 그대는 자주 그리고 세심한 **독서**를 통해 더 잘 관찰할 수 있을 것이다.[9] 다른 무엇보다도 **고대 시인**들이 자주 사용한 것이지만 프랑스인들이 잘 사용하지 않거나 심지어 알지도 못하는 **환칭 문채**(換稱文彩, antonomase)를 자주 사용하기를 그대에게 권고한다. 그것의 강점은 주피터 대신에 "Père foudroyant(벼락을 내리치는 아버지)", 바쿠스 대신에 "le Dieu deux fois né(두 번 태어난 신)", 디아나 대신에 "la Vierge chasseresse(사냥하는 처녀)"와 같이 이름의 고유한 무언가를 다른 명사로 지칭하는 데 있다. 이 문채에는 다른 많은 분류들이 있어서 그대는 **수사파 시인**들에게서 그것을 찾을 수 있고, "Depuis l'Orient jusques à l'Occident(동방에서 서방까지)"를 위해 "Depuis ceux qui voyent premier rougir l'Aurore, jusques là où Thetis reçoit en ses undes le filz d'Hyperion(이오가 첫 번째로 얼굴을 붉히는 것을 보았던 사람들로부터 테티스가 히페리

---

8) 원문에서는 "nom"으로 기록되어 있다. 이것은 어떤 사물을 가리키거나 그것의 속성을 지시하는 용어이며, '실사형(nom substantif)', '형용사형(nom adjectif)' 등이 있다. 뒤 벨레는 이런 차원에서 형용사를 위해 "nom"이란 용어를 사용했다.

9) 뒤 벨레가 권장한 이런 말법들은 현대 프랑스어에 정착되어 사용되고 있다.

온의 아들[10]을 물살에 받아들이는 곳에 이르기까지)"와 같이 묘사에서 매우 큰 장점을 지닌다. 이것을 그대는 다른 **그리스**와 **로마** 작가들에게서, 심지어 얼어붙은 강물,[11] 황도십이궁도의 열두 자리,[12] 아이리스,[13] 헤라클레스의 열두 과업[14] 등과 같은 베르길리우스의 저 신성한 시도 안에서 많이 찾아볼 수 있다.[15] **형용사**에 관해 말하자면, 그것은 우리 **프랑스 시인들**에게서 대부분 식어버렸거나 쓸모가 없어지고 있으며, 혹은 어긋나게 사용되고 있는데, 나는 "flamme devorante(삼킬 듯한 불길)", "Souciz mordans(파고드는 걱정)", "gehinnante sollicitude(고문을 가하는 듯한 심려)"와 같은 것이 없다면 그대가 말하게 될 것이 표현력을 상실하게 될 것이므로 사용할 것을 권한다. 그리고 "impetueuse(격동치는)" 강물을 묘사하기 위해 "l'eau ondoyante(찰랑이는 강물)"라고 하거나, "languissante(꺼

---

10) "히페리온의 아들"은 태양을 가리킨다.

11) 『농경시』, III, 360에 해당한다.

12) 『농경시』, I, 231-232에 해당한다.

13) 『아이네이스』, IV, 700-701에 해당한다.

14) 『아이네이스』, VI, 801-803, VIII, 287-304에 해당한다.

15) 뒤 벨레가 인용한 베르길리우스의 표현들은 환칭법이라기보다는 완곡법 (périphrase)에 해당한다. 『호라티우스의 퀸틸리아누스』는 이 점을 비난한다. 플레이아드 시인들은 완곡법을 선호했는데, 그것은 비유법을 통한 묘사가 예술의 가치를 형성하는 데 매우 중요한 역할을 할 수 있기 때문이었다.

져가는)" 불을 보여주기 위해 "flamme ardente(달아오르는 불길)"
라고 말하지 않기 위해서라도 이런 형용사들이 실사에 대해서뿐
만 아니라 그대가 묘사하는 대상에 적합할 수 있도록 제대로 신경
을 써야 한다. 로마 작가들 가운데 호라티우스는 다른 많은 측면에
서와 마찬가지로 이 점에 관해서도 대단히 훌륭했다.[16] 또한 우리
언어의 가장 뛰어난 자들마저도 공통으로 저지르는 실수에 빠지
지 않도록 조심해야 하는데, 그것은 관사의 생략이다. 보잘것없는
수많은 프랑스 시들에서 이런 실수들을 찾아볼 수 있다.[17] 자주 벌
어지는 일이기는 한데, 아주 좋지 않은 한 가지를 깜빡 잊을 뻔했
다.[18] 10음절 시행의 중간 휴지[19]의 경우 "Sinon que tu en montres
un plus seur(그대가 그것이 확실하다는 것을 제시하지 않는다면)"[20]와

---

16) 롱사르는 형용사 용법에 대단히 민감했다. 초기 작품들에서 사용된 많은 형용
   사들은 작품 판본이 거듭되면서 끊임없이 퇴고되었다. 모리스 드 라 포르트
   (Maurice de La Porte)는 1571년에 『형용사(Les Epithetes)』를 발간하면서 주
   요 형용사들의 각각의 의미와 용법을 설명하였다.

17) 롱사르는 『시법 개요』에서 형용사 사용을 적극적으로 권장하고 관사 생략의
   오류를 피할 것을 시인들에게 제안했다.

18) 뒤 벨레는 부언 설명을 하지 않고 바로 작시법으로 건너가고 있다.

19) 일반적으로 10음절 시행에서는 네 번째 모음 다음에 중간 휴지가 놓인다.

20) 이 문장에서 네 번째 음절에 놓이는 중간 휴지는 주어 "tu"와 동사 "montrer"
   를 분리시키는데, 이것은 의미와 일치하지 않는다. 휴지가 놓이게 되는 네 번
   째 음절이 오기까지 하나의 의미를 지닌 구문이 형성되는 것이 바람직하다고

같이 문장이 갑작스레 끊기는 경우가 그러하다. 이상에서 나는 간략하게 그대가 시에서든 아니면 다른 말법에서든 프랑스인들이 약간만 사용하거나 전혀 사용하지 않는, 그러나 지켜야만 하는 것들에 대해 말하고자 했다. 하나가 더 있긴 한데, 그것은 마로가 번역한 『시편』에서 볼 수 있듯이 **남성 운**과 **여성 운**을 매우 세심하게 교차해야 한다는 것이다.[21] (내가 생각하기에는) 그가 그렇게 한 것은 각 시행의 끝에 놓일 박자가 다양하기 때문에 **선율**을 바꾸지 않고도 좀 더 쉽게 노래할 수 있게 만들기 위해서였다. 그대가 이런 것을 준수하기 위해 그대의 낭송을 뒤틀리게 만들 정도로 숭배하지만 않는다면 나는 그렇게 하는 것이 아주 좋다고 생각한다. 무엇보다도 그대의 **시** 안에 딱딱하고, 어긋나며, 혹은 장황한 것이 있지 않도록 특히 조심해야 한다. **문장 구성 요소들**은 잘 연결되어야 하며, 조화로움으로 귀를 가득 채워야 하고, 읽거나 들을 때 우리가 자연스럽게 끝에 도달했다고 느끼게 되는 지점을 결코 넘어서지

여겨지기 때문이다.

21) 뒤 벨레는 이전 세대 시인들을 대표하는 클레망 마로의 기여를 부분적으로 인정하고 있다. 남성 운과 여성 운의 교차는 음악성을 보장하는 제일의 조건이다. 뒤 벨레는 1550년부터 이 규칙을 준수했으며, 롱사르는 운의 교차 법칙을 제대로 반영하지 못한 초기 시들을 『오드 시집』이 아니라 『총림 시집(Bocage)』에 한데 모아서 출간했다. 각운의 배치가 시절마다 일관되지 않게 되면 음악가는 시절마다 멜로디를 바꿔야만 한다. 이것은 작품이 지닐 수 있는 내적 리듬을 파괴할 수 있다.

않도록 해야 한다.[22)]

---

22) 뒤 벨레는 프랑스어의 가치를 드러내기 위해 자연이라는 개념을 언제나 전제로 삼고 있으며, 이런 관점은 언어의 역량이나 시의 내용뿐만 아니라 내용을 만드는 기법의 차원에서도 자연스러움이 언제나 중요한 요소라는 점을 암시한다. 자연스러움은 무엇보다도 시가 조화로움, 어울림, 균형, 완벽함 등을 지니게 만드는 음악적 요소이기 때문이기도 하다.

제 10 장
시를 제대로 발음하는 것에 관하여[1]

이 자리에서 그리스인들이 "hupokrisis"라고 부른 낭송에 대해 한 마디를 하는 것이 부적절하게 여겨지지는 않는다. 그대가 시를 가끔씩 낭송하는 일이 있게 되면 그것을 모호하지 않은 명확한 소리로, 자분자분하지 않은 당당한 소리로, 그대가 시에서 표현하고자 원하는 모든 감정에 딱 들어맞는 소리로 발음해야 한다.[2] 다루는 소재에 들어맞는 발음과 몸동작은 데모스테네스의 판단에 따르

---

1) 원문의 "prononcer"는 라틴어의 "pronuntiatio", 즉 낭송(déclamation)을 의미한다. 낭송은 고대 수사학에서 권장된 요소이며, 롱사르 역시 『라 프랑시아드』 서문과 『시법 개요』에서 낭송에 대해 언급했다.

2) 키케로는 『연설가』(XVII, 55)에서 느끼게 된 감정을 재현하여 듣는 이의 마음을 감동시키기 위해서는 명확한 목소리의 어조를 발화에 적용시켜야 한다고 주장했다.

면 분명 **연설가**의 주요 부분을 이루며,[3] 자신의 시를 기품 있게 낭송하는 것이 결코 별것 아닌 것은 아니다. (키케로가 말했듯이[4]) 시는 귀의 진중한 관측과 가늠의 도움을 받아 고안되었기 때문에, 귀가 내리는 판단은 매우 감복할 만한 것이어서 구성과 말의 구조뿐만 아니라 소리의 **조정**[5]에서 삐걱거리고 투박한 것이라면 모든 것을 퇴짜 놓는다. 우리는 이런 낭송의 뛰어남이 베르길리우스에게서 매우 훌륭했다고 읽고 있으며, 그래서 그가 살았던 **시대**의 한 **시인**[6]은 베르길리우스가 자기 시들을 낭송하면 울림이 크고 장중했으며, 다른 이가 낭송하면 축 처지고 맥이 빠지고 말았다고 언급한 바 있다.

---

3) 키케로(『연설가』, III, 61)와 퀸틸리아누스(『웅변가 교육』, XI, 13)에 따르면 데모스테네스는 연설가의 자질 가운데 연기(actio)를 가장 중요한 요소로 고려했다. 이때의 연기는 발음과 몸동작을 가리켰다.

4) 키케로, 『연설가』, LIII, 178에 해당한다.

5) 키케로, 『연설가』, XLIV, 150에 해당한다.

6) 율리우스 몬타누스(Julius Montanus)를 가리킨다.

제 11 장

뛰어나지 않은 프랑스 시인들에 대한
비난과 기법 이외에 고찰할 것에 관하여[1]

나는 다음의 것을 길게 다루고 싶지 않다. 왜냐하면 내가 바라는 우리 시인은 어떤 규칙의 **전통**을 알지 못한다고 해도 자신의 올바른 판단으로 그것을 이해할 수 있을 것이기 때문이다. 따라서 무언가를 생각하기 위해 시간과 장소를 선택하는 것에 관해서라면, 나는 그가 자신의 즐거움과 기분에 따라서 스스로에게 요구하게 될 그런 지침들이 아니라면 그 어떤 지침들도 그에게 주지는 않을 것이다. 어떤 이들은 **숲**의 선선한 그늘과 푸르게 장식되어 펼쳐진 들판들 사이를 부드럽게 살랑거리며 가로지르는 맑은 강물들을 좋아

---

1) 뒤 벨레는 이 장에서 영감과 노동의 밀접한 관련성을 암시한다. 시의 창작에서 영감은 중요하지만, 그것 역시 노동을 요구한다. 즉 퇴고와 지식의 습득을 위한 노동은 프랑스어를 현양하려는 의지를 지닌 시인에게 필요한 조건이다. 뒤 벨레가 말하는 이런 "진정한 시인"만이 감정을 이끌 수 있다. 또한 뒤 벨레는 시에는 지식이 요구된다는 점도 지적한다. 모든 직업 용어를 빌려와 은유로 사용해야 하며, 박식함을 갖추어서 시가 세속적이지 않도록 만드는 것이 필요하다. 그가 비난하는 궁정 시인들과 각운의 형식만을 고수한 시인들은 이런 점을 인식하지 못하였다. 뒤 벨레의 웅변력이 돋보이는 장이다.

한다.[2] 또 어떤 이들은 **공부방**, 특히 학자들 공부방의 고즈넉함을 좋아한다.[3] 계절과 장소에 적응해야 한다. 그러나 나는 그대에게, 문을 세게 두들겨대는 자들이 아니라면 자신의 신성한 집무실의 문을 결코 열어주지 않았던 뮤즈들이 벗으로 여겼던 고독과 **침묵**을 찾으라고 조언하고 싶다. (때때로 **시적 정신**을 흥분시켜 뜨겁게 만들어줄 저 신성한 영감[4]을 그대가 방관하게 내버려 두지 않기 위해서이다. 영감이 없다면 지속될 만한 무언가를 만들 희망을 누구도 갖지 못하게 된다.) 나는 분명 우리 공부의 가장 유용한 부분인 **퇴고**를 간과하고 싶지는 않다. 그것의 기능은 글을 쓰게 만드는 최초의 충동과 열정이 허락하지 않을 무언가를 마음껏 덧붙이고, 삭제하고, 수정하는데 있다. 그런 이유로 그리스인들이 "mousopatagoi"라고 부르는, 매 순간 새로운 시로 불행한 **청자들**의 귀를 따갑게 만드는 저 성가신 작시법가들을 모방하지 말고, 우리가 쓴 **글들**이 마치 막 태어난 아이처럼 우리의 마음을 쉽게 사로잡지 못하게 만들기 위해, 그리

---

2) 호라티우스와 타키투스 같은 고전 시인들이 이에 해당한다.

3) 퀸틸리아누스처럼 집중력을 **빼앗아가는** 자연을 멀리하고 방의 고독을 찾은 작가들이 이에 해당한다.

4) "영감"은 원문의 "fureur"를 옮긴 것이다. 신플라톤주의의 영감 이론은 플레이아드 시인들에게는 시의 창작을 위해 매우 중요한 요소였지만, 뒤 벨레는 여기에서는 괄호 안에 묶어 다루고 있을 뿐이다. 그는 『옹호』 전체를 통해 유일하게 이 장에서 "fureur"라는 용어를 사용한다.

고 마치 곰들이 새끼들을 혀로 핥아서 형체가 드러나게 만들고 **사지**가 모양새를 띠게 만드는 방식을 따라서,[5] 그것들을 한쪽에 떼어놓고 보고 또 보는 것이 필요하다. 그러나 이것에 지나치게 신경을 쓸 필요는 없으며, 혹은 (**코끼리**가 새끼를 낳는 데 걸리는 시간처럼[6]) 시를 낳기 위해 **십 년**을 보낼 필요도 없다. 무엇보다도 우리의 오류들을 알아볼 수 있고, 우리가 쓴 글을 손톱으로 상처 내는 것[7]을 염려하지 않는 어떤 학자와 신실한 **동료**, 혹은 아주 절친한 **벗** 한 명, 나아가 서너 명을 사귀는 것이 우리에게 적당하다.[8] 또한 그에게 **학자들**뿐만 아니라 온갖 종류의 **인부들**과 **뱃사공들**, **주물공들**, **화가들**, **조각가들** 등의 **직공들**을 가끔씩 찾아가서 그들이 만든 것들과 재료들의 이름, 도구들, 그들의 기술과 직종에서 사용되는 용어들을 익혀서, 거기에서 모든 사물에 관한 멋진 비유들과 생생한 묘사들을 끄집어오기를 권고한다.[9] 우리 **언어**에 매우 적대적

---

5) 플리니우스는 『자연사』(VIII, 54)에서 새끼 곰이 태어나면 어미 곰은 형체가 뚜렷하지 않은 새끼를 혀로 핥아 모양을 갖추게 만들어준다고 소개한다.

6) 플리니우스 『자연사』(VIII, 10)에서 가져온 일화이다.

7) 양피지에 적힌 글을 지우려고 손톱으로 긁어내는 행위를 의미한다.

8) 호라티우스는 『시학』 445행에서 벗들의 판단에 자기 작품을 맡기라고 권고한 바 있다. 자기가 쓴 글을 검열할 자가 필요하다는 것이다.

9) 전문 직업 용어를 거부하지 않는 것은 묘사의 생생함을 지향하기 위해서이다. 이것은 시가 자연의 속성을 재현하는 것을 주된 관심사로 삼아야 한다는 말이

인 그대들이여, 이렇게 무장한 우리 **시인**이 들판으로 나가게 되면 그리스와 로마의 저 용맹한 **군대**들과 함께 전열을 갖추게 될 수 있을 것이라고 생각하지 않는단 말인가? 그리고 참으로 제대로 무장을 했다고 할 수 없어, 그대들의 무지[10] 덕분에 우리 **언어**에 "운율쟁이"라는 (마치 **로마인**들이 자신들의 보잘것없는 **시인**들을 "작시법가"라고 부른 것처럼) 우스꽝스러운 용어를 갖게 해주었던 그대들이여, 그대들이 이 **전투**[11]의 태양과 일렁이는 먼지와 위험한 일을 잘 버틸 수 있을 것이란 말인가? 내가 생각하기에 그대들은 **보급창**에서 시

기도 하다. 시는 자연을 벗어나서는 안 된다. 2권 10장에서 소리가 당당하고 울림이 있어야 한다는 것도 바로 이런 자연의 생생함을 드러내고 인위적인 기교를 피하는 것이 필요하다는 것을 말하기 위해서였다. 이 점에서 본다면 기법에 관한 장들은 1권 1장에서 언급된 자연관의 차원에서 고려될 필요가 있다. 기법은 자연의 속성을 언어로 표현하기 위해 필요한 것이며, 따라서 영감과 기법은 구분될 수 없다. 『옹호』가 기법을 2권에서 상세하게 다루는 이유가 여기에 있다.

10) 운율쟁이들(rimeurs)과 작시법가들(versificateurs)의 무지는 자연의 일렁임을 재현하지 못하게 만드는 요소이다. 그들의 시에서 생생함을 발견할 수 없는 것도 사물의 본질을 포착하기 위해 필요한 지식을 갖추지 못했기 때문이다. 뒤 벨레는 이미 1권에서 프랑스어가 발전하지 않은 요소로 선조들의 무지를 지적한 바 있다. 이때 경계의 대상이었던 무지는 기법의 잘못된 사용에서도 다시 한 번 환기된다. 이 점에서 보면 자연 혹은 자연스러움과 시인에게 필요한 진정한 기법 사이의 밀접한 상호성을 다시 한 번 가늠할 수 있다.

11) 모국어의 현양과 옹호를 위한 이런 모든 시도는 이 책의 앞에서와 마찬가지로 전투에 비유된다.

동과 하인들과 함께 몸을 빼내 달아나거나, 아니면 우리네 삶처럼 그리 오래가지 않을 그럴싸하고 귀에 착착 감기는 그대들의 글들은 (내 그대들을 동정해서 하는 말인데) 서늘한 그늘이나 높으신 나리들의 화려한 궁정이나 군주들의 으리으리한 조정에서 귀부인들이나 시녀들 사이에서 환영을 받고, 감탄을 사고, 찬양이나 받게 될 것이다. 그런데 그것들은 학문을 연구하는 방과 학자들의 저 풍요로운 도서관에는 결코 받아들여지지 않을 것이다.[12] 내가 바라는 우리 언어의 행복을 위해서라면 그대들의 서투른 작품들은 그런 곳[13]에서 쫓겨날 뿐만 아니라 (그것들이 실제 그러하니) 전 프랑스로부터 추방되는 것이 뮤즈들에게 기쁨을 안겨줄 것이다! 나는 아펠레스가 아니라면 누구도 자신을 그림으로 그리거나, 리시포스가 아니라면 누구도 자신을 조각으로 만들지 못하게 금지한 저 위대한 군주[14]의 선례를 따라서 자기 언어를 열정적으로 좋아하는 모든 국왕과 군주가 특별히 칙령을 발표하여, 만약 그것이 호라티우스가 『시학』에서 말한 저 퀸틸리아누스[15]처럼 아첨이라는 것을 모르는 어떤 학자의 줄질을 견디지 못한다면, 아랫사람들이 어떤 작품을 세상에

---

12) 당시 궁정 시인들, 특히 마로에 대한 간접적인 비난에 해당한다.

13) "학문을 연구하는 방과 학자들의 저 풍요로운 도서관"을 가리킨다.

14) 알렉산더 대왕을 가리킨다.

15) 뒤 벨레는 호라티우스의 『시학』 438행을 염두에 두고 있다.

내놓거나, **출판업자들**이 **인쇄**하는 것을 금지시키기를 바란다. 그런
데 『시학』에서 혹은 호라티우스의 수많은 다른 작품들에서는 너무
도 생생하게 그려져서 아우구스투스 시대가 아니라 마치 프랑수아
1세와 앙리 2세의 시대에 쓰인 것처럼 보이는 우리 시대 **시인들**의
잘못을 발견할 수 있다. (그가 말하길) **의사들**은 의사들에게만 관계
된 것을 허용하고, **대장장이**는 대장장이에게 속하는 것만을 다룬다.
그러나 일반적으로 학식 있는 **자**들이든 학식이 없는 **자**들이든 **시**들을
써나간다. 바로 그런 이유 때문에 많은 **학자들**이 더 이상 오늘날 우
리 언어로 글을 써내려고 하지 않는 것에, 그리고 외국인들이 우리
가 그들의 언어를 대하듯이 그렇게 우리 언어를 배려하지 않는 것
에 놀라지 말아야 한다. 그만큼 그들은 우리 언어에서 새롭게 모습
을 드러낸 무지한 **저자들**을 발견하고 있으며, 그것으로 인해 그들
은 우리 언어가 더 위대한 장식과 박식함에 적당하지 않다고 생각
하게 된다. 오, 나는 얼마나 원했던가, 저 『봄날』[16]이 말라비틀어
지는 것을, 저 보잘것없는 『청춘』[17]이 벌을 받는 것을, 저 『시도』[18]

---

16) 장 르 블롱(Jean le Blond)의 『희망을 꿈꾸는 가련한 자의 봄(Printeps de
l'Humble esperant)』(Paris, A. L'Angelier, 1536)을 가리킨다.

17) 프랑수아 아베르(François Habert)의 『환희로부터 추방당한 청춘(Jeunesse du
Banny de Lyesse)』(Paris, D. Janot, 1541)을 가리킨다.

18) 프랑수아 드 사공(François de Sagon)의 『시도(Coup d'Essay)』(Paris, Olivier
Mallard, 1537)를 가리킨다.

가 꺾이고 마는 것을, 저 『샘물』[19]이 말라버리고 마는 것을, 즉 지식을 갖춘 모든 **독자**가 더더군다나 그것을 읽으면서 혐오를 갖도록 만들기에 충분한 저 그럴듯한 제목들이 무너져 내리는 것을. 또한 저 「박탈당한 자」[20] 저 『희망을 꿈꾸는 가련한 자』[21] 저 『환희로부터 추방당한 자』[22] 저 『노예들』[23] 저 『여행자』[24]가, 그리고 시인들이 차용하는 저 **귀족들**과 **귀부인들**이 사용하는 진정 보잘것없는 명구들[25]이 원탁에 송환되어 처벌받기를 기원하였다. 더 이상 내가 무엇을 말할 수 있겠는가? 나는 아주 오랫동안 아이를 낳지 못했던 프랑스가 포이보스 아폴론 덕분에 잉태를 하여 조만간 한

---

19) 샤를 퐁텐(Charles Fontaine)의 『사랑의 샘(Fontaine d'Amour)』(Paris, J. de Marnef, 1546)을 가리킨다.

20) 클레망 마로의 『클레망의 유년 시절(Adolescence clémentine)』에 수록된 「박탈당한 자에게 보내는 서한(Epistre du Despourveu)」을 가리킨다.

21) 위에서 언급된 장 르 블롱의 작품을 가리킨다.

22) 위에서 언급된 프랑수아 아베르의 작품을 가리킨다.

23) 미셸 당부아즈(Michel d'Amboise)의 『운이 좋은 노예의 성병에 관한 편지(Les Epistres vénériennes de l'Esclave foruné)』(Paris, Denis Janot, 1532)를 가리킨다.

24) 장 부셰의 『위험한 길을 여행하는 자들(Traverseur des voyes peril-leuses)』(Poitiers, Jacques Bouchet, 1526)을 가리킨다.

25) 시인들이 제목에 고상함을 부여하기 위해 작품 맨 위쪽에 명구들을 새겨놓은 방식을 가리킨다.

시인을 출산하기를, 그리고 사람들의 돌팔매질을 받는 늪 속의 개구리들과 다르다고 할 수 없는 저 소리가 쉬어버린 **백파이프**들의 주둥이를 울림이 좋은 이 시인의 루트가 다물게 해주기를 간청했다. 그럼에도 불구하고, 글을 쓰겠다는 뜨거운 열기가 여전히 그들을 괴롭히고 있으니, 나는 그들에게 안티키라[26]에 가서 약을 복용하거나, 혹은 수치심을 버리고 노년에 그리스 철자들을 공부한 카토의 예를 따라 공부를 하는 것이 더 낫다고 조언하겠다.[27] 우리의 운율쟁이들에 관해 이렇게 말하는 내가 마치 너무 신랄하고 빈정대는 것처럼 보이겠지만, **지식**과 **판단**을 지녔으며, 우리 **언어**의 건강을 진정 원하는 사람들에게는 진솔하다고 여겨질 것이다. 우리 언어는 나쁜 시 때문에 **칼**과 **뜸**을 사용해야만 제거될 수 있을 정도로 궤양과 살이 썩는 고질병을 얻었기 때문이다. 이 글의 결론을 내리자면, **독자**여, 내가 우리 **언어**에서 찾으려는 자는, 나를 분노하게 만들고, 평온하게 하며, 즐겁게 하고, 고통받게 하며, 사랑하게 하고, 증오하게 하며, 놀라게 하고, 어안이 벙벙하게 하는, 즉 내 **감정**의 고삐들을 쥐어 나를 자기가 원하는 바대로 이리저리 가게 만드는 그런 진정한 **시인**이라는 점을 명심하라.[28] 이것이 진정한 시

---

26) 안티키라(Anticyre)는 광기를 치료하는 약으로 유명한 고대 그리스의 도시명이다.

27) 뒤 벨레는 키케로의 『노년에 관하여』(VIII, 26)를 참조하고 있다.

금석이며, 그것을 통해 그대는 모든 **시**와 모든 **언어**를 가늠해 보아야만 한다. 자신들이 이해하고 모방할 수 있다고 생각하는 것이 아니라면 그 어떤 것도 좋은 것으로 여기지 않는 그런 시인들이 많이 생기기를 나는 기대한다.[29] 그런 것을 우리 **시인**도 마음에 들어 하지는 않을 것이다. 이 시인들은 그런 작품들을 읽으면서 어떤 기쁨도 얻지 못하고, 도움도 얻지 못하며, 그것은 단지 **시적 허구일** 뿐이고, 마로[30]가 그런 것을 결코 쓴 적은 없다고 말할 것이다. 이 시

---

28) 키케로는 『웅변가』(I, 12)에서 뛰어난 웅변가는 재판관을 분노하게 만들고, 진정시키기도 하며, 질투하게 만들고, 두둔하게 만들며, 경멸하게 만들고, 감탄하게 만들며, 증오하고 좋아하게 만들며, 욕망하면서도 싫증나게 만들고, 희망하면서도 걱정하게 만들고, 기뻐하면서도 구슬프게 만드는 자라고 정의한 바 있다. 뒤 벨레는 연설가의 이런 자질을 시인에게 부여한다. 그에 따르면 진정한 시인은 인간 감정의 모든 굴곡을 포착하여 그것을 언어로 표현해 낼 수 있는 박식함과 유연함 그리고 능란함과 진지함을 가진 자이어야 한다. 이를 위해서 시인에게는 영감이 필요하고 혹독한 훈련도 요구된다. 이런 시인은 사랑, 자연, 조국, 전쟁, 영광, 우주 등의 모든 소재를 노래할 수 있는 자이기도 하다. 일종의 '백과사전적 지식'이 시의 영역에서 중요한 요소가 된다는 것이다. 물론 이를 실현하기 위해서는 모든 감정을 생생하게 재현하고 거기에서 정신의 기쁨을 생산할 수 있는 기법 역시 갖추어야 한다. 기법을 논하는 이 장에서 감정의 고삐를 쥐는 시인의 기능이 언급된 것에서 기법과 자연의 밀접한 연관성을 재차 강조하는 뒤 벨레를 확인할 수 있다.

29) 조롱적 어조이다. 형편없는 시인들이 많아야 그의 비난이 더욱 많은 반향을 얻어낼 수 있을 것이기 때문이다.

30) 뒤 벨레는 마로의 이름을 처음으로 공개적으로 언급한다.

인들이 시를 단지 시라는 이름으로만 이해할 뿐이기 때문에 그들이 모든 훌륭한 박식함으로부터 멀리 떨어져 있는 만큼이나 그들이 인정하는 글쓰기 방식에는 낯선, 그리스와 로마 그리고 이탈리아 작가들의 뛰어난 수많은 시 작품들을 방어의 차원에서 만들어내면서 그들에게 답변하겠다는 결심을 나는 하지 않았다. 단지 나는 세속적이지 않은 영광을 열망하는 자, 서투른 찬양자들로부터 벗어나는 자, 모든 드물고 오래된 지식의 적인 무지한 민중을 피하는 자, 모든 청객 가운데에서 오직 플라톤만을 원했고,[31] 또한 아우구스투스가 포함된 단지 서너 명만이 자기 작품을 읽어주기를 원했던 호라티우스의 선례를 따라서 소수의 독자들로 만족하는 그런 자에게 훈계를 주고 싶다.[32] 독자여, 그대는 우리 프랑스 시인에 관한 나의 판단이 이러하니, 만약 그대가 보기에 그가 훌륭하다면 그대는 그를 따를 것이고, 혹시 그대에게 다른 시인이 있다면 그대는 그 시인을 취하게 될 것이다. 왜냐하면 사람들의 판단이라는 것이 모든 면에서 그런 것처럼, 특히 시에 대해 매우 다양하다는 것을 내가

---

31) 그리스 서정시인 안티마쿠스(Antimaque de Colophon)를 가리킨다.

32) 세속적인 것으로부터의 거리두기는 플레이아드 시인들의 특권주의를 드러낸다. 그들은 이런 주장을 점차 완화해 나가게 된다. 신성하고 고귀한 여인 카상드르에 대한 사랑을 노래했던 롱사르 역시 1553년에는 시골 출신의 처녀 마리(Marie)에 대한 사랑의 소네트들을 작성하게 되고, 심지어 1555년에는 『익살시집』을 익명으로 간행하면서 세속적이고 육감적인 사랑을 노래하게 된다.

전혀 모르지 않기 때문이다. 그림이 그런 것처럼 시는 세간의 의견을 몰라라 할 수 없기 때문이다. 내가 겨냥하는 주된 목적은 우리 언어를 옹호하고 그것을 장식하고 확장하는 것이며, 이런 측면에서 영광을 갈망하는 자들의 활동과 노고를 내가 크게 위로한 것은 아니겠지만, 또는 내가 그들에게 결코 도움을 준 것도 아니겠지만, 조금이나마 그들이 좋은 의지를 갖게 해주었다면 나는 많은 일을 했다고 생각하게 될 것이다.

제 12 장
프랑스에 대한 찬양과 더불어 프랑스인들에게 모국어로 글을 쓸 것을 촉구하며

따라서 우리 시대에 접어들어서 천상의 별들이 마치 조화를 이루었다는 듯이 우리 언어의 명예와 성장에 좋은 영향을 불어넣어 주려고 한 이상, 어떤 학자가 우리 언어에 손을 대어 그리스와 로마의 호화로운 풍요의 뿔[1]이 맺을 꽃과 결실들을 우리 언어의 곳곳에

---

1) 르네상스의 정신성은 '풍요'로 요약된다. 도취와 발견의 넘쳐남, 말과 글의 넘쳐남, 자유로움에 대한 지지, 숨겨진 역동성의 포착 등, 이 시대를 구성하고 이 시대에 벌어졌던 모든 활동은 풍부함을 지향했으며, 또 그 성격을 스스로 드러냈다. 라블레의 과잉의 글쓰기, 롱사르의 온갖 장르의 섭렵과 다양한 문체, 몽테뉴의 넘쳐나는 지식의 향연 등이 그러하다. 뒤 벨레가 마지막 장을 '풍요'에 대한 언급으로 시작하는 것에서 이 작가가 시대정신을 제대로 파악했음을, 아니 시대를 이끌 힘을 스스로 만들어야 한다는 의식이 그에게 있다는 것을 확인할 수 있다. 말의 풍요는 정신의 풍요와 다르지 않기 때문이다. 따라서 모국어를 발전시키고, 문화와 시의 새로운 세계를 개척해야 하는 것은 시대와 우주의 원리가 풍요를 요구하기 때문이라는 관점도 드러난다. 이런 방식으로

뿌리지 않겠는가? 아니면 적어도 다른 이들의 부단한 활동[2]을 찬양하고 인정하지 않을 자가 또 누구란 말이냐? 그런데 그것을 비난할 자가 또 누구란 말인가?[3] 만약 진정 프랑스라는 **이름**의 원수가 아니라면 아무도 그렇게 하지는 않을 것이다. 단지 **야만족**의 **명령**에 따라 아테네의 **언어**[4]를 사용했다는 이유를 들어 페르시아 국왕의 한 전사에게 **사형**을 언도했던 신중하고 덕스러운 아테네 사람 테미스토클레스는 각자에게 자기 **고향**을 지키도록 명령하는 **자연법**이 우리 언어의 **위엄**을 우리가 지키지 않을 수 없도록 만들고 있음[5]을 명확히 보여주었다. 로마 민족의 영광은 (누군가가 말한 것

뒤 벨레는 자기 글의 정당성을 확보한다.

2) 앞에서 사용된 "풍요의 뿔"과 관련시켜 파악한다면 단순한 '노력'이 아니라 풍요로움을 만들어내는 '지속적이고 부단한 활동'이라는 의미를 지닌다. '지속성'과 '계속성'은 '풍요로움'을 만드는 요소들이다.

3) 반복되는 의문문의 고조된 어조는 사방으로 퍼져가는 저자의 목소리를 드러낸다는 점에서 풍요의 증거가 된다. 여기에서 뒤 벨레의 글쓰기에 담긴 '진정성'을 확인할 수 있다. 이런 일치는 1권 1장이 자연에 대한 언급에서 시작해서 2권 12장이 풍요로 끝나는 것에서도 확인될 수 있다. 그런데 '진정성'이라는 것이 자연이 부여한 '다양함'과 자유가 지닌 '정직함(honnêteté)'의 다른 모습임을 상기한다면, 뒤 벨레의 풍요로움을 지향하는 말하기는 결국 자유에 대한 말하기와 다르지 않다고도 할 수 있다.

4) 그리스어를 가리킨다.

5) 모국어의 수호는 영웅적이고 애국적인 행위라는 의미이다.

처럼[6]) 땅만큼이나 넓어진 그들의 언어에 의해서 이루어진 것이다.[7] 왜냐하면 그들 국가의, 심지어 아우구스투스 시대의 가장 뛰어난 훌륭함이 만약 언어의 혜택을 받지 않았더라면, 지금 우리가 찬양하고 경탄하며 숭배해 마지않는[8] 카피톨 신전이나 온천장 그리고 으리으리한 궁전과 같은 것들로 시간의 부당함에 맞서면서 자신들을 지켜낼 정도로 그렇게 견고해지지는 않았을 것이기 때문이다.[9] 그러니 우리 언어를 별로 돌보지 않은 우리는 그리스인들이나 로마인들보다 열등하다는 말인가? 나는 우리를 그네들과 비교하여 프랑스의 가치를 훼손하고, 그 가치를 허영에 찬 그리스인들에게 양도하려고 하지 않았다. 또한 로마인들과 비교하려고도 시도

---

6) 플리니우스는 『만물사』(VII, 31)에서 웅변으로 월계관을 차지한 키케로를 찬양하면서 그의 영광은 로마 제국의 영토가 넓어진 만큼 저 멀리 나아가게 될 것이라고 언급하였다.

7) 뒤 벨레는 마지막 장에서 만인에게 공평하게 부여된 '자연법'을 환기하면서 기법과 자연의 밀접한 연관성뿐만 아니라 '자유'를 언어, 시, 문화에 부여하는 것이 발전과 풍요를 낳을 수 있다는 점을 암시한다. 그리고 이를 위해 12장 도입부의 각 문장에서 "부단한 활동-자연법-확장" 등의 개념을 서로 긴밀하게 연결한다. 이런 뒤 벨레의 개념 연계 방식 역시 풍요로운 글쓰기의 증거이다.

8) 유사한 의미를 지닌 동사들의 나열은 풍요로운 글쓰기 방식의 한 흔적이다. 자연의 풍부함을 자신의 글 안에 부여하려는 저자의 의도가 드러난다.

9) 시간의 흐름으로 인해 사라지는 고대의 영광이라는 소재를 뒤 벨레는 자신의 시집 『로마 유적』에서 부단히 다루게 된다.

하지 않았다. 왜냐하면 두 민족의 기원[10]과 그들이 이룬 업적, 그들의 법, 풍속, 생활 방식, 그네들의 집정관, 독재자, 황제들과 우리네의 국왕, 공작, 군주들을 다시 다루는 것은 지루할 정도로 너무 장황할 것이기 때문이다. 행운이 우리보다는 그네들에게 때때로 더호의적일 수 있었다는 것을[11] 나는 인정한다. 그러나 또한 나는 (로마의 오래된 상처를 들추고, 자기네 스스로의 힘 때문에 가장 높은 곳에서 어떻게 세상 모두의 경멸 속으로 추락하게 되었는지를 떠올리지 않는다고 할지라도) 평온을 누리든 전쟁을 하든, 자신들이 명령을 내렸던 사람들의 노예가 되어버리고, 돈 버는 데만 몰입하게 된 지금의 이탈리아보다는 프랑스가 더 오랫동안 행운을 얻었다는 점을 기꺼이 말하고자 한다.[12] 나는 여기에서 하늘이 관대함을 넘어 아낌없이 프랑스에게 가득 부여해 주었던 인생사의 평온과 그것의 유지에 필요한 온화한 기후, 비옥한 땅, 온갖 종류의 넘쳐나는 과일들 그리

---

10) 프랑스와 로마 민족은 각각 프랑쿠스(Francus)와 아이네이스를 시조로 삼은 트로이아 민족의 후손으로 알려져 있다. 롱사르의 미완의 서사시 『라 프랑시아드』는 이것을 노래한다.

11) 원문에서 접속법 "ait"가 사용되었기에 의미상 양보적 성격을 지니도록 번역했다. 뒤 벨레는 접속법을 사용하면서 로마가 번창할 수 있는 행운을 얻었다는 점을 굳이 확인하지 않으려 한다. 그럴 의향이 그에게 별로 없기 때문일 것이다.

12) 페트라르카의 조국인 이탈리아에 관한 뒤 벨레의 입장은 양면적이다. 이 장에서는 이탈리아의 물질주의를 비판하지만, 앞의 장에서는 이탈리아를 야만을 벗어난 나라로 칭송했기 때문이다.

고 헤아릴 수 없는 **편리함**에 대해서는 말하지 않겠다.[13] 나는 수많은 거대한 **강들**, 수많은 멋진 **숲들**, 강성하면서도 윤택하고 온갖 전쟁 물자를 갖춘 **도시들**을 굳이 세어보지도 않겠다. 끝으로 나는 예전의 그리스와 로마인들에 비해서도 모자라지 않았던 **음악, 회화, 조각, 건축** 등과 같이 우리에게서 활짝 꽃을 피운[14] 수많은 **직업들**과 **예술들** 그리고 **학문들**에 대해서도 말하지 않겠다.[15] 그리고 금과

---

13) 이런 말하기 방식은 베르길리우스가 『농경시』에서, 플리니우스 1세가 『자연사』에서, 그리고 카스틸리오네가 『궁정인』에서 이탈리아를 찬양하기 위해 사용한 것이기도 하다. 뒤 벨레는 고대와 동시대 작가들이 자신들의 조국을 찬양하려는 목적으로 사용한 표현들을 가져와서 프랑스에 적용하고, 이로써 프랑스의 뛰어남이 고대 그리스나 로마 그리고 동시대 이탈리아에 견줄 수 있다는 점을 암시한다. 이와 같은 동일한 표현의 공간적 그리고 시간적 전이는 1권 2장과 9장에서 암시되었던 고대의 영광이 프랑스에 도달했다는 '제국의 이동'에 관한 르네상스의 믿음, 즉 진보적 세계관에 근거한 것이기도 하다.

14) 뒤 벨레는 자연과 예술의 밀접한 관계, 즉 예술의 성장에 공평했던 자연을 언급하기 위해 "꽃을 피우다"와 같은 은유법을 사용한다. 비유법의 사용은 『옹호』에서 발견되는 뒤 벨레의 글쓰기 특징의 하나이다. 선언적이고 공격적이며 비판적인 성격의 논조 안에서 발견되는 이런 비유법은 섬세한 글쓰기를 반영한다. 은유를 통해 상상의 영역을 전개시키려는 의지를 반영할 수 있는 비유법을 통해서 작품의 공격성과 논리성은 완화되거나 감추어진다. 또한 "꽃을 피우다"와 같이 '성장'에 관련된 은유법은 뒤 벨레가 생생함의 재현을 강조한 것과 마찬가지로, 작품에 에네르게이아를 부여하면서 생생한 인상을 갖게 만들 뿐만 아니라 작품 자체의 활력을 만들어가는 데에도 기여한다. 생명력과 생성의 가치를 중시하는 인문주의자로서의 특징이 엿보인다.

15) 프랑스의 자연적 풍요로움을 굳이 언급하는 것은 이런 자연의 속성이 언어와

은을 찾기 위해 광부의 **쇠끝**이 나이가 들어버린 우리 어머니의 저 신성한 **뱃속**을 결코 파헤친 적도 없고, **보석**과 **향수** 그리고 인간의 최초의 순수함을 타락시키는 다른 것들이 탐욕스런[16] **상인**에 의해 결코 추구되지도 않았으며, 마찬가지로 미쳐 날뛰는 **호랑이**와 잔인한 **사자들**, **독초들**, 다른 많은 인생사의 **페스트들**로부터도 프랑스는 멀리 벗어나 있었다. 나는 이런 축복들을 다른 **나라들**, 특히 이탈리아와 함께 나눌 수 있었다는 것에 만족한다. 하지만 신앙심과 종교, 청렴한 도덕, 훌륭한 담대함, 드물고 오래된 이런 모든 미덕의 측면에서 (이것들은 진정 온전한 찬양을 받을 만한데) 프랑스는 언제나 의심의 여지없이 첫 번째 자리를 차지했다. 따라서 대체 어떤 이유로 우리가 다른 나라들을 열렬하게 찬양하는 자가 되어야 한단 말인가? 어째서 우리는 스스로에 대해서 편협하단 말인가? 어째서

문화를 무한히 발전시킬 동력이라는 점을 암시하기 위해서이다. 자연관과 언어관이 '풍요'라는 개념 차원에서 서로 긴밀히 연결된다. 게다가 뒤 벨레는 "관대하게(liberalement)", "아낌없이(prodigalement)", "가득 부여하다(elargir)", "거대한(grosses)", "윤택한(opulentes)" 그리고 "수많은(tant)"과 같은 표현들의 반복을 통해 자연의 풍요로움을 자기 글에도 부여한다. 자기 글이 자연의 속성을 닮게 만들면서 뒤 벨레는 자기 주장의 정당성을 확보할 뿐만 아니라 자연과 일치하는 글쓰기를 시도하는 진정성도 드러낸다.

16) 뒤 벨레가 로마의 허영(vanité), 이탈리아의 탐욕(avarice)과 사치(luxure), 그리고 맹수의 잔혹함(cruauté)을 비판하는 것은 그것들이 순수했던 인간의 시원 그리고 그것을 보장해 주었던 자연을 위반한 요소라고 판단했기 때문이다.

우리는 우리 언어를 사용하는 것이 창피하다는 듯이 외국의 **언어들**을 구걸한단 말인가? 대(大)카토(장엄한 연설이 로마 의회와 민중으로부터 수없이 동의를 받았던 그 카토)는 로마인임에도 불구하고 그리스어로 **역사**를 기술했다는 것에 대하여 용서를 구하는 포스투미우스 알비누스[17])에게 다음과 같이 말했다. "만약 그대가 암픽티오니[18)] **칙령**에 의해 그리스어로 글을 쓰지 않을 수 없었다면 그대는 사실 용서를 받아야 할 것이다"라고. 모국어보다는 다른 나라의 **언어**로 글쓰기를 더 좋아하는 자의 잘난 체하는 기질을 그는 이런 식으로 비웃었다.[19)] 호라티우스는 로물루스가 그리스어로 시를 짓다가 숲에서 나무를 해오지 않은 자신을 훈계했다는 꿈 이야기를 들려준다.[20)] 이런 것은 그리스어와 라틴어로 글을 쓰는 프랑스인들이 흔히 하는 짓이다. 미덕에 대한 사랑이 아니라 오직 영광만이 우리를 덕스러운 **행동**으로 이끌어준다고 할지라도, 어째서 자기 모국어 사용에 뛰어난 자의 영광이 그리스어와 라틴어로만 글을 쓰는 자의

---

17) 151년의 로마 집정관이다.

18) 그리스 도시 연맹을 가리킨다.

19) 르네상스의 많은 인문주의자들은 카토 부자의 사례를 자주 언급한다. 라 보에시 역시 『자발적 복종에 대한 논설(Discours de la servitude volontaire)』에서 폭군을 비난했던 아들 카토의 말과 용기 그리고 행동의 진정성을 높이 평가한 바 있다.

20) 호라티우스의 『풍자시』, I, 10, 31~35에 해당한다.

영광보다 덜한 것인지 그 이유를 나는 정말 모르겠다.[21] 물론 그런 자[22]의 **명성**이 (두 **언어**가 더 유명한 만큼이나) 여러 **곳**으로 퍼져나가는 것은 사실이다. 그러나 처음에는 무럭무럭 피어오른 연기가 넓은 대기로 퍼져나가면서 조금씩 사라져가듯이, 그는 스스로 소멸하거나, 아니면 명성이 더 높은 셀 수 없이 수많은 사람들에 의해 짓이겨져서 소위 침묵과 어둠 속에 떨어지게 되는데, 이것은 매우 흔한 일이다. 그러나 모국어에 뛰어난 자의 영광은 나라의 경계 안쪽으로 국한되기 때문에 앞의 영광처럼 많은 장소로 흩어지지 않으며, 안전한 자리와 거처를 얻었다는 듯이 더 오래 지속된다.[23] 키케로와 베르길리우스가 라틴어로 글을 쓰기 시작했을 때, **연설**과 시는 그리스인들에게서는 탁월함의 가장 높은 곳에 있었던 반면, 로마인들에게서는 여전히 유년 시절에 머물러 있었다. 내가 언급한 이 사람들이 자기네 **언어**를 경멸하면서 그리스어로 글을 썼더라면, 그들이 호메로스나 데모스테네스와 어깨를 견줄 수 있었을 것

---

21) 프랑스어를 사용하는 프랑스 시인이 당시에 라틴어로 작품 쓰기를 선호했던 신라틴 시인들보다 더 열등하지 않다는 주장이다.

22) 모국어보다는 고대어를 선호하는 자를 가리킨다.

23) 뒤 벨레는 세속적 명성의 분화는 단절로 이어지고 나아가 침묵과 망각으로 떨어진다고 피력한다. 이에 반해 진정한 영광은 영원히 지속되는 속성을 지닌다. 이런 지속에 대한 언급은 한편으로는 프랑스의 무능했던 과거와 결별하고, 고대인들의 훌륭함을 계승한다는 관점과 연계되어 파악될 수 있다.

이라고 우리가 생각이나 할 수 있겠는가? 최소한 그들은 로마인들 사이에서 누렸던 위상을 그리스인들 사이에서는 얻지 못했을 것이다. 마찬가지로 페트라르카와 보카치오는 라틴어로 많은 글을 썼지만, 만약 그들이 자기 언어로 글을 쓰지 않았더라면, 그들이 얻어냈던 그런 위대한 명성이 그들에게는 충분히 주어지지 못했을 것이다. 이 시대의 많은 훌륭한 지성들이 그 점을 잘 알고 있으며, 그들 중 상당수가 이미 라틴어 사용자들 사이에서 평범하지 않은 명성을 얻었음에도 불구하고 자신들의 모국어로 회귀했으며,[24] 심지어 우리보다 라틴어에 열광할 더 많은 이유를 지닌 이탈리아인들마저도 그렇게 하고 말았다. 나는 저 박식한 추기경 피에트로 벰보[25]의 이름을 거명하는 것으로 만족하련다. 일전의 크리스토프 드 롱게이유[26]가 아니라면 대체 누가 그보다 더 키케로를 세심하게 모

---

24) 에티엔 돌레(1509-1546)가 한 예가 된다. 돌레는 『라틴어 주해』(1536-1538)와 같이 라틴어로 작성된 여러 작품을 출간했지만, 1540년에는 『한 언어에서 다른 언어로 제대로 번역하는 방식』을 작성하면서 모국어 번역의 중요성을 강조했다.

25) 피에트로 벰보(Pietro Bembo, 1470-1547)를 가리킨다. 키케로주의자이다. 사물이 발전하는 것에 보조를 맞추지 못하는 라틴어를 비난했다. 라틴어를 사어(死語)로 규정한 그는 이탈리아어를 옹호하기 위해 『토스카나어로 작성한 산문(Prose della volgar lingua)』을 1525년에 발표했으며, 페트라르카의 영향을 받은 『시(Rime)』를 통해 이탈리아어의 가치를 현양했다.

26) 크리스토프 롱게이유(Christophe de Longueil, 1490-1522)는 열렬한 키케로

방했을지 의심스럽다. 그러나 **운문**에서건 산문에서건 이탈리아어로 쓴 책을 통해 그는 자기 언어와 키케로의 **이름**을 이전보다 훨씬 더 밝게 빛나도록 만들어주었다. 내가 주장한 **이유**들에 (이미) 설득을 당했던 자에게 우리에게 해당하는 몇몇 사례들을 내가 제시한다면 그가 기꺼이 **모국어**로 회귀할지도 모르겠다. 환기하건대 빨리 출발할수록 그만큼 다른 이들이 놓치고 말았던 첫 번째 자리를 차지할 수 있다. 그리스와 로마의 저 드넓은 **평원**은 이미 가득차서 비어 있는 공간이 별로 없다. 이미 많은 이들이 날쌔게 달려가서 원했던 **목표**에 도달하였다. 이미 오래전에 누군가가 **상**을 차지하고 말았다. 하지만 오, 선량하신 신이시여, 우리가 항구에 도달하기 위해서는 얼마나 많은 **바다**가 아직도 우리 앞에 남아 있단 말인가! 우리가 달려 도달해야 할 **결승점**은 참으로 멀리 있단 말인가! 그럼에도 불구하고 나는 프랑스의 모든 식자가 그들의 속어를 결코 경멸한 것이 아니라는 점을 그대에게 진정 알려주고 싶다. 아리스토파네스를 되살리고 루키아노스의 **코**를 제대로 모방[27]한 자가 그 훌

주의자로서 키케로 논쟁 당시에 에라스무스의 신랄한 비난을 받았다. 에라스무스는 『키케로주의자』에서 그를 노조퐁(Nosopon)이라는 이름으로 등장시켰다. 롱게이유의 입장은 모국어를 지지하기 전에 한때 에라스무스에 대해 반대의 입장을 취하며 『대화(Dialogus, de imitatione ciceroniana)』(Lyon, 1535)를 작성했던 에티엔 돌레의 지지를 받은 바 있다.

27) 섬세함을 모방한다는 의미이다.

류한 증거이다.[28] 제발 다양한 **글쓰기**를 통해 많은 이들이 그런 일을 하기를 바란다. 그들은 내가 위에서 말한 자의 **껍데기**를 벗겨내어 잡다한 저속한 **농담들**로 그를 뒤덮는 짓을 결코 즐기지는 않을 것이다. 그것은 매우 불쾌한 것이어서 데코크리토스마저도 농담을 하게 만들지는 않을 것이다.[29] 나는 다른 많은 사람들 가운데에서 프랑스의 두 광채인 기욤 뷔데와 라자르 드 바이프에 대해 말하는 것을 전혀 부담스럽게 생각하지 않을 것이다.[30] 뷔데는 박식하고도 방대한 『군주 교육론』[31]을 작성했는데, 이 책은 작가의 **이름**만으로도 충분히 추천받을 만하다. 바이프는 소포클레스의 『엘렉트라』를 거의 **시행** 대 **시행**으로 번역했으며, 그것은 이런 일을 해본 사람들이라면 아주 고되다고 공감하게 될 것이고, 또한 우리 **언어**에 아주 멋진 복합어인 "aigredoulx(달콤 쌉쌀한)"과 함께 에피그램과 엘레

---

28) 프랑수아 라블레를 가리킨다.

29) 이 표현은 『가르강튀아』의 서문에 등장한다. 라블레는 독자들이 나무껍질만 보지 말고 수액을 빨아먹으면서 그 속에 숨겨진 사상을 발견할 것을 권고한다.

30) 뷔데와 바이프는 롱사르의 「고인이 된 라자르 드 바이프를 칼리오페에게 바치며(De feu Lazare de Baïf à Caliope)」에서도 다루어진다. 바이프는 1547년 사망했다.

31) 『군주 교육론』은 뷔데가 사망한 후인 1547년에 출판되었다. 그리스어와 라틴어로만 작품을 썼던 뷔데에게서 평범한 프랑스어로 쓰인 책이 나온 것 자체는 이미 놀라운 일이었다.

지라는 명사를 안겨주었다.[32] (내가 이렇게 말하는 이유는) 그 명예를 다른 이의 것으로 삼지 않기 위해서이다. 내가 지금까지 말한 것에 대해서, 보기 드문 박식함과 예외적인 판단력을 지녀서 분명 깊이 신뢰할 만한 나의 벗인 어떤 고귀한 자가 내게 그것을 보증해 주었다.[33] (프랑스 뮤즈들의 벗인 독자여) 내가 이름을 언급한 그런 사람들 뒤에 오게 될 그대는 그대의 언어로 글을 쓰는 것을 부끄러워해서는 안 된다. 오히려 그대는, 그대가 프랑스의 그리고 그대 자신의 벗이라면, 자기네 나라 사람들 사이에서 아킬레우스[34]가 되는 것이 다른 나라 사람들 사이에서 디오메데스[35] 혹은 더 나아가 테르시테스[36] 같은 사람이 되는 것보다 훨씬 더 낫다는 그런 고귀

---

32) 엘레지는 1500년에 프랑스어에서 처음 사용된 것으로 확인된다. "aigredoulx"라는 표현은 1541년 마로가 「레안드로스와 헤로의 이야기(l'Histoire de Leander et de Hero)」에서 처음 사용했으며, 라자드 드 바이프 역시 같은 해에 이 표현을 사용했다. 뒤 벨레는 의도적으로 페트라르카가 사용했던 이 어휘에 대한 우선권을 마로에게 넘겨주지 않으려는 태도를 취하고 있다.

33) 장 앙투안 드 바이프인지 롱사르인지 분명하지 않다.

34) 첫 번째 사람이 되는 것을 말한다.

35) 두 번째 사람이 되는 것을 말한다. 디오메데스는 트로이아 전쟁의 영웅이지만 아킬레우스에 버금가는 명성을 얻지는 못했다.

36) 꼴찌가 되는 것을 말한다. 테르시테스는 수다쟁이이고 비겁한 자였으며 아킬레우스에 의해 죽음을 맞이했다.

한[37] 신념을 간직하고서 그대 언어에 전적으로 몰두해야만 한다.[38]

---

37) 원문의 "genereuse"를 옮긴 것이다. '타고난' 혹은 '내재된'의 의미보다는 인간
이라면 갖추어야 하는 가장 높은 속성을 가리키는 것으로 보아야 한다.

38) 작품의 마지막 장에서 사용된 "그대 언어에 전적으로 몰두해야만 한다"는 권고
는 인간의 노력이 고귀함을 지향해야 한다는 것과 더불어 인간에게는 고귀함을
성취할 수 있는 역량이 있다는 것을 드러내려는 뒤 벨레의 의도를 반영한다.

작품 전체의 결론[1]

이제 우리[2]는 신의 가호 덕분에 수많은 위험과 이국의 물살을 헤쳐 안전하게 항구에 도달했다. 우리는 그리스인들의 한복판을 벗

---

1) 전투적 어조로 채색된 결론으로서 1권 1장의 어조와 동일하다. 롱사르 역시 『오드 시집』 서문에서 그리스와 로마를 약탈할 것을 주장한 바 있다. 한편 「결론」은 2권 11장에서 시인이 지향해야 할 목적이기도 한 "감동을 주기(movere)"의 원칙을 따른다. 독자들이 행동으로 신념을 실천하도록 만들기 위해서이다. 따라서 뒤 벨레의 열정적인 목소리는 서사시의 어조를 취하게 된다. 특히 위험을 극복하고 로마와 그리스를 약탈하라는 전투적 어조는 그만큼 "학문의 전이(translatio sutdii)"가 맞이하게 될 난관과 격렬함에 대한 암시이기도 하다. 여기에는 위험의 도사림과 극복, 정복과 소유의 문제뿐만 아니라 낯선 것에 대한 욕망과 제 것에 대한 욕망, 미래와 과거 등의 문제가 개입되어 있다.

2) "우리"라는 표현을 사용하면서 공동체의 운명을 암시한다. 이 공동체는 여전히 불안하다. 난파의 위험이 도사린 바다를 거쳐 이제 막 항구에 도착했기 때문이다. 또한 이 공동체는 과거를 거쳐 현재에 도달한 자이기도 하다.

어났으며, 로마의 **무장한 군사들**을 지나 그렇게도 원했던 프랑스의 **가슴** 한복판에까지 뚫고 들어왔다.[3] 자, 그러니, 프랑스인들이여,[4] 로마의 저 오만한 **도시**를 향해 용맹하게 진격하라. 그들의 헐벗은 노예들로 (그대가 여러 차례 그래왔듯이[5]) 그대의 **신전과 제단**을 장식하라.[6] 카피톨리노 언덕의 몸값을 흥정하던 맨몸의 그대를 선

---

3) "신의 가호 덕분에"라는 표현은 그리스와 로마라는 이국의 바다를 거쳐 이제 기독교의 프랑스에 도착하게 되었다는 의미를 지닌다. 따라서 종교적인 측면과 민족적 측면을 내포하고 있다. 특히 "그렇게도 원했던 프랑스"라는 표현은 이런 민족주의적 어조를 강화한다. 게다가 여성으로 지칭되는 프랑스의 감미로움은 "가슴"이라는 표현에 의해 더욱 강조된다. 여성성은 모국어로의 귀환이 무사히 이루어졌다는 안도감도 드러낸다. 즉 이교에서 기독교로의 이동이라는 종교적 측면과 고대에서 프랑스로의 이동이라는 민족적 측면 그리고 고대어에서 모국어로의 이동이라는 언어적 측면이 이 문장에서 모두 다루어지고 있다. 이와 같은 서사적 어조는 프랑스의 건국과 관련된 프랑쿠스 신화를 상기시킨다. 골족의 신화적 시조인 프랑쿠스가 앙리 2세가 통치하는 현재에 다시 등장한다는 것을 내포함으로써 이 글의 뒤에서 다루어질 "골족의 헤라클레스" 신화와도 연계된다. 『옹호』는 전반적으로 매우 내밀한 글쓰기 구조를 갖추고 있다. 결론 부분 역시 단단한 내적 구조에 근거하여 작성되었다.

4) 이 표현은 저자가 마치 로마의 황제처럼, 혹은 전쟁의 장수처럼 프랑스 민중을 이끌고 있다는 인상을 갖게 만든다. 그는 정복자로서의 자신을 드러낸다. 게다가 그의 모습은 당당하다. 그가 겨루는 대상이 "오만한" 로마이기 때문이다.

5) 이 표현은 과거의 승리가 다시 현재에 재현된다는 것을 내포함으로써 시간의 순환성에 대한 암시가 된다. 이것은 "제국의 이전"이 자연의 순환에 의해 가능하다는 『옹호』 앞부분에서의 진술을 환기하는 것이기도 하다.

6) 이집트의 노예와 황금으로 예루살렘의 기독교 사원을 장식한다는 것은 당시에

의를 드러내는 척하면서 불시에 습격한 저 시끄러운 거위들을, 저 오만한 만리우스를, 저 음흉한 카밀루스를 이제는 더 이상 두려워하지 말라.[7] 저 거짓의 그리스로 돌격하여, 그리스의 골족[8]이라는 저 유명한 민족을 다시 건설하라. 그대가 예전에 했던 것처럼 델포이 신전의 저 신성한 보물들을 가차 없이 약탈하라.[9] 저 말을 잃어버린 아폴론과 그의 허풍스런 신탁들과 뭉툭해진 그의 화살들[10]을 더 이상 두려워하지 말라. 제2의 아테네였던 그대의 옛 마르세이

인문주의자들이 널리 사용한 토포스였다. 이것은 모방이 단순히 타인의 붓으로 자신을 장식한다는 차원을 넘어 기독교적인 구원의 결과라는 의미도 지닌다.

7) 기원전 390년 골족은 로마를 침공했다. 당시 카피톨리노 언덕을 방어하던 로마 공화정 집정관인 만리우스는 거위 떼 소리에 잠에서 깨어나 밤을 틈타 성벽을 오르던 골족을 공격하였지만 포로가 되고 말았다. 로마와 점령지를 돌려주는 대가를 협상 중이었던 골족은 당시에 비무장 상태였는데, 결국엔 로마 장군 카밀루스의 잔인한 공격을 받고 말았다. 거위들의 시끄러운 "울부짖음", "오만한", "음흉한" 등의 표현은 맞상대를 불명예스러운 존재로 간주하는 효과를 지닌다. 반면에 골족의 비무장 상태를 가리키는 "맨몸"과 같은 표현은 프랑스의 순수함을 부각시킨다. 순수한 자들을 공격하는 로마인들의 비열함을 강조하기 위해서이다.

8) "그리스의 골족"이라는 표현을 사용한 것은 「결론」의 도입부에서 집단의 대변자로 등장하는 뒤 벨레의 위상을 다시 한 번 확인하는 효과를 발휘한다. 뒤 벨레는 그리스 인문주의를 계승하는 프랑스 문인들의 대변자인 셈이다.

9) 골족은 기원전 279년에 델포이의 아폴론 신전을 약탈하였다.

10) 뒤 벨레는 로마인들을 비열한 자로 간주한 것처럼 그리스를 조롱한다.

유[11]와 혀에 꿰인 **사슬로 민중들의 귀를** 이어서 자기 뒤에 끌고 가는 저 **골족의 헤라클레스**[12]를 상기하라.[13]

---

11) 마르세이유는 그리스의 식민지였으며, 로마 제국 통치 시기에는 교육의 중심지였다. 예전에 그리스인들이 아테네로 몰려들었던 것처럼 로마의 젊은이들이 마르세이유를 찾았다고 한다. 과거에 마르세이유는 지식과 문화 교류의 중심지였던 것이다.

12) 골족의 헤라클레스 신화는 프랑스가 모든 군주국을 대표하는 국가라는 이미지를 확립하려는 목적을 지녔던 프랑스 인문주의자들에 의해 자주 사용되었다. 특히 1549년 앙리 2세의 파리 입성을 준비하는 개선문에도 이 신화가 적용되었다. 골족의 헤라클레스는 무력과 함께 언어의 힘을 사용하는 자이다. 뒤 벨레가 마지막 용어로 "langue"라는 표현을 사용한 것은 언어와 혀의 힘을 암시하기 위해서이다. 말의 마법적 힘에 대한 호소는 자기 글을 설득력을 지닌 글로 인식시키려는 뒤 벨레의 개인적 의도도 포함하고 있다.

앙리 2세의 파리 입성을 위한 개선문 위의 골족의 헤라클레스

13) 고대에서 현재로 이동하는 과정의 한복판에서 민족의 영광을 노래하기 위해 뒤 벨레는 다시 한 번 "상기하라"는 표현을 통해 자신을 집단적 기억의 대변자

로 소개하며, 자신이 『옹호』에서 주장한 내용에 대한 신뢰를 얻고자 한다. 그러나 뒤 벨레는 정복하는 행위를 강조하기보다는 자기 민족의 집단 기억을 상기시키는 것을 더 중시하는 것처럼 보인다. 한편 수사적 구조와 표현들 그리고 내포된 의미들의 유기성이 매우 뛰어난 이런 글쓰기는 프랑스어가 고대어와 어깨를 겨루고, 나아가 능가할 수 있다는 주장의 한 증거가 되기도 한다.

야심 많고 탐욕스런 문예의 적(敵)에게[1]

소네트

시혜의 종이고, 탐욕의 노예인
그대는 자신을 다스릴 힘을 결코 가져본 적이 없지만,
자유로운 정신을 마음껏 자라나게 만들 힘을 지닌
그런 스승을 모시기를 나는 원한다.

대기와 운명과 인간의 법률은

---

1) 세비예가 자신의 『시학』을 「시기심 많은 자(A l'envieux)」에게 보내는 소네트
로 시작했듯이, 뒤 벨레는 동일한 의미를 지닌 소네트로 『옹호』를 끝맺는다.
1553년, 1557년, 1561년 판본에서 이 소네트는 1권 1장 앞에 놓였지만, 1561
년의 프레데릭 모렐(F. Morel) 판본에서는 「독자에게」 바치는 마지막 인사 앞
에 위치했다. 1568년 이후에 이 소네트는 뒤 벨레의 『시 모음집(Recueil de
poésies)』에 실리게 된다.

제 손 안에 그대의 불행한 **소유욕**을 쥐고 있으며,
탐욕스런 **재판관**[2]은 이곳에선 할 일이 전혀 없으니,
세 누이들[3]도, 악의적인 **시간**도 다를 바가 없다.

자, 그러니 무엇을 바라는 게 나은지 살펴보라,
평온인지 번민인지, 확실함인지 불안정함인지.
명예라면, 나는 불멸의 명예를 희망한다.

빛나는 **이름**은 **죽음** 아래로 결코 떨어지지 않는 법이지만,
그대의 흐릿한 이름은 그것을 그대에게 약속하지 못한다.
그러니 그대들 모두는 같은 무덤 아래 누워 있게 될 것이다.

뮤즈는 불멸을 안겨준다.[4]

---

2)   죽음의 재판관 미노스를 가리킨다.

3)   운명의 세 여신, 크로토, 라케시스, 아트로포스를 가리킨다.

4)   "Caelo Musa beat"라는 명구는 호라티우스의 『오드 시집』(IV, 8)에서 가져왔다.

독자에게

친애하는 **독자**여, 많은 이들이 생각하는 것 이상으로 (분명) 더 화려하게 장식될 수도 있을 프랑스 **시**의 **현양**이라는 이 비옥하고도 풍성한 **주제**를 내가 이렇게 짧게 다룬 것에 대해서 어쩌면 그대는 이상하다고 생각할지 모르겠다. 그러나 **예술**과 학문이 단 한 번에, 그리고 단 한 **사람**에 의해 완성되지 않는다는 것을 염두에 두어야만 한다. 오히려 세월이 오래 흐르는 동안 각자는 자기 **활동**의 일부를 거기에 바치면서 가장 뛰어난 지점에 도달한다. 자, 그러니 이 자그마한 **책**을 (아마도) 추진하려고 시도하게 될 어떤 위대하고 공들인 **건축**의 소묘이자 **초상**으로 받아들이시라. 나는 **여가**와 **지식**을 늘려가면서 그리고 나의 이런 열의, (굳이 말하자면) 무언가 훨씬 위대한 것을 마땅히 받을 만했던 이런 열의를 프랑스라는 나라가 마음에 들어 한다면, 나는 그것을 (가능하다면) 시도하련다. **표기법**에 관해서 나는 **이성**보다는 보편적이고 오래된 관습을 더 따랐다. 새로운 표기법[1]은 (내가 보기에는 필요하지만) 여러 많은 곳에서 그렇게 잘 받아들여지지 않고 있는데, 그런 새로운 방식이 작품을 있는

---

1) 프랑스 표기법의 개혁을 주장했던 루이 메그레의 음성에 따른 표기법을 가리킨다.

그대로 추천할 만하게 만들지 못하고, 재미없게 만들고, 심지어 독자의 경멸을 사게 만들기 때문이다. 인쇄상에서 발견될 수 있는 겹쳐지고, 누락되고, 덧붙여진 오류들을 용서해 주기 바란다. 첫 번째 판본이기 때문이며, 입이 무거운 분별 있는 독자는 그런 사소한 것에 눈길을 두지는 않을 것이다.[2]

친애하는 독자에게 신의 은총이 있기를.

---

2) 이 마지막 문장은 1561년 판본부터 삭제된다. 이후 판본에서 뒤 벨레가 오탈자를 수정하였기 때문이다.

시와 인간의 역량에 대한 옹호와 현양

1. 르네상스 시학의 상황들

라블레나 몽테뉴와 같은 산문 작가들을 먼저 떠올리게 되는 프랑스 르네상스는 무엇보다도 시의 시대였다. 대수사파 시인들(Grands Rhétoriqueurs)의 기법에 대한 집착을 극복하면서 저자의 등장을 선언한 클레망 마로(Clément Marot), 여성의 목소리를 전면에 등장시킨 루이즈 라베(Louise Labé)와 언어가 지닌 역량의 극한을 보여준 모리스 세브(Maurice Scève), 과거의 시적 전통을 거부하며 시의 개혁을 주장하고 실천했던 뒤 벨레(Joachim Du Bellay)와 롱사르(Pierre de Ronsard), 롱사르가 마련한 전선에 참여했던 레미 벨로(Rémy Belleau)와 장 앙투안 드 바이프(Jean-Antoine de Baïf), 세련된 언어를 개척한 필립 데포르트(Philippe Desportes)와 비극적 세계를 그려낸

아그리파 도비녜(Agrippa d'Aubigné), 그리고 바로크의 탄생을 선언한 테오필 드 비오(Théophile de Viau). 이들은 서로 협조하거나 경쟁하고 혹은 대립하면서 시의 가치를 확인하고 시인의 역할을 재정립하기 위한 다양한 시도들을 세상에 제시했으며, 이들의 창작 행위 바로 곁에서 시 쓰기의 이론적 토대를 마련하기 위한 시학의 성격을 지닌 여러 서적들이 세기 내내 출간되었다. 실천과 이론이 서로 결합하면서 문학의 가치에 대한 새로운 개념을 촉진시킨 이 시기에 발간되었던 시학들을 간단히 소개하면 다음과 같다.

자크 파브리, 『완벽한 수사학의 위대하고 진정한 기술』(1521)

그라시엥 뒤 퐁, 『운율을 갖춘 수사학의 기법과 기술』(1539)

자크 펠르티에 뒤 망, 호라티우스의 『시학』 번역(1541)

토마 세비예, 『프랑스 시학』(1548)

조아생 뒤 벨레, 『프랑스어의 옹호와 현양』(1549)

바르텔르미 아노, 『호라티우스의 퀸틸리아누스』(1550)

클로드 드 부아시에르, 『간추린 시학』(1554)

자크 펠르티에 뒤 망, 『시학』(1555)

쥘 세자르 스칼리제, 『시학 7권』(1561)

피에르 드 롱사르, 『시법 개요』(1565)

피에르 드 로됭 데갈리에, 『프랑스 시학』(1597)

장 보클랭 드 라 프레네, 『프랑스 시학』(1605)

피에르 드 데이미에, 『시학 지침서』(1610)[1]

특히 세기 초반과 중반에 다수의 시학이 발간된 것에는 프랑스어를 체계화하려는 일련의 시도가 배경으로 놓여 있다. 클로드 세셀(Claude de Seyssel)이나 조프루아 토리(Geoffroy Tory)와 같은 인문주의자들은 지식인의 언어였던 라틴어의 지배에 반대하면서 모국어의 역량을 강화하기 위한 주장들을 펼쳤으며, 고대의 연설 체계를 수용하면서도 모국어를 사용하는 프랑스 연설가의 출현을 강렬히 희망했던 에티엔 돌레(Etienne Dolet)는 프랑스어 문법 체계를 정립하려고 시도했다.[2] 1521년에 자크 파브리가 수사학 저서를 프

---

1) Jacques Fabri, *Le Grand et Vray Art de pleine Rhetorique*, 1521; Gratien Du Pont, *Art et science de rhétorique*, 1539; *L'Art poétique* d'Horace traduit par Peletier du Mans, 1541; Thomas Sébillet, *Art poétique françois*, 1548; Joachim Du Bellay, *La Deffence, et Illustration de la Langue Françoyse*, 1549; Barthélemy Aneau, *Quintil horatian*, 1550; Claude de Boissière, *L'Art poétique abrégé*, 1554; Jacques Peletier du Mans, *L'Art poétique*, 1555; Jules César Scaliger, *Poetices libri septem*, 1561; Pierre de Ronsard, *Abbregé de l'Art poétique*, 1565; Pierre de Laudun d'Aygaliers, *L'Art poétique françois*, 1597; Jean Vauquelin de la Fresnaye, *L'Art poétique françois*, 1605; Pierre de Deimier, *L'Académie de L'Art poétique*, 1610.

2) Claude de Seyssel, *Les histoires universelles de Trogue Pompee abbregees par Justin historien*, Paris, Michel de Vascosan, 1559; Geoffroy Tory, *Champ fleury auquel est contenu L'Art et science de la deue et vraye proportion des lettres attiques*, Paris, Gilles de Gourmont, 1529; Estienne

랑스어로 작성한 것이나, 1539년에 고대어에 견줄 수 있는 모국어의 역량을 증명하기 위해 로베르 에티엔(Robert Estienne)이 프랑스어-라틴어 사전을 발간한 것, 그리고 루이 메그레(Louis Meigret)가 발음에 근거한 프랑스어 철자법의 개혁을 주장한 것[3] 역시 모국어를 현양하기 위한 노력의 일환으로 볼 수 있다.

이런 가운데 1548년에 발간된 세비예의 『프랑스 시학』은 수사학 차원에서 시학을 다루면서도, 이전에 간행된 파브리나 뒤 퐁의 시학과 달리 고대 그리스나 로마의 시에 견줄 수 있는 프랑스 시의 고유한 가치를 탐색했다는 점에서 의의를 갖는다. 1권 총 9장과 2권 총 15장으로 구성된 이 작품은 프랑스어로 작성된 최초의 본격적 시학이라고 할 수 있다. 여기에서 세비예는 고대 시인들보다는 마로나 세브의 작품들을 다수 인용하면서 이들의 모방을 권고한다.

내가 조언을 준다면, 착상과 수사학에 포함된 판단력은 먼 과거의 알랭 샤르티에나 장 드 묑 사이에 있는 이전의 훌륭한 프랑스 시인들의 독서를 통해 확인되고 풍부해진다. 그러나 젊은 시인들은 고매하시고도 매

Dolet, *La Maniere de bien traduyre d'une langue en aultre*, Lyon, chez Dolet mesme, 1540.

3) Robert Estienne, *Dictionnaire françois-latin*, Paris, Imprimerie de Robert Estienne, 1539; Louis Meigret, *Traicte touchant le commun usage de l'escriture françoise*, Paris, J. Longis, 1542.

우 지적이셨으며 생전에 민중의 아버지였던 프랑스 국왕 프랑수아와 프랑스 시인들에 의해 청명해지게 된 프랑스라는 순수한 샘물을 들이마시는 것처럼 수사학에서 도움을 얻을 것이다. 그리고 프랑스 시의 초심자들은 프랑스 시인들 중에서도 마로, 생 즐레, 사렐, 에로에, 세브 그리고 이 프랑스 시의 찬양에 몰두하고 전력을 다하는 다른 훌륭한 정신들을 읽게 될 것이다.[4]

세비예는 1권에서 시의 기원, 리듬, 착상, 표현술, 남녀 성운 교차, 발음 등의 문제를 다루고, 2권에서 에피그램과 소네트 등의 시 장르들을 소개하면서 작시법으로서의 시학이나 운율을 지닌 수사학이 아닌 '신성한 영감'의 산물로 시를 간주한다. 1548년에 간행된 세비예의 시학이 1576년에 마지막 판본을 간행할 때까지 총 다섯 번(1551, 1555, 1556, 1564, 1573)에 걸쳐 판을 거듭했다는 사실은 그의 시학이 당시의 문단에서 호의적으로 수용되었다는 점을 짐작게 한다. 게다가 1550년에 출간된 바르텔르미 아노의 『호라티우스의 퀸틸리아누스』는 세비예의 시학에 대한 뒤 벨레의 비판을 반박하면서 프랑스 과거 문학의 계승을 지지했으며, 1554년에 간행된 클로드 부아시에르의 시학 역시 아노의 입장을 되풀이하면서 세비

---

4) Thomas Sébillet, *Art poétique françois*, in *Traités de poétique et de rhétorique de la Renaissance*, éd. F. Goyet, Le Livre de Poche, 1990, p. 59.

예의 영향력을 강화해 나갔다. 세비예의 『프랑스 시학』은 세기 후반기에도 여전히 많은 시인들에게서 일종의 시를 쓰기 위한 참고서의 역할을 수행한 셈이다. 이런 상황 속에서 1549년에 뒤 벨레가 『프랑스어의 옹호와 현양』(이하 『옹호』)을 발간한 것은 매우 중요한 의미를 갖는다.

세비예의 『프랑스 시학』이 간행된 지 채 1년도 안 되어 출간된 『옹호』에 대해서는 여러 의견들이 있다. 이탈리아 작가 스페로네 스페로니(Sperone Speroni)의 『제 언어에 관한 대화(Dialogo delle lingue)』[5]에서 상당 부분 영향을 받았다는 지적들이 있고, 프랑스어로 신플라톤주의의 영감 이론을 문학론으로 체계화한 글, 아니면 언어 공동체를 주장함으로써 민족 감정을 고취시키려는 의도에 의해 작성된 작품이라는 폄하도 있다. 그러나 세비예를 낡은 시대정신의 추종자로 간주하면서 프랑스 시의 혁신을 주요 목적으로 삼았다는 점에서 『옹호』는 논쟁적 '선언문'으로서의 가치를 지닌다.

이것은 무엇보다도 고대 문학과 경쟁할 수 있는 자국 문학의 탄생을 뒤 벨레가 지향했고, 고대를 극복하기 위한 하나의 방법으로 모방을 제시했다는 점에서 파악될 수 있다.

---

5) Sperone Speroni, *Dialogo delle lingue*, in Joachim Du Bellay, *La Deffence, et illustration de la langue françoyse(1549)*, éd. Jean-Charles Monferran, Droz, 2007[2001], pp. 189−279.

(오, 미래의 시인이여) 무엇보다도 먼저 그리스와 로마의 모본(母本)들을 밤낮없이 읽고 또 읽고, 훑고 또 훑어보아라.(2권 4장)

이때 그가 언급한 모방은 고대어가 아닌 모국어를 수단으로 삼아 고대 작가들의 훌륭함을 가져오는 행위를 전제로 한다. 그렇지만 복제가 불가능한 언어의 고유한 속성으로 인해 모방을 하는 순간에 시인의 고유한 자질과 자율성이 개입될 수밖에 없다는 관점이 뒤 벨레에게는 있었으며, 이것은 모방이 시에 대한 기존 개념의 혁신을 초래하는 동인으로 기능할 수 있다는 주장으로 이어진다. 특히 번역이 프랑스어와 프랑스 시의 발전에 기여할 수 없다고 파악하는 그는 모국어 현양에 끼칠 번역의 긍정적 가치를 주장했던 세비예에 직접적으로 맞서게 된다. 이에 대해 세비예는 이듬해에 에우리피데스의 『이피게네이아(Iphigénie)』를 직접 번역함으로써 뒤 벨레의 견해가 잘못된 것이었음을 증명하려고 시도하기에 이른다.

세기 중반기의 세비예와 뒤 벨레 사이의 대립은 경쟁적이었던 당시의 문단 상황을 충분히 암시한다. 프랑스의 과거 전통을 계승하는 일군의 작가들은 뒤 벨레나 롱사르와 같은 시인들의 새로운 시에 대한 주장을 폄하하면서 문단에서 여전히 영향력을 발휘하고 있었다. 문화의 발전이라는 차원에서 모국어의 가치를 파악하고 민족의 정체성을 드러낸다는 동일한 목적을 중심으로 모인 젊은 시인들이 시의 혁신을 주장하기 위해서는 혹독한 비판과 저항을 감수해야만 했던 것이다. 이런 상황에서 1541년에 호라티우스의 『시학』을 프랑스어로 번역하여 처음 소개한 펠르티에가 1555년에 자신이 직접 작성한 『시학』을 발간한 것은 의의가 있다.

물론 '프랑스어'라는 용어가 펠르티에의 제목에서 배제되었다는 점에서 그에게 세비예나 뒤 벨레처럼 모국어로 작성된 시의 모델을 구체적으로 제시하려는 의도가 없었다고 지적할 수도 있다. 그러나 "프랑스어에 대한 사랑에 집착했다"[6]는 고백처럼 그는 누구보다도 민족어의 이타성을 인식한 작가 가운데 한 명이었다. 롱사르나 뒤 벨레를 문단으로 이끈 선배이기도 했던 그는 세비예와 마찬가지로 시적 영감의 숭고성을 간직한 시인을 염두에 두었다. 그렇지만 그의 주된 관심사는 시인으로 태어나는 것이 아니라, 능숙한 시인이 되기 위한 조건들에 놓여 있었다. 당연히 기법이 시 창작에서 매우 중요한 역할을 맡는다는 것을 그는 지적하게 된다. 그런데 기법의 필요성에 대한 그의 강조는 뒤 벨레의 다음과 같은 주장과 맥락을 같이하는 것이었다.

시인들은 타고나는 법이라고 내게 주장하지 말기 바란다. 왜냐하면 그런 주장은, 시인들을 자연스럽게 고양시키지만 만약 갖지 못하게 되면

---

6)   Peletier, *L'Art poëtique françois*, in *Traités de poétique et de rhétorique de la Renaissance*, p. 239.

모든 기법에 결함을 초래해서 쓸모없게 만들 수 있는 정신의 열정과 민활함을 전제하기 때문이다.(2권 3장)

또한 그것은 기법의 연마가 중요하다고 언급한 롱사르와 의견을 공유하는 것이기도 했다.

시의 기술이라는 것은 원칙에 의해 이해될 수도 가르쳐질 수도 없다. 전해질 수 있는 것이라기보다는 더 정신적인 것이기 때문이다. 그러나 인간의 인위적 활동, 경험 그리고 노동이 허용할 수 있는 한에서 나는 여기에서 어느 날 그대가 이 즐거운 직업을 익힌 자들 가운데 으뜸이 될 수 있도록 몇 가지 규칙들을 그대에게 주고자 한다.[7]

여기에 덧붙여 펠르티에는 "자신의 생각이 완벽함에 도달하지 못할 것이라고 평가하지 말 것"[8]을 미래의 시인들에게 권고한다. 시인이 되고 싶은 자는 그렇게 될 수 있다는 욕망을 지니는 용기가 필요하다는 것이다. 이 점에서 시에 대한 보편적 주장들을 담은 펠르티에의 『시학』은 여타의 시학들과 다소간 구분될 수 있다. 또한

---

7) Ronsard, *Abrégée de L'Art poétique français*, in *Traités de poétique et de rhétorique de la Renaissance*, p. 467.

8) Peletier, *op. cit.*, p. 320.

작가들의 사례들을 제시하지 않았다는 점에서도 그는 시를 '제2의 수사학'으로 간주하며 이전 세대에 활동한 프랑스 시인들의 모방을 주장했던 세비예와도 뚜렷이 구분된다. 펠르티에는 시를 만드는 방법이 아니라 시인의 '윤리성'을 중요시했던 것이다. 세비예가 문단에서 영향력을 여전히 발휘하고 있던 상황에서 펠르티에는 뒤 벨레가 『옹호』에서 했던 주장들을 다시 한 번 환기하면서 미래의 젊은 시인들에게 시의 가치를 전달해야 한다는 필요성을 인식했던 것이다.

1565년에 롱사르의 『시법 개요』의 발간 배경 역시 이런 맥락에서 이해될 수 있다. "세 시간"[9] 만에 작성된 매우 짧은 분량의 이 책은 젊은 시인이었던 알퐁스 델벤느(Alfonse Delbene)에게 헌정되었다. '개요'라는 제목이 암시하듯이 롱사르는 시학에 대한 일부의 관점만을 전달한다. 따라서 세비예나 뒤 벨레처럼 시에 대한 전반적 관심사들을 여기에서 발견하기는 힘들다. 그는 착상, 배열, 표현의 정의와 각운, 모음, 12음절이나 10음절 시행 그리고 철자법을 간단히 소개하는 데 그친다. 그리고 이러저러한 강제된 규칙에 얽매이기보다는 시의 진실에 봉사할 것을, 과거 프랑스 시인들을 추종하기보다는 새로운 것을 "만들어나가는 데"[10] 전념할 것을 미래

---

9) Ronsard, *op. cit.*, p. 484.

10) *Ibid.*, p. 487.

의 시인들에게 권고한다.

  그러나 1573년에 롱사르는 『개요』를 자신의 『작품집(Oeuvres)』
에 수록할 수 없었다. 같은 해에 세비예의 『프랑스 시학』과 클로드
부아시에르의 『개요』가 합본되어 다시 세상에 나왔기 때문이다.
이런 상황은 시에 대한 관점을 둘러싼 문단의 대립이 매우 치열
했다는 것을 반증한다. 심지어 1597년에 발간된 로뎅 데갈리에의
『프랑스 시학』은 오드와 소네트 이외에도 세비예가 추천했던 중세
의 발라드, 롱도, 궁정 가요(chants royaux), 성가(cantique), 나아가
소극(farce)마저도 시인이 개척해야 할 장르로 소개한다. 약 반세기
전에 세비예가 했던 주장들을 다시 되풀이하는 것이다. 그리고 2권
1장을 시작하면서 세비예 『시학』의 "흐름을 거의 있는 그대로 따
르겠노라"[11]는 의도마저 노골적으로 드러낸다. 클레망 마로를 프
랑스 시의 전범으로 칭송하는 세비예를 지지하는 일군의 작가들
이 뒤 벨레의 시적 개혁에 대한 주장과 새로운 시인들의 창작 활동
에 이론적으로 대립한 것이다. 그런데 이런 상황은 수사학의 영역
으로부터 시와 시학을 끄집어내려는 시도가 치열한 논쟁의 과정을
거치지 않을 수 없었다는 반증이 되기도 한다.

---

11) Pierre Laudun d'Aigaliers, *L'Art poëtique françois*, éd. Jean-Charles
    Monferran, STFM, 2000, p. 55.

2. 시에 대한 새로운 관점

15세기 후반기에서 16세기 전반기까지 시는 '제2의 수사학' 혹은 '운문으로 된 수사학'으로 간주되었다. 1501년에 출간된 르노 르 쾨(Regnaud Le Queux)의 『제2의 수사학 지침서(Instructif de la seconde rethoricque)』에서 볼 수 있듯이 시에 관한 대부분의 저술들은 각운이나 시절 형태 등과 같은 기법의 활용에 주로 관심을 가졌다. 『즐거움의 정원 그리고 수사학의 꽃(Jardin de plaisance Et fleur de Rethoricque)』이라는 긴 제목을 지닌 책의 서문으로도 사용되었고, 16세기 전반기에만 여러 차례 발간된 이 책은 총 10개의 장에서 수사학의 정의, 수사학의 두 부분으로서의 산문과 운문, 피해야 할 기법상의 요소, 각운, 음절 수, 교훈극, 희극, 신비극, 연대기, 로망, 역사서 등에 대한 규범들을 제시한다. 시의 규칙들을 열거한 이 저서는 각운과 시절의 복잡한 형태를 소개하고, 각 용어에 대한 기술적인 간단한 설명을 곁들이고 있는 장 몰리네의 『속어로 된 레토릭 기법(L'Art de la Rhétorique)』(1493)을 뒤따르는 형세를 취한다. 여기에서 시의 본질과 시인의 작업에 대한 이론적 언급을 발견하기는 힘들다. 오히려 시를 수사학의 한 영역으로 간주하는 관점이 16세기 전반기에도 여전히 유효했다는 것을 이 작품을 통해 확인할 수 있다.

어떤 면에서 세기 전반기에 연설과 구분되는 시의 고유성을 찾으려는 시도는 부재했다고도 말할 수 있다. 시의 본질이나 대상 그리고 목적은 수사학의 영역 안에서 파악되어야만 했다. 특히 아리스토텔레스의 수사학이 이미 운문과 산문을 포함하고 있었다는 점에서 문체와 표현술을 다룬 수사적 고찰들은 시에도 마땅히 적용되어야 하는 것으로 고려되었다. 조르주 샤틀랭(George Chastellain)과 같은 작가가 시에 대한 자신의 이론서를 『수사학의 열두 귀부인들(Les Douze Dames de Rhétorique)』이라고 명명한 것이 당연하다고 여겨졌을 정도로 시가 수사학의 한 장르라는 생각은 여전히 유효했다.

수사학으로서의 시에 대한 관점이 존재했고, 당연히 수사학 기법과 관련된 용어들이 시학에 적용되었던 이 시기의 시학들이 착상, 배열, 표현과 같은 수사학 용어들을 그대로 수용하는 것도 충분히 이해될 수 있다. 시의 이론적 토대와 기술적 양상을 다룬 세비예가 시를 수사학의 한 형태로 간주했다고 해서 그것은 결코 놀라운 일이 아니었던 것이다.

내가 시학에서 착상에 첫 부분을 할애한 것에 놀라서는 안 된다. 수사학자들이 착상을 그들 기법의 첫 부분으로 셈해 놓았었다. 왜냐하면 수사학은 모든 연설에처럼 모든 시에도 역시 퍼져 있기 때문이다. 그리고 연설가와 시인은 서로 가깝고 같은 일을 한다. 다만 시인이 연설가보다 운율의 제약을 더 받는다는 것에서 차이가 난다.[12]

---

12) Sébillet, *op. cit.*, p. 57.

시인이 연설가에 비해 형태의 복잡한 규칙들을 더 존중한다는 점을 제외한다면, 이 둘 사이에 큰 차이가 없다고 파악하는 세비예는 타고난 재능을 보완하기 위해서는 수사가들의 작품을 연구하고, 그들로부터 "기법을 이루는 넘쳐나는 착상을"[13] 찾을 것을 권고한다. 그런데 세비예의 이런 관점을 우리는 뒤 벨레에게서도 발견할 수 있다. 그는 『옹호』 1권의 마지막 장에서 수사학과 시를 구분하려는 어떤 시도도 하지 않았다고 밝히고 있기에 그러하다.

이제 우리 언어의 확장과 장식을 위한 주요 요소들을 좀 더 상세하게 다루기 위해서는 이 발걸음을 멈출 시간이 되었다. (독자여) 내가 시인에 대해 말한 것과 달리 연설가에 대해서 말을 하지 않는 것에 놀라지 않기를 바란다. 왜냐하면 시인의 자질들은 연설가에게도 상당 부분 같은 것이라는 점 이외에도 우리 속어로 훌륭한 판결을 내린 사람인 에티엔 돌레가 『프랑스의 연설가』를 만들었다는 것을 그리고 돌레와 프랑스를 기억하는 어느 누군가가 이 책을 (분명) 조만간 그리고 충실하게 세상에 내놓게 될 것임을 내가 모르지 않기 때문이다.(1권 12장)

펠르티에도 다르지 않았다. 『시학』 1권 3장에서 그는 연설가의 언술이 상황에 의존한다는 점에서 시인의 발화와는 차이가 있으

---

13) *Ibid.*, p. 58.

며, 자신이 다루는 문제의 단 한 양상을 섬세하게 검토해야 하는 연설가와 달리 시인은 모든 영원성을 위해 말을 한다는 차이점만을 지적하고 있을 뿐이다. 그에게서도 시인은 연설가와의 관련하에서만 정의될 수 있었던 것이다.

> 시인은 모든 표현에 있어서 자유로울 수 있으며, 연설가는 개별적인 것들의 제약을 받는다. 왜냐하면 연설가는 신을 말하게 만들거나 사랑이나 축제 놀이, 지옥, 별, 지방, 들판, 평원, 연못 등과 같은 글의 아름다운 요소들을 다룰 기회를 찾을 수 없기 때문이다 […] 왜냐하면 영원에 대해 말을 하는 자는 단지 논거의 매듭, 비밀 그리고 그 속살을 슬쩍 건드리고, 자질구레한 서술을 저버리고 훨씬 단호하게 말을 해야 한다. 눈앞의 사람들, 대부분의 경우엔 민중들에게 말을 하는 연설가는 단지 한 시간 동안 이 사람들의 호응을 얻기 위해 적당한 몸동작과 방식을 십분 보여준다.[14]

그러나 새로운 시에 대한 주장이 이처럼 수사학과 관련되어 제시되었을지라도, 세비예와 이들의 관점이 같다고 말하기는 힘들다. 시의 자율성, 즉 시를 수사학의 하위 분야로 간주할 것인지, 아니면 수사학을 넘어서는 상위 분야로 둘 것인지를 둘러싸고 서로

---

14) Peletier, *op. cit.*, pp. 249-250.

대립했기 때문이다. 연설가에 대한 언급을 자제한 뒤 벨레나 주어진 상황에 따라 발화를 조정할 수밖에 없는 연설가의 한계를 지적한 펠르티에에게는 시의 특수성이 수사학과 분리된 고유한 가치를 보장한다는 확신이 있었다. 바로 여기에서 15세기에 발간된 여섯 편의 작품들과 16세기 초에 간행된 익명의 저자 작품 한 편을 수록한 『제2의 수사학 모음집(Recueil d'art de seconde rhétorique)』에 실린 모든 작품이 '수사학'이라는 용어를 제목에 달고 있고, 파브리가 1521년에 간행한 시학이 "완벽한 수사학의 위대하고 진정한 기술"이라는 제목을 지닌 것과는 달리, 이들이 '시학'이라는 용어를 굳이 제목에 포함했던 본질적 이유가 설명될 수 있다.

분명 자신의 작품에 '시학'이라는 용어를 부여한 세비예에게는 수사학의 정의들을 수용하면서도 시의 독자적 성격을 강조하려는 목적이 나름대로 있었다. 그가 선택한 제목에 사용된 'art'라는 용어는 더 이상 시의 법칙들만을 가리키지는 않았다. 수사학의 규칙으로부터 시학을 자유롭게 만들기 위해 그는 시인의 타고난 자질이나 천성 혹은 시인의 열정(enthousiasme), 즉 시적 영감의 힘을 더욱 강조하기 때문이다.

모든 예술은 우리가 미덕이라고 부르는 저 신성한 완벽함과 밀접히 맺어져 있어서 예술의 기초는 정방형의 단단한 바위와 같은 그것 위에 토대를 두고 있다는 것 이외에도 그것으로부터 예술이라는 덕스러운 명칭을 빌려왔다. 그런데 미덕과 예술이 같은 샘물, 즉 신성함이 놓여 있는 저 천상의 깊은 심연에서 솟아나왔다고 말하는 자들은 사물을 이해할 수 있는 지복 그리고 나아가 그것을 잘할 수 있는 완벽함은 언제나 그리고 한결같은 결과를 낳는다고 말한다. 따라서 우리는 신성함에 속하는 고유한 그 무엇을 학문(진정한 어머니이며, 덕스러운 작품의 유모)이라고 부른다. 그리고 이런 학문과 예술은 매우 가깝고, 거의 형제 같으며, 학문을 택하든 예술을 택하든, 그 무엇도 결코 과하지 않을 것이다. 그리고 분명히 모든 예술에서처럼 정신에 가까이 다가가는 이 신성한 불꽃의 번득임은 빛을 발하고, 그 빛에 의해 그 번득임이 확실히 알려지게 된다. 또한 시의 기법(내가 영감이라고 정확하게 명명해야 하는 것을 기법으로 부르는 것을 허용해 준다면) 안에서 그 번득임은 더욱 생생하고 더욱 찬란하게 빛난다.[15]

피치노의 영감 이론과 호라티우스 시학의 기법 개념을 결합하는 그는 뛰어난 기술이 만든 결과물로서만 시를 정의하려고 하지 않는다. 그에 따르면 영감 이론과 관련된 시는 정신적인 영역과 관련을 맺으며, 뛰어난 자질을 지닌 시인은 신성한 호흡으로부터 영감을 받아서 고양된 정신을 통해서만 노래할 수 있다. 따라서 기법은 시의 본질적 영혼을 인위적으로 감싸는 껍데기에 불과할 뿐이다.

---

15) Sébillet, *op. cit.*, pp. 51-52.

이런 주장에서 기법은 시인의 타고난 내적 자질(vertu)이 만들어내는 산물로 간주되기 시작했고, 사물에 대한 이해를 촉진시키는 요소가 되었다. 그러나 영감에 대한 이런 주장에도 불구하고 그가 15세기 후반기에서 16세기 초반기에 활동한 대수사파 시인들이 견지했던 '기법으로서의 시'에 대한 관점으로부터 전적으로 벗어났다고 말하기는 힘들다. 『프랑스 시학』의 2권이 권장하는 시적 장르의 범주에는 에피그램, 소네트, 오드와 같은 새로운 장르들뿐만 아니라 중세의 장르인 롱도나 발라드 역시 포함되어 있었다. 세비예는 과거의 프랑스 시인들만을 영감을 얻은 시인의 전범으로 간주한 것이다. 과거의 그들을 모방하는 것이 미래의 시인들에게 필요하다는 것을 제시하려고 한 것이다.

이에 반해 뒤 벨레의 『옹호』는 제목이 암시하는 바와 같이 시에 관련된 기존의 모든 언술을 부정한다. 만약 그가 『옹호』에서 '시학'이라는 용어를 단 한 번 사용했다면, 그것은 의도적으로 이 용어를 자신이 파악하는 시의 개념에 적용하기를 꺼렸기 때문이다. 그는 이전 시학들과는 다른 방식으로 시에 접근한다. 물론 그가 『옹호』의 2권을 기존 시학에서 다루었던 장르, 각운, 리듬, 음절 수 등의 기술적 측면에 할애하고 있는 것은 사실이다. 따라서 『옹호』를 시학으로 고려하기 힘들다는 의견이 있을 수도 있다. 하지만 『옹호』는 무엇보다도 세비예에 대한 반박을 기점으로 삼아 모국어로 작성된 위대한 시의 등장을 준비하기 위한 일종의 프로그램이었다.

특히 진정한 시인에게 반드시 필요한 요소로 모방을 권고한 것에서 시의 형식과 내용 모두를 아우르는 글쓰기의 중요성에 대한 뒤 벨레의 강조를 읽을 수 있다. 또한 영감과 기법을 서로 대립하는 것으로 보지 않음으로써 신성한 영감과 인간적 역량 사이의 밀접한 상호 보완성을 강조하는 입장을 찾을 수 있다.『옹호』는 사물의 본질을 포착하여 재현하는 시적 언어의 무한한 힘과 그것에 의지하는 시인의 특별한 역할을 옹호한다고도 말할 수 있는 것이다.

착상의 신성함, 문체의 웅장함, 어휘의 장대함, 생각의 진지함, 문채의 담대함과 다양함, 그리고 시의 수많은 광채들, 즉 글에 담긴 저 에네르지, 로마인들이 뛰어난 재능이라고 불렀을 어떤 알 수 없는 정신이 다른 어떤 이들보다도 시인들에게 더 많이 있기 때문이다.(1권 6장)

뒤 벨레가 강조하는 기법은 자연의 생생한 활력을 표현할 수 있는 역량을 지닌 요소로 기능한다. 기법에 관한 이런 관점은 과거 프랑스 시인들을 글쓰기의 모델로 제시한 세비예에게서는 찾을 수 없는 것이었다. 뒤 벨레가 보기에 마로를 포함한 프랑스 시인들의 기법은 영감을 자연스럽게 고양시키며 정신의 열정과 민활함을 담아내지 못하는 한계를 드러냈다. 그들이 사용하는 범속하기 그지없는 기법은 미덕이나 타고난 뛰어남보다는 소소한 몸동작 혹은 나쁜 행동을 모방의 대상으로만 삼았다고 할 수 있다. 심지어 그들의 작품은 "원숭이의 흉내"에 불과할 뿐이다.

> 우리 프랑스의 모방자는 [⋯] 무엇보다도 자신의 능력을 판단하고 자신의 어깨가 얼마나 짊어질 수 있는지를 가늠하는 판단력을 지녀야만 하며, 자신의 타고난 재능을 부지런히 재어보아야만 하고, 자신이 가깝다고 느끼게 될 자를 모방하면서 작품을 써나가야만 한다. 그렇지 않으면 그의 모방은 원숭이의 흉내를 닮고 말 것이다.(2권 3장)

이런 발언에 따르면 전 세대 시인들은 미래의 영광을 지향하기 위해 "자기 방에 오랫동안 머물러 있"지도, "후세의 기억 안에 살아남길 바라"면서 "스스로 수백 번 땀을 흘리고 몸을 부들부들 떨"지도, "긴 밤샘을 견디"[16]면서 기법을 연마하지도 않았다. 마로를 비롯한 과거의 프랑스 시인들은 자연의 일렁임을 재현하지 못할 정도로 서툴렀고, 생명력을 드러내는 데 이르지 못한 작품들만을 생산했을 뿐이다. "제대로 무장을 했다고 할 수"[17] 없는 그들의 나태함과 그것으로 초래된 기법의 결함은 모국어의 현양과 옹호를 위한 모든 시도를 가로막았을 뿐 아니라, 시인의 역할, 즉 자연이 부여한 모국어의 내적 역량에 의지하여 숨겨진 자연의 힘을 언어

---

16) 2권 3장.
17) 2권 11장.

로 재현하는 자로서의 시인에 관한 생각을 갖지 못하게 만들었다. 이와 같은 뒤 벨레의 가혹한 비판은 그에게 시에 관한 모든 이론의 새로운 거울을 제시하려는 의지가 있었다고 말할 수 있다.

따라서 16세기 시학들을 어떻게 그리고 무엇으로 읽어야 하는지에 대해 문제가 제기되는 것은 일견 타당하다. 물론 이 시학들이 아리스토텔레스나 호라티우스의 시학 그리고 중세 수사학 교본들에서 발견되는 학설적인 체계를 갖추지는 않았다. 시에 대한 이론서로 인정하기 어렵다는 견해가 있을 수도 있다. 그러나 세비예나 뒤 벨레가 플라톤의 영감 이론을 아리스토텔레스의 모방 이론과 결합시킨다는 측면에서 16세기 시학들은 이전에 제시되었던 규범들을 독자적으로 수용하면서 프랑스어를 사용하는 자국 시인들의 비평적 감각을 고양시키는 데 나름의 기여를 했다고 말할 수 있다. 이들 시학은 고대에 대한 찬양과 모방의 필요성을 새로운 시의 개척을 위한 이론적 토대로 고려했기 때문이다. 특히 뒤 벨레의 혁신은 단지 고대의 사례들을 글쓰기의 전범으로 간주하고 그것에 대한 모방을 주장했다는 점이 아니라, 그 사례들을 통해 인간과 세계를 해석하고 그 해석을 심화시키는 시인의 등장을 절실히 희망했다는 점에 있다. 이전 세대로부터 물려받은 유산들을 대하는 『옹호』의 방식이 이전의 이론적 한계를 극복한다고 말할 수 있다면, 그것은 인간 정신의 무한한 가능성과 시적 허구가 마련하게 될 창조성에 대한 이론적 고찰을 제시했기 때문이다. 그리고 그것은 무엇보다도 표현에 대한 인식을 새롭게 했다는 점에서 찾을 수 있다.

3. 표현의 가치에 대한 새로운 인식

세비예는 『프랑스 시학』 1권 2장에서 작시법가(versificateurs)는
"투박하고 거친 무리들"이며, "시인들의 착상과 표현에 해당하는
수액과 나무를 내팽개치고 헐벗은 껍데기에 집착하는"[18] 자들이라
고 조롱한다. 이들과 시인을 구분하기 위해서였다. 그러나 그는 시
인의 "수액"인 표현술을 익히기 위해서는 착상과 배열을 다룬 퀸틸
리아누스나 키케로 그리고 다른 수사가들을 참조해야 한다고 주장
하고 말았다.

프랑스 시를 연마하길 원하는 자가 수사학의 모든 영역을 잘 익히고 배
워야 한다고 전제한다면, 무엇보다도 그는 특별히 연설가와 함께 공유
하고 있는 착상을 매우 제대로 익혀야만 한다.[19]

영감을 얻은 시인의 개념과 시인에게 요구되는 기법을 어떻게
연계시킬 것인지, 즉 기법이 필요 없는 영감을 얻은 시인과 그의

---

18) Sébillet, *op. cit.*, p. 51.

19) *Ibid.*, p. 57.

작품을 구성하는 기법을 어떻게 연결시킬 것인지를 고민한 그는 그 해결책으로 연설가와 리듬을 연결시키고, 연설가가 사용하는 기법을 운율에 의지하는 시인과 맺어놓고 말았다. 이로 인해 그의 저서에서 시인과 연설가의 구분은 모호해진다. 시의 목적은 대수사파 시인들이 선호한 칭찬과 비난의 방식을 사용해서 독자를 감동시켜 설득한다는 연설가의 목적과 같은 무늬를 지니게 되었다.

바로 이 점을 뒤 벨레는 반박한다. 그에 따르면 "표현은 가장 난해한 부분이며, 이것이 없다면 다른 모든 부분은 무용해지고 여전히 칼집으로 싸인 검과 같"[20]게 된다. 또한 표현을 통해서 한 연설가의 말하는 유형이 다른 연설가에 비해 더 뛰어난 것인지가 판단될 수 있다. 따라서 만약 번역을 통해 표현을 익히려 한다면 그것은 불가능하다. 왜냐하면 "표현의 힘은 정확한 어휘들, 일상의 말투에서 사용되고 일상에 낯설지 않은 것 안에, 그리고 은유, 알레고리, 비교, 비유, 에네르지 혹은 다른 많은 문채들과 장식들 안에 놓여 있으며, 이런 것들이 없다면 모든 산문과 시는 헐벗고 결핍되어 연약하게"[21] 되기 때문이다.

물론 세비예도 '에네르지'라는 표현을 여러 차례 사용한 바 있다. 1권 4장의 「시인의 문체에 관하여」에서 모리스 세브의 시적 표현

---

20) 1권 5장.

21) 같은 곳.

을 다루는 가운데 그는 "감춰지고 잘 드러나지 않은 사물의 에네르지는 저자의 생각 상당 부분을 파악하지 못하게 만들며, 저자에게서 어떤 개념을 발견하여 끌어오기도 힘들게 만든다"[22]고 지적했으며, 번역을 다룬 2권 14장에서는 "저자의 권위와 매우 섬세하게 표현된 그의 말이 지닌 에네르지는 동일한 얼굴을 재현하는 것을 불가능하"[23]게 만든다고 설명하면서 축자역 번역을 하지 말 것을 권고하기도 했다.

그렇지만 뒤 벨레는 텍스트의 개성은 표현에 의해 드러나며, 그 표현은 뛰어난 착상을 드러내는 시인의 텍스트 내부에 있다는 생각을 견지한다. 시인의 비범한 착상을 표현과 연계시키면서 그는 시적 영감과 표현 혹은 문체 사이의 밀접한 연관성을 제시하지 못한 세비예의 고민을 극복한다. 비록 그가 1권 5장에서 위대한 시인과 연설가가 서로 공유하는 문체에 대해 언급할지라도, 그것은 세비예가 주장했던 것처럼 운율(nombre)을 가진 언어와 그렇지 못한 언어 사이의 대립을 위해서가 아니었다. 오히려 위대한 연설가와 시인에게는 각자 고유한 문체와 문체 사용 방식이 있다는 것을 지적하기 위해서였다.

이 점에서 "에네르지"와 "재능"에 대한 뒤 벨레의 강조는 언어의

---

22) Sébillet, *op. cit.*, p. 62.

23) *Ibid.*, p. 141.

예술성과 창조성을 사용하여 시인의 개성을 드러내는 것에 대한 암시로 고려될 수 있다. 언어의 잠재적 속성을 드러내고 활용하고 발전시켜야 할 시적 창조의 차원에서 그는 세비예가 극복하지 못했던 것, 즉 우위를 점하는 수사학으로부터 벗어난 시에 대한 관점을 제시할 수 있었다. 그리고 이런 사고의 중심에는 개인적 문체의 고유성을 보장해 주는 표현에 대한 새로운 관점이 언제나 놓여 있었다. 그가 세비예의 "시인은 태어나고 연설가는 만들어진다"[24]는 금언을 거부한다면, 그것은 이 발언이 영감을 기법보다 우위에 두기 때문이다. 이것을 수용하고 인정한다면 영감을 얻은 시인과 글쓰기를 연계하기는 더 이상 어렵게 된다. 그가 『옹호』의 2장과 3장에서 시인이 태어난다고 주장하지 말 것을 권고한 것도 영감의 신성함이 기법을 통해서 획득된다는 관점을 가졌기 때문이다. 마로를 비롯한 프랑스 시인들의 모방을 권고한 세비예와 달리 프랑스 시를 메말라버린 들녘에 비유하는 그가 고대 작가의 '모방'을 주장한 이유가 여기에서 설명될 수 있다.

물론 모국어를 옹호하는 가운데 고대에 대한 모방을 주장한 것에서 그의 모순을 지적할 수도 있다. 그렇지만 그가 주장하는 모방의 기초에는 타고난 잠재력을 실천으로 옮긴 로마인들의 의식적인 작업이 프랑스 시인들에게 필요하다는 생각이 놓여 있다. 그에 따

---

24) *Ibid.*, p. 58.

르면 자연이 각 언어에 부여한 타고난 역량은 표현을 새롭고도 풍부한 사고의 원천으로 기능하게 만들었다. 이 원천은 언어와 표현을 자연이 부여한 천성에 완성된 형태를 부여하는 "경작", 즉 '노동'의 결과로 고려했던 고대의 뛰어난 작가들의 모방을 통해 발견될 수 있다.

로마인들의 선조들이 자기네 언어가 막 봉오리를 맺기 시작했을 때 돌보기를 방치했더라면 분명히 그토록 짧은 시간에 그것은 그렇게 크게 자라나지 못했을 것이다. 그러나 훌륭한 농부들처럼 그들은 자기네 언어를 처음에는 야생의 장소에서 집안으로 옮겨놓았다. 그 이후에 그들은 좀 더 신속하게 그리고 언어가 열매를 더 잘 맺을 수 있도록 주변의 쓸모없는 가지들을 잘라내 주었고, 장인의 손놀림을 사용해서 그리스어로부터 가져온 싱싱하고 잘 다듬어진 가지들로 그것들을 대체했으며, 그래서 이 가지들은 빠르게 잘 접목되어 본래의 몸통 모양새를 갖추게 되었고, 가꾸어졌다기보다는 자연스러운 것처럼 보이게 되었다.(1권 3장)

이 과정에서 표현은 언어의 풍부함뿐만 아니라, 우아함과 뛰어남 그리고 에네르지에 의해 생기를 얻게 된 텍스트의 출현을 위한 본질적 요소가 된다. 기법은 연설가와 시인에게 모두 필요한 것이지만, 뛰어난 시인의 고유함은 그가 자신의 생각을 드러내기 위해 사용하는 표현 안에 놓이게 된다. 그리고 이런 주장은 펠르티에의 표현에 대한 관점에 의해서도 지지를 받는다.

"시인은 태어나고 연설가는 만들어진다"는 금언을 세비예처럼 수용하면서도, 기법과 자연 사이의 상호 보완성을 주장하는 펠르티에에 따르면 시인은 "특별한 것에 국한되었다는 점에서", 그리고 연설가는 "고객의 입장 안에서 감동시키고, 추론하고, 반박한"[25]다는 점에서 서로 상이하다. 세비예가 운율을 시인과 연설가를 구분하는 기준으로 삼은 것과 달리, 그는 소재의 차원에서 이 둘을 구분한다. 시의 영역은 연설의 영역보다 더 광대하다는 것이다. 시인은 연설가가 다루는 소재를 모두 다룰 수 있을 뿐만 아니라, 그것을 벗어나는 소재 역시 포용할 수 있다. 그래서 시인은 "영원에 대해 말하"는 반면, 연설가는 "눈앞의 사람들에게 말을 걸면서" 단지 짧은 시간 안에 자신에 대한 동의를 구하려고 한다. 이런 이유로 어떤 장식이나 주제의 이탈을 허용하지 않는 "역사는 시의 적절한 소재가 되지 않는다."[26] 게다가 펠르티에에 따르면 시는 마치 회화와 같다. 그것은 회화처럼 구성과 스타일 그리고 제작을 거치면서 착상의 자유를 작품으로 만든다는 점에서 연설과 구분된다.

---

25) Peletier, *op. cit.*, p. 249.

26) *Ibid.*, p. 250.

시가 회화와 비교되는 것은 매우 적절하다. 그것들은 서로 많은 것들을 공유하기 때문이다. 작품의 구성, 의상, 사람의 성질, 풍경, 나무, 꽃 그리고 다른 장식들에 대해 화가는 자유롭게 상상할 수 있으며, 그렇게 시인은 배열, 이야기, 비껴 말하기 그리고 온갖 종류의 장식물들을 그렇게 한다. 또한 각자 자신을 가깝게 혹은 멀리 두고 스스로를 판단한다는 점에서도 이 둘은 매우 유사하다 […] 그러나 이 둘 사이에 놓인 가장 뚜렷하게 닮은 점은 '그림'이 모든 종류의 초상들을 다룰 수 있는 것처럼, 시가 모든 '주제'를 다룰 수 있다는 점에 있다.[27]

호라티우스와 아리스토텔레스의 영향을 받은 흔적이긴 하지만, 위와 같은 언급은 시의 본질적 수단이 표현이며, "표현 안에도 착상이 있고, 지식은 어휘의 선택 안에도 있다"[28]는 관점을 내포한다. 펠르티에에 의해 표현은 장식이 아니라 시인이 "자유롭게" 자신의 타고난 자질을 포함하고 드러내는 광대한 영역으로 고려된 것이다.

이처럼 세비예의 관점이 지닌 한계를 극복하는 가운데 기술(technique)이 하나의 예술(art)이 되는 과정에 대한 이론적 고찰이 16세기에 진행되었다. 그런데 표현 안에 신성한 착상이 있다는 관점은 신성함 자체가 정의될 수 없다는 점에서 반박의 대상이 될 수

---

27) *Ibid.*, p. 248.

28) *Ibid.*, p. 252.

도 있었다. 이에 대해 롱사르가 제시하는 것은 '진실임직함'의 개념
이었다. 뒤 벨레나 펠르티에처럼 시에 대한 방대한 정의를 시도하
지는 않았지만, 롱사르는 다음과 같이 연설가와 시인을 구분하면
서 시인에 대한 새로운 정의를 내세운다.

> 연설가의 목적이 설득하는 데 있는 것과 마찬가지로 시인의 목적은 존
> 재하고 존재할 수 있는 혹은 고대 작가들이 진실임직함이라고 평가한
> 것들을 모방하고 고안하고 재현하는 데 있다.[29]

넋이 빠져버린 우울한 착상을 피할 것을 권고하면서 착상의 영
역을 다소간 제한하는 그에게서 시는 무엇보다도 허구(fiction)에 해
당한다. 시인은 역사가와는 다르게 진실임직함을 추구하는 착상의
자유를 누리며, 역사가 담아내지 못하고 빠뜨린 부분을 제작할 수
있을 뿐만 아니라, 연대에 따라 기술하는 역사가와 달리 그것을 제
맘대로 배열할 수도 있다. 즉 운문으로 쓴다고 해서 모두가 시인
인 것은 아니다. 장식도 없이, 우아함도 없이, 그리고 기법도 없이
운문으로 쓰는 자는 작시법가일 뿐이지만, 시인은 자연을 모방하
여 상상으로 재현한 것을 믿게 만들 수 있는 능력을 지닌다. 시인
은 상상을 통해 언어로 재현하는 자라는 관점에 근거한, 허구로서

---

29) Ronsard, *op. cit.*, p. 472.

의 시를 롱사르가 정의하는 것은 시를 수사학의 착상과 표현의 범주를 벗어나는 새로운 영역으로 고려하기 위해서이다. 허구는 다양한 방식으로 표현되는 착상이지만, 단순히 기술적 차원이 아니라 정신과 미의 차원에서 시의 관심사를 드러내도록 허용할 수 있다는 것이다. 롱사르에게서 표현은 재현을 목적으로 하는 상상력을 발화하고 촉발시키는 동인 이외의 다른 것이 아니었다.

따라서 뒤 벨레가 제시한 에네르지, 재능 등의 개념은 설득과 감동, 기법과 자연, 착상과 표현, 보편성과 특수성 등을 아우르면서 수사학으로부터 독립된 영역에 시를 진입하게 만들었다. 그리고 세비예가 제시하길 원했지만 해결하지 못했던 시의 고유성에 대한 새로운 개념이 그에 의해 본격적으로 탐색되었다고 말할 수 있다. 특히 모방을 수단으로 삼아 독자적 창조성을 확보하는 시인의 기능이 제시됨으로써 시학은 이제 수사학과는 다른 영역에 놓이게 되었다.

4. 모방 그리고 창조성

사실 뒤 벨레는 당시의 그 어떤 시학의 저자들보다도 시의 정체성에 대한 강한 인식을 지닌 작가였다. 세비예가 시의 가치를 드러내는 데 영감이 어떻게 기여할 수 있는지에 대한 질문에 답을 찾지 못한 것을 뒤 벨레는 아쉬워하지만, 동시에 이런 아쉬움에는 세비예의 모방관에 대한 강한 비판의 어조도 실려 있다. 그가 마로나 세브를 모방의 대상으로 추천한 세비예와 달리 동일한 언어 내에서의 모방을 경계하는 이유는, 그것이 시인의 자유를 제어할 위험을 내포하기 때문이다. 그에 따르면 영감이 신성에 의해 부여됨으로써 시인에게 특별한 권한을 부여한 것과 같이, 시인이 누려야 할 자유는 자연스러움과 관련되는 것이어야 한다. 이때의 자연스러움은 자연에 내재된 활력 혹은 힘의 발견을 요구한다.

> 시인들은 타고나는 법이라고 내게 주장하지 말기 바란다. 왜냐하면 그런 주장은, 시인들을 자연스럽게 고양시키지만 만약 갖지 못하게 되면 모든 기법에 결함을 초래해서 쓸모없게 만들 수 있는 정신의 열정과 민활함을 전제하기 때문이다. (2권 3장)

물론 시인이 시인으로 태어난다는 것을 뒤 벨레가 인정하지 않는 것은 아니다. 그는 정신의 열정과 활력이 시인들을 흥분시키고, 그것이 결여된다면 기법의 원칙들은 시인들에게 쓸모없어진다는 것을 알고 있다. 타고난 자질이 더 많은 것을 이뤄낼 수 있다는 점도 수용한다. 그러나 기법을 갖추지 못한 자들이 불멸하는 무언가를 만들어낼 수 있을지라도, 그들이 기법으로 명성을 얻을지라도, 그들의 기법은 영감을 자연스럽게 고양시키며 정신의 열정과 민활함을 담아내지 못하기 때문에 경멸의 대상이 되기에 충분하다고 판단한다. 이런 이유로 뒤 벨레는 프랑스어에 대해 "매우 적대적인" 일부의 시인들이 "모든 사물에 관한 멋진 비유들과 생생한 묘사들"[30]로 무장하여 들판으로 나가서 "그리스와 로마의 저 용맹한 군대들과 함께 전열을 갖"출 생각을 갖지 않았다는 점을 안타까워 한다.

참으로 제대로 무장을 했다고 할 수 없어, 그대들의 무지 덕분에 우리 언어에게 "운율쟁이"라는 (마치 로마인들이 자신들의 보잘것없는 시인 들을 "작시법가"라고 부른 것처럼) 우스꽝스러운 용어를 갖게 해주었던 그대들이여, 그대들이 이 전투의 태양과 일렁이는 먼지와 위험한 일을 잘 버틸 수 있을 것이란 말인가? 내가 생각하기로는 그대들은 보급창에 서 시동과 하인들과 함께 몸을 빼내 달아나거나, 아니면 우리네 삶처럼 그리 오래가지 않을 그럴싸하고 귀에 착착 감기는 그대들의 글들은 (내 그대들을 동정해서 하는 말인데) 서늘한 그늘이나 높으신 나리들의 화 려한 궁정이나 군주들의 으리으리한 조정에서 귀부인들이나 시녀들 사 이에서 환영을 받고, 감탄을 사고, 찬양이나 받게 될 것이다. 그런데 그 것들은 학문을 연구하는 방과 학자들의 저 풍요로운 도서관에는 결코 받아들여지지 않을 것이다. 내가 바라는 우리 언어의 행복을 위해서라 면 그대들의 서투른 작품들은 그런 곳에서 쫓겨날 뿐만 아니라 (그것들 이 실제 그러하니) 전 프랑스로부터 추방되는 것이 뮤즈들에게 기쁨을

---

30) 2권 11장.

안겨줄 것이다!(2권 11장)

    따라서 자연의 본질을 포착하는 고대 작가들보다 프랑스 작가들의 모방을 세비예가 권고한 것은 영감의 신성함을 강조한 그의 의도를 의심하게 만들기에 충분하다. 영감이 자연스러움과 관련된 것이라면, 모방은 자연의 내재된 에네르지를 포착한 고대 작가들을 대상으로 삼아야 하기 때문이다. 그러나 과거의 프랑스 시인들은 모국어에 물을 주고 가지를 쳐주면서 보호하기보다는 죽게 내버려 두는 잘못을 범했다. 그들에게는 고대 로마인들이 그리스로부터 물려받은 유산을 자신의 것에 접목하여 발전시키려고 했던 의지가 결여되어 있었다. 프랑스의 선조들은 접목과 가지치기를 통해 자신들의 언어를 풍부하게 발전시키려고 부단히 시도한 고대 작가들의 이런 부단함과 노동에서 아무런 교훈도 얻지 못하고 만 것이다.

    언어의 발달이 시간과 공간을 막론하고 인간의 자유로운 의지와 수고에 의해 가능하다고 보는 뒤 벨레에게서 과거 프랑스 시인들은 모방의 대상이 될 자격을 상실하고 만다. 그가 "자연이 창조한 모든 것, 모든 예술, 모든 학문은 세상 어디에서나 각기 동일하다"고 판단하고, 인간에게 자유 의지를 부여한 자연이 제공한 언어는 자체의 타고난 빼어남이라기보다는 인간의 기술과 재능 덕분에 자연스럽게 섬세해지고 규칙화되면서 풍부함을 얻게 된다는 확신을 드러냈다면, 과거의 시인들은 언어의 무한한 성장 가능성과 인간이 지닌 내적 역량의 무한한 잠재력을 스스로 포기한 자들과 다르지 않다.

언어는 풀이나 뿌리 그리고 나무와 같은 방식으로 태어나지는 않는다. 어떤 언어는 본래 그 씨앗이 허약하고 연약하게 타고나며, 다른 언어는 건강하고 튼튼하여 인간 정신이 만든 개념의 무게를 짊어지기에 보다 더 적당하다. 그러나 그것들 모두의 힘은 인간의 자유 의지에 의해 세상에 나왔다. 그러므로 (내가 보기에) 한 언어를 찬양하고 다른 언어를 비난하지 말아야 할 큰 이유가 있다. 모든 언어는 동일한 원천과 기원, 즉 인간의 상상으로부터 태어났으며, 동일한 판단과 동일한 목적에 의해 형성되었다. 즉 인간의 정신이 구상하고 이해한 바를 알게 만들려는 목적에 기인하고 있다. 분명 시간의 흐름과 더불어 어떤 언어는 섬세하게 규칙화됨으로써 다른 언어보다 더 풍부하게 되는 것이 사실이다. 그러나 그것은 해당 언어들의 타고난 빼어남이라기보다는 오직 인간의 기술과 능란함 덕분으로 여겨져야만 한다. 그러므로 자연이 창조한 모든 것, 모든 예술, 모든 학문은 세상 어디에서나 각기 동일하다. 다만 인간의 의지가 다양하기 때문에 다양하게 말하고 쓰는 것이다.(1권 1장)

뒤 벨레의 이런 관점에 비춰보면 세비예는 고대어로부터 프랑스어로의 '전이'라는 주장을 펼치면서도 그것을 시인의 역할이나 사명, 나아가 문학과 문화의 발전을 위한 동력으로 확장시키지 못했다. 라틴어에 맞서는 모국어의 역량을 제시하는 것을 무엇보다도 중요시했던 그는 프랑스 시인들을 모방의 대상으로 소개해야 했지만, 이런 시급성으로 인해 그는 영감이나 모방의 본질적 목적 그리고 그것을 통한 시인의 역할에 대한 관점을 제시하지 못하고 만 것이다.

따라서 뒤 벨레의 입장에서 보면 세비예는 고대를 모방하는 행위의 본질, 즉 숨겨진 에네르지를 찾는 시인의 역할을 이해하지 못한 작가이다. 자연의 숨겨진 본질을 발견하는 언어의 힘을 신뢰하는 시인이 문화의 발전에 요구되는 것이라면, 과거의 프랑스 시인들에 의해 방치되고 재배되지 못한 프랑스어가 고대어와 어깨를 겨루면서 프랑스 고유의 문화 발전을 위한 자양분이 될 수 있으리라고 기대할 수는 없다. 이 점에서 뒤 벨레가 『옹호』를 언어에 대한 언급으로 시작한 이유가 단지 모국어인 프랑스어를 감싸야 한다는 차원에 그치지 않는다고 말할 수 있다. 언어의 개발은 시와 문화의 발전을 도모하기 위해 선결되어야 할 요소였기 때문이다.

게다가 위 인용문에서 "인간의 의지가 다양하기 때문에 다양하게 말하고 쓰는 것"이라는 견해는 세비예가 추천했던 프랑스 시인들에게서는 찾을 수 없는 것이기도 했다. 자연으로부터 동일한 가치를 부여받은 언어에 대한 관점과 그것을 다양한 의지에 기대어 사용하는 것에 대한 뒤 벨레의 주장은 글쓰기의 독창성, 나아가 시인의 특이성의 가치가 언어, 자연, 에네르지의 발견 등을 통해 형성되고 드러난다는 생각을 담아낸다. 모방이 대상의 본질을 파악하는 과정에서 작가의 고유함이 등장하는 것을 가능하게 만들 수 있다면, 세비예와 달리 뒤 벨레가 모방에서 궁극적으로 강조한 것은 단지 고대인들처럼, 그리고 그들보다 더 낫게 만들어야 한다는 당위성을 넘어서서 고유한 글쓰기와 개인적 독창성을 드러내는 시인의 등장이었다고 말할 수 있다.

뒤 벨레가 표현의 중요성을 강조할 수밖에 없었던 이유를 여기에서 찾을 수 있다. 표현은 작가의 독창성을 보장하는 유일한 요소이지만, 세비예는 수사학의 한 분야로서의 표현을 수용하여 그것을 시에 적용하였을 뿐이다. 모방이 대상이 되는 사물에 내재된 "우아함(grace)"[31]의 포착에 있다는 것을 세비예는 제시하지 못한 것이다. 뒤 벨레가 보기에 세비예는 시 그리고 문화 전반에 대한 새로운 전망을 제시하지 못하는 한계를 드러냈다. 반면 모방이 문학적 창조성의 토대로 기능한다는 것과 모방하는 자에게 깃들 고유한 독창성을 제시한다는 점에서 뒤 벨레는 마로를 모방 대상으로 권유했던 세비예의 한계를 훌쩍 뛰어넘는다. 만약 베르길리우스의 다양한 문체를 모방하는 것이 필요하다면, 그것은 다양성의 모방이 오히려 모방하는 자가 정체성을 잃지 않도록 만들어주기 때문이다. 즉 모방은 시인 개인의 고유한 독창성과 자유의 길을 보장하는 요소인 셈이다.

---

31) 1권 5장.

뒤 벨레가 '다양성(varietas)'을 시의 원칙으로 삼은 것도 바로 자연의 다양함을 자유로운 문체로 재현해 낼 수 있는 시인의 역량에 대한 믿음을 견지했다는 반증이 된다. 시는 시인에게 자유를 보장하는 장르이어야만 했던 것이다. 자신의 창조성을 형성하고 획득해 나가는 자유로운 시인의 등장을 기원했다는 점에서 『옹호』는 시에 의해 풍요롭게 되는 고유한 문화의 발전 가능성과 개인적 자유를 누리는 창조적 시인의 등장에 대한 옹호의 성격을 지녔다고 말할 수 있다. 설득이나 감동의 실질적 차원을 넘어서는 시의 기능을 신뢰했던 뒤 벨레는 자연스러움을 포착하는 시적 언어의 현양을 강조하면서 자유로운 시인의 자질을 드러내는 표현의 중요성을 지적한 것이다. 그가 기대하는 시인은 시선에 포착되지 않는 숨겨진 세계, 그러나 그 내부에 에네르지를 간직한 세계에 접근하려고 시도하는 자이다. 그는 타고난 자질과 밀접하게 결합한 표현 수단을 사용하여 이 숨겨진 에네르지를 모방이라는 영역을 거치며 재현해 내야만 하는 자이다.

이처럼 연설가처럼 현실을 영역으로 삼는 것이 아니라, 오지 않은 미래나 숨겨진 과거를 언어의 힘으로 새롭게 재현하면서 세상에 진실을 전달한다는 고된 일을 자신의 역할로 삼는 시인에 대한 새로운 개념이 『옹호』에서 제시된다. 이것이 강조한 자연스러움과 모방의 원칙은 세상을 작동시키는 보이지 않는 어떤 이치에 대한 탐색과 밀접한 관련을 이룬다. 시인들에게 개인적 자질과 수단들을 통한 다양한 탐색을 요구하는 이 개념들은 나아가 허구의 가치에 대한 새로운 관점을 제시한다고 말할 수 있다. 모방을 통해 드러나는 시인의 창조성, 자연스러움과 진실임직함을 속성과 대상으로 삼는 시인의 특수성, 자연의 숨겨진 에네르지를 재현해 내는 언어의 역량, 자연의 모든 잠재성을 드러내는 기법과 병행하는 허구의 창조성 등은 지금 존재하고 있으며, 그리고 과거에 존재했던 것들을 언어로 포착하여 미래로 투사하는 시적 허구의 무한한 가능성에 대한 지지로 간주될 수 있다.

그리고 바로 이 점에서 뒤 벨레의 인문주의자로서의 면모를 찾을 수 있다. 인간을 사고의 중심에 위치시킨 자, 고대 모방에 기대어 인간의 권위와 글의 힘에 대한 새로운 관점을 제시한 '인문주의자'라는 면을 강조하지 않고 그의 작품을 읽어나가는 것은 한 시대의 언어와 시, 나아가 문학과 문화에 대한 혁신적 전망을 펼쳐놓아야 했던 그의 '정신'과 '의도'를 온당히 이해할 수 없게 만들 수도 있다. 새로운 시와 시인의 역할과 정의에 대한 뒤 벨레의 주장은 언제나 인간의 문제에 기반을 두고 있었기 때문이다.

5. 자연과 인간 의지에 대한 신뢰

『옹호』 1권의 1장 「언어의 기원」, 2장 「프랑스어를 미개하다고 말해서는 안 된다」 그리고 3장 「프랑스어가 그리스어나 로마어처럼 풍부하지 않은 이유는 무엇인가」에서 뒤 벨레는 고대어에 견줄 수 있는 프랑스어의 역량을 옹호하고 드러내는 것이 자신의 목적 임을 분명히 밝히고 있지만, 이 세 개의 장에서 강조되는 것은 언어의 발전 가능성이나 프랑스어의 상황에 대한 그의 엄정한 진단 만이 아니다. 언어의 발달에서 중요한 역할을 담당하는 인간의 자유 의지(arbitre) 역시 언급된다.

뒤 벨레는 1장 서두에서 인간의 의지와 동의가 자연에 의해 동일하게 부여되었다면 수많은 "말법"이 생겨나지 않았을 것이라고 말하는데, 이것은 언어의 발달에 인간의 의지가 개입하지 않을 수 없다는 점을 지적하기 위해서였다.

> 만약 자연이(이에 대해서 뛰어난 명성을 얻은 어떤 이가 그녀를 어머니로 불러야 할지, 계모로 불러야 할지 의심하는 것은 나름대로 정당한데) 인간들에게 똑같은 의지와 동의(同意)를 주었더라면 거기에서 연유되는 수많은 편리함은 말할 것도 없을 것이고, 인간의 불안정성이 그렇게 많은 말법을 만들어낼 필요도 없었을 것이다. 이런 다양성과 혼란은 당연히 바벨탑이라고 불릴 수 있다.(1권 1장)

뒤 벨레는 여기에서 문화와 자연의 단절을 지적한다. 언어는 친모이든 계모이든 어떤 방식으로든 자신을 낳거나 자신에게 권위를 행사하는 자연과 같은 어떤 기원(source)의 영향을 받으면서 성장하지 않는다. 그것은 인간 의지의 영향을 받는다. 그런데 의지가 다양한 만큼 다양한 언어가 탄생된다. 이런 현상을 그는 자연법칙을 벗어난 변질(dénaturation)의 속성과 연관된 바벨탑에 비유한다. 물론 뒤 벨레의 바벨탑에 대한 언급은 독특하다. 바벨탑 신화는 본래부터 언어의 존재를 인정하기 때문이다. 즉 탑이 세워지기 전에 최소한 하나의 언어는 있었다. 그런데 뒤 벨레는 이 하나의 언어에 대해서는 전혀 언급을 하지 않는다. 무엇보다도 인간 본성의 잠재적 역량을 더 강조하기 위해서였을 것이다. 오히려 언어가 다양해지게 된 현상은 바벨탑 이전과 이후의 시기 사이에 단절이 있었다는 것을 의미하는 것으로 그는 보고 있다. 이 단절은 인간의 원죄를 충분히 상기시킬 수 있다. 최초의 범죄를 저지른 이후의 인간은 최초의 자기 본성과 단절되었기 때문이다. 인간은 신의 아들이었지만, 원죄 이후에는 수양어머니인 자연의 품에서 자라나야만 했다. 뒤 벨레가 자연을 "어머니로 불러야 할지, 계모로 불러야 할지"라고 언급한 것은 이 신화를 언어에 적용하기 위해서였다. 왜냐하면 언어가 식물과 다른 것이라면, 그것은 언어가 더욱 풍부해질 수 있는 품성을 내재하지 못한다는 뜻이 되며, 언어가 인간의 의지에 의해 탄생한다는 발언은 언어가 신의 항구성이 아니라 어머니에 비유되는 자연의 비항구성(inconstance)의 영향을 받아 다양해지고 말았다는 의미를 드러낼 수 있기 때문이다. 바벨탑 신화는 시간의 단절을 전제로 하지만, 뒤 벨레는 이런 단절이 오히려 언어의 무한한 성장 가능성을 낳았다고 판단하는 것이다.

따라서 우리가 이 글의 4장에서 인용했던 다음과 같은 문장에서 그가 언어의 형성과 인간 의지 사이의 밀접한 관계를 제시하는 것이 매우 논리적으로 보일 수도 있다.

언어는 풀이나 뿌리 그리고 나무와 같은 방식으로 태어나지는 않는다. 어떤 언어는 본래 그 씨앗이 허약하고 연약하게 타고나며, 다른 언어는 건강하고 튼튼하여 인간 정신이 만든 개념의 무게를 짊어지기에 보다 더 적당하다. 그러나 그것들 모두의 힘은 인간의 자유 의지에 의해 세상에 나왔다. 그러므로 (내가 보기에) 한 언어를 찬양하고 다른 언어를 비난하지 말아야 할 큰 이유가 있다. 모든 언어는 동일한 원천과 기원, 즉 인간의 상상으로부터 태어났으며, 동일한 판단과 동일한 목적에 의해 형성되었다.(1권 1장)

그렇지만 위 문장들은 매우 모호하다. 언어와 식물의 발전 과정이 본래 다르다고 말하면서 식물의 성장에 언어의 성장을 비유하는 까닭에서이다. 그러나 좀 더 자세히 들여다보면 여기에는 언어와 세계에 대한 뒤 벨레의 관점이 담겨 있다. 식물은 그 자체의 타고난 품성(vertu)에 의해 태어나고 자라난다. 예를 들어 도토리는 도토리나무가 될 품성을 지니고 태어나서 도토리나무로 성장한다. 이때의 도토리의 품성은 도토리나무가 될 수 있게 만드는 힘(vertu)

과 다르지 않다. 뒤 벨레의 이런 관점은 피조물들의 발전 과정을 그것들이 세상에 가지고 나온 자질을 충만하게 실현하는 과정으로 여긴 아리스토텔레스의 견해와 다르지 않다. 이 철학자에 따르면 무언가를 충만하게 실현하는 과정이 무언가의 완성을 의미하지 않는다. 그것은 여전히 기능하고 있는 어떤 현동 상태(en acte)를 가리킨다. 그리고 이런 과정은 태어나면서 가지고 나온 자질이 여전히 잠재태(en puissance)로 남아 있다는 것을 의미한다.

그렇지만 뒤 벨레는 식물과 다른 방식으로 언어가 성장한다고 지적한다. 도토리는 도토리나무로 자랄 수 있는 잠재적 품성을 현동화해서 도토리나무가 되지만, 떡갈나무가 되지 못한다는 한계를 지닌다. 반면에 언어의 잠재적 품성은 혼자서 자라나고 성장하지 않는다. 거기에는 인간 의지의 개입이 요구된다. 이런 의지는 어떤 개념을 만들 수 있는 능력에 해당된다. 사실 뒤 벨레가 의지라는 표현을 위해 원문에서 "phantasia"라는 용어를 사용한 것은 이탈리아인들의 입장을 따른 것으로 볼 수 있다. 이탈리아의 인문주의자들은 인간 각자가 어떤 개념을 구상할 수 있는 장소를 지시하기 위해 이 용어를 사용했다. 뒤 벨레는 이것을 보게 만드는 것 혹은 사물을 포착하는 행위라는 의미로 이해한다. 완벽한 지혜의 단계에 다다를 수 없는 인간은 "phantasia"를 통해 그 지혜의 일부분을 포착할 수 있다는 것이다. 창조를 할 수 있는 역량을 지닌 인간의 절대적 자유성과 인간의 자유 의지를 연관시키기 위해서이다. 신의 의지(voluntas Dei)가 그러하듯이, 신으로부터 피조물에 이름을 붙일 수 있는 힘을 부여받은 인간은 이름을 붙일 자유로운 의지 역시 지니고 있다는 것이다.

이처럼 『옹호』를 시작하며 언어의 발달에 인간의 의지가 요구된다는 점을 지적하는 뒤 벨레의 관점은 텔렘 수도원의 원칙을 "하고 싶은 대로 하라(Fais ce que voudra)"로 정한 라블레나 자신의 초상을 제시하기 위해 『에세』를 자기만의 고유한 글쓰기로 작성한 몽테뉴가 보여주듯이, 인간의 개별적 자율성과 의지를 존중하는 인문주의 정신을 함축한다. 물론 르네상스 시대에 인간의 자유 의지는 신성 의지와 더불어 논란의 주요 대상이었다. 에라스무스의 『자유 의지(Du libre arbitre)』에 반대하며 루터가 『종속 의지(Du serf-arbitre)』를 간행했던 것에서도 알 수 있듯이 두 개념은 서로 대립하기도 했다. 그리고 운명론이나 결정론과 달리 인간이 자기만의 의지에 의해 스스로를 결정할 수 있다는 이런 사상은 사실 『자유 의지론(De libero arbitro)』을 발간한 아우구스티누스로부터 시작했다. 그는 신의 피조물들이 악을 범한다면, 결국 그 죄는 인간을 만든 주인인 신에게 있는 것이 아닌가라는 질문을 던지면서, 각 피조물들은 죄를 범할 수 있는 자유 의지를 지녔으며, 따라서 자기 행위의 책임자는 신이 아닌 그 행위를 한 자라는 답변을 내놓았다. 에라스무스 역시 신을 마주한 인간은 자유 의지를 지녔고, 인간 행위의 책임자는 인간 자신이라고 말하며 아우구스티누스의 견해를 이

어갔다. 반면 운명 예정설을 제시하는 루터와 칼뱅은 인간의 모든 책임에 대해서 자신의 신앙심으로, 즉 신 앞에서 그것을 증명해야 한다고 반박했다. 이때의 증명은 인간 개인의 자유 의지라기보다는 신의 뜻 안에서의 의지이기에 종속 의지에 해당한다. 루터와 칼뱅의 기독교적 관점이 인문주의자들 사이에서 폭넓게 수용된 것은 아니다. 피코 델라 미란돌라(Pic de la Mirandole)의 『인간의 존엄(De la dignité de l'homme)』이나 피에르 보에스튀오(Pierre Boaistuau)의 『인간의 훌륭함과 존엄에 대한 소고(Bref discours de l'excellence et dignité de l'homme)』가 신 앞에 서게 된 인간의 전적인 자유를 피력했던 것처럼 인간의 권위와 위엄을 지지한 대부분의 인문주의자들은 에라스무스의 주장을 받아들였다.

이 점에서 본다면 식물이든 언어든 공히 서로 다른 방식에 의해 성장해 갈 수 있는 자질을 갖추긴 했지만 언어는 식물과 다르게 인간의 의지에 의해 성장해 간다는 뒤 벨레의 언급에서 당시의 인문주의적 관점을 충분히 읽어낼 수 있다. 모순투성이의 불완전하고 불안정한 존재인 인간이 잠재적 역량을 발전시키고 완성시켜 나갈 수 있는 능력을 가지고 있다는 것이다. 이런 그가 고대어에 비해 프랑스어가 빈곤해진 원인을 프랑스어의 본질적 결함 탓으로 돌리지 않는 것은 당연할 수밖에 없다. 그에 따르면 프랑스어는 자연적 성질이 아니라 선조들의 무지로 인해 발달하지 못했다. 프랑스어가 열매를 맺기 위한 꽃을 피우지 못한 것은 고대어가 지니고 있는 생명력의 본질이 프랑스어에 자연적으로 결여되어 있기 때문이 아니라, 프랑스어를 제대로 경작하지 못한 사람들의 잘못 때문이라는 것이다.

안전하게 관리는 했지만, 황량한 땅에서 막 태어난 야생식물인 양 그것에 물을 주지도, 가지를 쳐주지도 않은 채, 그늘을 드리우는 가시덤불이나 가시로부터 그것을 보호하는 대신에 오히려 늙어 죽게 내버려 둔, 그것을 충분히 가꾸지 못한 사람들의 잘못일 것이다.(1권 3장)

언어는 공평한 자연에 의해서 태어났으며, 언어 사이에 우열이 있을 수 없다고 주장하는 그가 보기에 언어가 발달하지 못한 것은 나태한 인간의 의지 결여에 기인한다. 반면에 고대의 로마인들은 자신들의 모국어를 접목과 가지치기를 통해 발전시키려고 부단히 노력했다. 프랑스의 선조들은 고대인들의 이런 부지런함과 노력으로부터 그 어떤 교훈도 얻지 못한 것이다. 그리스어와 로마어만을 열렬히 숭배하는 그들은 자신들의 모국어가 본래적으로 "비천하고 저열하다"[32]고만 판단했을 뿐이다.

물론 언어의 발전이 선택을 받은 "어떤 훌륭한 자(quelque bonne Personne)", 즉 소수의 뛰어난 자의 도래에 의해 가능하다는 다음

---

32) 1권 4장.

과 같은 언급에서 뒤 벨레의 귀족주의나 특권주의에 대한 편향을 찾을 수도 있다.

그러나 생각이 뛰어나고 현명할 뿐만 아니라 대담하고, 영광을 탐하지도 않고, 누구의 질시나 증오도 두려워하지 않는 어떤 훌륭한 사람이 우리의 언어에 문예의 꽃과 결실을 안겨주면서 그런 잘못된 견해로부터 우리를 벗어나게 해줄 그런 시간이 분명 오고야 말 것이다.(1권 10장)

그러나 자연의 법칙을 따르면서 새로운 것의 탄생이 가능할 것을 확신하고, 고대가 했던 모든 노력을 부단히 시도하면서 궁극적으로는 고대를 능가하려는 의지를 지닌 어떤 자의 출현은 필수 불가결하다. 오히려 그의 타고난 탁월함과 노력 덕분에 언어와 문화의 개화가 실현될 수 있다. "자기 언어를 풍부하게 만들고자 하는" 그는 "그리스와 로마의 최고의 작가들을 모방하여 글을 쓰고, 마치 어떤 과녁을 겨누는 것처럼 그들의 가장 뛰어난 모든 특성을 향해 자기 펜 끝을 겨냥"할 수 있다. 그는 "단지 처음 눈에 띈 것에만 자신을 맞추고 어휘들의 멋부림에 재미있어" 하기보다는 "작가의 가장 은밀하고 내적인 부분을 꿰뚫고 들어"[33]갈 수 있다. 왜냐하면 1권 6장이 주장하고 있듯이, 이 훌륭한 자에게는 감춰진 언어의 힘,

---

33) 1권 8장.

즉 "에네르지"를 발견하는 뛰어난 시선이 있기 때문이다.

　모방을 통해 언어의 발달을 지향해야 한다고 주장하는 뒤 벨레의 언급에서 자연과 인간 의지 그리고 에네르지와 자유가 서로 밀접한 관계를 맺으면서 환기되는 것은 매우 흥미롭다. 모방 대상의 숨겨진 에네르지를 간파할 때 자유로운 창조가 가능하다고 그가 말한다면, 이때의 에네르지는 아리스토텔레스의 '에네르게이아(energeia)'에 해당한다. 그것은 앞에서 언급한 바 있는 '현동 상태', 즉 활동 과정을 만들어내는 힘을 가리킨다. 고대 수사학에서 에네르게이아는 이미지를 착상하여 그것을 실제 사물인 것처럼 언어로 옮겨놓을 수 있는 능력, 사용된 어휘 아래에 실제 피가 흐르고 있다고 느끼게 만드는 힘을 가리켰다. 시인이 발견해야 하는 것은 바로 이것이며, 그것에 의해서만 그는 역동적 창조력을 발휘할 수 있다. 그래서 이 용어는 때로는 시적 영감을 가리키기도 했다. 뒤 벨레가 "뛰어난 재능(Genius)", "어떤 알 수 없는 정신"과 같은 표현을 이 용어와 같이 사용하는 이유가 여기에 있다. 특히 "뛰어난 재능"은 타고난 뛰어난 자질뿐만 아니라 신성한 영감을 받을 능력을 가리킨다. 뒤 벨레에 의해 프랑스어에 처음으로 도입된 이 용어는 신의 영감과 결합된 시인의 자질과 관련되며, 글의 에네르지를 보장하는 첫 번째 요소에 해당한다. 그리하여 시인이 자연과 사물을 모방해야 한다면, 그는 그것들의 외관이 아니라 그것들이 내재한 창조적 힘을 발견해야만 하는 것이다.

게다가 뒤 벨레 스스로도 자연의 창조적 에네르지를 자기 글쓰기에 적용시키기도 했다. 그의 글에서 창조와 관련된 비유법이 자주 사용되는 것이 그 증거이다. 예를 들어 선언적이고 공격적이며 비판적인 성격의 논조를 지닌 이 책의 마지막 장에서 자연과 예술의 밀접한 관계 그리고 예술의 성장에 공평했던 자연을 언급하기 위해 사용된 '꽃을 피우다'와 같은 비유법은 은유를 통해 창조적 상상의 영역을 전개시키려는 의지를 지닌 그의 세심한 글쓰기를 증명한다.

나는 여기에서 하늘이 관대함을 넘어 아낌없이 프랑스에게 가득 부여해 주었던 인생사의 평온과 그것의 유지에 필요한 온화한 기후, 비옥한 땅, 온갖 종류의 넘쳐나는 과일들 그리고 헤아릴 수 없는 편리함에 대해서는 말하지 않겠다. 나는 수많은 거대한 강들, 수많은 멋진 숲들, 강성하면서도 윤택하고 온갖 전쟁 물자를 갖춘 도시들을 굳이 세어보지도 않겠다. 끝으로 나는 예전의 그리스와 로마인들에 비해서도 모자라지 않았던 음악, 회화, 조각, 건축 등과 같이 우리에게서 활짝 꽃을 피운 수많은 직업들과 예술들 그리고 학문들에 대해서도 말하지 않겠다.(1권 12장)

꽃의 성장에 관련된 이런 비유의 암시성은 작품이 지닌 공격성과 논리성을 완화시키거나 감출 뿐만 아니라, 생성과 창조의 밀접한 관련성을 강조하는 데에도 기여한다. 사물의 숨겨진 에네르지를 포착하려는 인간의 의지에서 다양한 것들의 풍요로움이 만들어질 수 있기 때문이다. 그래서 위 인용문이 프랑스의 풍요로운 자연을 굳이 나열하는 것은 언어가 자연적 생명력의 속성을 지녔다는 것뿐만 아니라, 언어의 내적 힘을 발견하는 인간의 의지가 언어의 풍요와 발전을 보장하는 요소가 된다는 것도 암시하기 위해서이다. 뒤 벨레가 기대하는 것은 "이제 막 뿌리를 내리기 시작한" 프랑스어가 "땅에서 솟아나서 가끔은 페리클레스나 니키아스, 알키비아데스, 테미스토클레스, 카이사르, 스키피오와 같은 사람들을 낳고, 호메로스나 데모스테네스, 베르길리우스 그리고 키케로와 같은 사람들을 태어나게 만들면서 그리스인들이나 로마인들의 언어에 어깨를 견줄 수 있을 정도로 그렇게 크고 우람하게 성장"[34]하는 것을 보는 일이다.

그래서 그가 직업어의 사용을 시인에게 권고하는 것도 언어가 자연스럽게 내재하고 있는 생명력을 발견해야 하는 의무가 있다는 것을 강조하기 위한 것으로 볼 수 있다. 이 시인은 "매 순간 새로운 시로 불행한 청자들의 귀를 따갑게 만드는 저 성가신"[35] 작시법가들 혹은 운율쟁이들(rimeurs)과는 달리 자연의 생명력을 지닌 속성을 재현하는 것을 시 창작의 주된 관심사로 삼는 자이다.

---

34) 1권 3장.

35) 2권 11장.

또한 그에게 학자들뿐만 아니라 온갖 종류의 인부들과 뱃사공들, 주물공들, 화가들, 조각가들 등의 직공들을 가끔씩 찾아가서 그들이 만든 것들과 재료들의 이름, 도구들, 그들의 기술과 직종에서 사용되는 용어들을 익혀서, 거기에서 모든 사물에 관한 멋진 비유들과 생생한 묘사들을 끄집어오기를 권고한다.(2권 11장)

그는 활기 있는 언어를 통해 자연에 내재된 힘, 자연이 제시하는 생명의 원리를 재현해 낼 수 있다. 뒤 벨레가 "모호하지 않은 명확한 소리로, 자분자분하지 않은 당당한 소리로, 그대가 시에서 표현하고자 원하는 모든 감정에 딱 들어맞는 소리로 발음해야 한다"[36] 라고 미래의 시인에게 요구하는 것도 자연의 생생함을 드러내기 위해 인위적인 기교에 의지하지 않는 시인의 역할을 지적하기 위해서이다. 이 점에서 그가 『옹호』의 후반부 대부분을 시인이 지켜야 할 기법에 할애한 것에서 단순한 기술의 나열로만 보기는 힘들다. 다양한 기법을 사용하고 다양한 장르를 권고하는 것은 자연의 생생한 속성을 그만큼 생명력을 지닌 언어로 표현할 때 자연의 조화로움을 닮은 시적 창조가 가능하다는 것을 말하기 위해서였기 때문이다. "프랑스어 말법에서 지켜야 할 것"을 프랑스 시인에게 권고하면서 그가 '자연스러움'을 중요한 기준으로 내세우는 이유가

---

36) 2권 10장.

여기에 있다.

(내가 생각하기에는) 그[클레망 마로]가 그렇게 한 것은[남녀 성운 교차] 각 시행의 끝에 놓일 박자가 다양하기 때문에 선율을 바꾸지 않고도 좀 더 쉽게 노래할 수 있게 만들기 위해서였다. 그대가 이런 것을 준수하기 위해 그대의 낭송을 뒤틀리게 만들 정도로 숭배하지만 않는다면 나는 그렇게 하는 것이 아주 좋다고 생각한다. 무엇보다도 그대의 시 안에 딱딱하고, 어긋나며, 혹은 장황한 것이 있지 않도록 특히 조심해야 한다. 문장 구성 요소들은 잘 연결되어야 하며, 조화로움으로 귀를 가득 채워야 하고, 읽거나 들을 때 우리가 자연스럽게 끝에 도달했다고 느끼게 되는 지점을 결코 넘어서지 않도록 해야 한다.(2권 9장)

이처럼 뒤 벨레는 에네르지를 강조하면서 언어가 내포한 예술성과 창조성을 발견하는 어떤 탁월한 자의 능력에 대한 신뢰를 드러낸다. 예술적 창조를 가능하게 만드는 각 언어의 고유한 힘을 드러내려는 의지에 의해 발전적인 창조가 가능한 것이라면, 시인은 고대 작가들의 모방에서 "죽어버린 말의 소리가 아니라 정신에 대한 생생한 이해"[37]를 포착해야만 하는 것이다.

---

37) 1권 10장.

그래서 건물을 재건축하려는 그대는 흔히 대연회장이 있던 곳에 방과 마구간 혹은 부엌을 함부로 만들 것이고, 문과 창문을 혼동하면서, 즉 건물의 모든 배치를 바꿈으로써, 최초의 웅장함을 조금도 복원할 수 없게 될 것이다. 만약 그대가 건물을 다시 짓게 해줄 도면에 대한 이데아를 갖고 있지 않음에도 불구하고, 고대와 유사하게 이 건물을 복원할 수 있다면 나는 자연의 생생한 에네르지를 표현할 수 있는 그런 기술을 어쨌거나 높이 평가하게 될 것이다.(1권 11장)

뒤 벨레가 파악하는 모방은 눈에 드러난 것을 있는 그대로 흉내내는 것이 아니라 모방의 대상이 지닌 에네르지를 자유롭게 되살리는 행위를 가리킨다. 물론 이때의 자연스러움은 방종이나 터무니없음과 같이 자연이 부여한 본래의 특성을 벗어나는 것을 말하지는 않는다. "그리스인이나 로마인이 아니면서도 프랑스어로 작성된 모든 것을 스토아학파 사람들의 오만한 태도 이상으로 눈썹을 치켜세우면서 경멸하고 거부하는" 이 프랑스인들의 "어리석은 교만함과 무모함"[38]을 그가 비판한다면, 그것은 그들이 자연이 부여한 이성을 상실했기 때문이다. 자유는 이성적 판단을 배제하지 않는다. 이성은 천부적 권리에 의해 인간에게 주어진 것이라는 점에서 자유와 이성 그리고 자연은 서로 밀접하게 맺어져 있다. 따라

---

38) 1권 1장.

서 자연에 의해 태어난 언어가 발달되지 못한 상태로 남게 된 것은 언어와 의지를 부여해 준 자연을 인간이 위반한 것이며, 그것은 인간이 스스로의 자유마저 포기한 증거가 된다. 인간의 나태함은 반자연적 행위에 해당하는 것이다. 반면 인간의 이성에 따른 자율적 의지와 관련된 자유는 만인에게 공평하게 부여된 "자연법"[39]의 증거인 것이다. 뒤 벨레의 프랑스어 옹호에는 자연의 관대함을 닮은 "호화로운 풍요의 뿔이 맺을 꽃과 결실"[40]이 인간의 자유 의지에 의해 개화될 수 있다는 미래에 대한 신념이 내재되어 있는 것이다.

6. 진보와 지식의 확산에 대한 믿음

뒤 벨레가 보기에 그리스의 영광이 로마의 영광으로 이동하고 로마가 멸망한 지금 새로운 장소로 이동하여 정착하게 된다는 '제국의 전이(translatio imperii)'는 단지 국가의 힘에만 국한되는 개념이 아니다. 그것은 그리스에서 꽃을 피웠던 지식이 현재의 프랑스로 이동하게 될 것이라는 '학문의 전이(translatio studii)'로 이어지게 되어 있다. 따라서 인간의 정신은 시간이 흐름에도 불구하고 결코 퇴락하지 않는다. 인쇄술이 그 증거가 된다.

---

39) 2권 12장.

40) 같은 곳.

여기에서 고대의 탁월함을 내세울 필요는 전혀 없다. 그리고 호메로스가 자기 시대 사람들의 키가 너무 작다고 불평했던 것처럼, 근대의 정신이 고대의 정신에 견줄 수 없다고 말할 필요도 전혀 없다. 고대의 건축술, 항해술 그리고 다른 발명들은 분명 훌륭하다. 그러나 필요가 예술의 어머니란 점을 고려한다면, 하늘과 자연이 자기네의 모든 힘과 활력 그리고 능란함을 거기에 쏟아부었다고 평가해야만 할 정도로 그것들이 그렇게 대단한 것은 결코 아니다. 이런 내 말의 증거로 뮤즈들의 자매이며, 그중에서도 열 번째 뮤즈라고 할 수 있는, 대포만큼이나 해로우면서도 훌륭하지 않은 것이 아닌, 또한 인간의 정신은 시간이 흐를수록 사람들이 말하는 것과는 달리 그렇게 퇴락하는 것이 아님을 진정 보여주는 최근의 다른 많은 것들과 함께 인쇄술을 굳이 내세우지는 않겠다.(1권 9장)

그에 따르면 인쇄술은 인간의 의지가 만들어낸 가장 고귀한 진보의 결실 가운데 하나이다. 사실 라블레도 『팡타그뤼엘』의 8장 「가르강튀아가 팡타그뤼엘에게 보낸 편지」에서 화약이 악마의 발견이라면 인쇄술은 근대인의 뛰어남을 증명한다고 말한 바 있다. 그러나 인쇄술에 대한 뒤 벨레의 언급을 단지 기술의 발전에 대한 믿음의 차원에서만 파악할 수는 없다. 인간의 지적 진보 과정에서 혁명적 사건에 해당하는 인쇄술은 프랑스어의 발전과 새로운 프랑스 시의 도래를 위해 반드시 요구되는 모방의 지지대로 간주될 수 있기 때문이다. 인쇄술의 발명은 고대 문헌의 독서를 가능하게 하면서 지식의 소통과 확산을 조장하였고, 유럽의 문화 지형도를 새로 구축할 수 있는 기반을 마련해 주었다. 그렇지만 인쇄술의 가장 큰 공헌은 인간의 기억을 대체하기 시작했다는 점이다. 기억에 의존한 구전이 글자의 기록으로 변화되면서 인간은 과거의 지적유산을 회복하고 미래에 그것을 물려줄 수 있는 수단을 마련할 수 있었다.

이런 면에서 인쇄술에 대한 뒤 벨레의 언급은 과거의 영광을 현재를 거쳐 미래로 전달하려는 시간적 연계의 차원에서 읽힐 수 있다. 거기에서 자기 시대의 정신이 고대의 정신에 비견될 수 있다는 그의 확신을 읽을 수 있다. "어떤 이에게는 내가 언급했던 그런 정신의 큰 활력과 여러 학문에 대한 완벽한 지식 그리고 다른 모든 장점이 있지 않다고 할지라도, 그럼에도 불구하고 그는 할 수 있는 한 그런 길을 가야만 한다"[41]고 촉구하면서 인간 정신의 발달과 진보를 신뢰하는 그가 미래의 비상을 꿈꾸는 시인들에게 밤낮 없는 공부를 할 것을 요구하는 것도 이런 맥락에서 이해될 수 있다.

사람들의 손과 입에 힘입어서 날아오르기를 원하는 자는 자기 방에 오랫동안 머물러 있어야만 하며, 그리고 후세의 기억 안에 살아남길 바라는 자는 죽은 자처럼 스스로 수백 번 땀을 흘리고 몸을 부들부들 떨어야

---

41) 2권 5장.

만 하고, 우리 궁정 시인들이 맘껏 마시고 먹고 잠을 잔 것만큼이나 허기와 갈증 그리고 긴 밤샘을 견디어야만 한다. 인간의 글은 바로 이런 날개를 가지고서 하늘로 날아오른다.(2권 3장)

날아오르는 글을 위해 부단히 땀을 흘리는 것이 시인의 의무가 되는 것이다. 이것을 실천하지 않는 시인은 자연이 부여한 인간의 권위와 위엄을 스스로 포기하는 자와 다르지 않다. 이런 이유로 뒤 벨레의 『옹호』에서 기법의 필요성에 대한 여러 주장들은 당연히 전개될 수밖에 없었다. 그것은 모방의 대상인 고대 시인들과 어깨를 겨룸으로써 그들이 이룩한 숭고한 것에 비견되는 창작 활동을 할 수 있도록 허용할 수 있다. 영감이 미덕과 훌륭한 품성을 갖춘 자에게 자연이 부여하는 것이고, 조화를 향한 비상을 꿈꾸는 자에게 필요한 조건일지라도, 지상의 조건에 해당하는 기법 역시 우주와의 조응이라는 측면에서 영감만큼이나 필요한 것이다. 기법은 인간적인 것에 관계되지만, 천상의 조화를 목격하고, 인간이 자신이 떠나온 곳에 대한 기억을 위해서라면 반드시 필요로 할 수밖에 없는 요소인 셈이다. 그래서 인간과 우주로 구성되는 자연의 범주 안에서 영감과 기법은 서로 상이하거나 대립하는 것이 아니라 상호 보완적 관계를 맺는다. 위 인용문에서 "수백 번 땀을 흘리고 몸을 부들부들 떨어야" 하는 것이나 "허기와 갈증 그리고 긴 밤샘을 견디어야만 한다"는 표현처럼 자연적인 생리 현상과 관련된 비유들이 사용된 것도 이런 측면에 기인한다. 신성하고 관대한 어머니인 자연의 범주 안에서 영감과 기법은 형제와 같은 존재이며, 영감이 자연적인 것, 즉 타고난 것이라면 노력을 통해 얻어야 하는 기법 역시 이런 자연스러움을 따르고 반영해야 하는 것이다.

그리하여 뒤 벨레가 기대하는 시인은 영감과 기법으로 인간의 모든 감정의 굴곡을 간파하고, 그것을 적합한 언어로 재현해 낼 수 있는 박식함과 유연함 그리고 능란함과 진지함을 가진 자에 해당한다.

이 글의 결론을 내리자면, 독자여, 내가 우리 언어에서 찾으려는 자는, 나를 분노하게 만들고, 평온하게 하며, 즐겁게 하고, 고통받게 하며, 사랑하게 하고, 증오하게 하며, 놀라게 하고, 어안이 벙벙하게 하는, 즉 내 감정의 고삐들을 쥐어 나를 자기 원하는 바대로 이리저리 가게 만드는 그런 진정한 시인이라는 점을 명심하라. 이것이 진정한 시금석이며, 그것을 통해 그대는 모든 시와 모든 언어를 가늠해 보아야만 한다.(2권 11장)

이 시인이 다룰 장르는 롱도, 발라드, 비를레(virelais), 송가(chants royaux), 노래(chanson), 에피그램, 서한시, 두서없는 시(coq-à-l'âne) 등과 같이 중세 시인들이 선호한 것들이 아니라, "신과 덕성이 높은 자들에 대한 찬양, 세상만사의 운명적인 흐름, 사랑이나 해방감을 주는 술 그리고 모든 좋은 소중한 것과 같이 젊은이들의 관심사를 소재"[42]로 다룰 수 있는 오드 그리고 "유쾌하고 박식한 이탈리아의 발명품인 저 아름다운 소네트"[43]가 된다. 특히 뒤 벨레가 소네트의 속성을 지시하기 위해 "박식한"이라는 형용사를 사용한 것은 이 장르가 사랑, 자연, 조국, 전쟁, 영광, 우주 등과 같은 인간과 관련된 모든 소재를 다루면서 인간의 모든 감정을 생생하게 재현하고 정신의 기쁨을 생산하도록 도울 수 있기 때문이다.

또한 마로나 생 즐레와 같은 이전 세대의 시인들이 아니라 장 드 묑, 기욤 드 로리스 그리고 장 르메르 드 벨주와 같은 일부의 프랑스 시인들만을 높이 평가하게 될 새로운 프랑스 시인은 고대 작가들이 사용한 말법의 "자연스러움에 그대가 가장 가까이 다가가서 […] 두 언어[그리스어와 라틴어]의 본질적 속성이 허용하는 범주 안에서 다시 재현하려고 노력"[44]하게 될 것이다. 위대한 작품을 계획하는 그는 귀의 유추와 판단에 근거하여 신조어를 고안해 낼 것이다. 신조어는 "의심스러운 것에 믿음을, 흐릿한 것에 광채를, 낡은 것에 새로움을, 익숙하지 않은 것에 쓸모를, 신랄하고 거친 것에

---

42) 2권 4장.

43) 같은 곳.

44) 2권 9장.

부드러움"[45]을 줄 수 있는 후세가 시인에게 부여할 영광의 단서가 된다. 따라서 신조어의 사용은 현재의 독자가 아닌 미래의 독자를 대상으로 삼는다. 신조어라는 이 낯선 것은 미래의 기억에서 불멸하기를 기대하는 새로운 시인이 다루어야 할 대상이다. 세상이 알지 못했던 낯선 언어를 찾아내는 것이 언어와 시의 혁신을 추구하는 시인에게 주어진 사명인 것이다.

이 점에서 어휘의 혁신을 시도하지 않는 법률가들의 보수주의적 성향이 비판의 대상이 되는 것은 지극히 당연하다.

검사와 변호사들은 그들의 직업에 맞는 용어들을 결코 혁신하지 않고 사용한다. 그러나 자기 언어를 풍부하게 만들고자 하는 지식인이 일상적이지 않은 어휘들을 가끔은 사용할 수 있는 자유를 갖지 못하게 금하는 것은, 아직은 풍부하지 않은 우리 언어를 그리스인들과 로마인들이 스스로에게 부여했던 것보다도 훨씬 더 엄격한 법으로 쭈그러뜨리고 말 것이다.(2권 6장)

고대 시인들이 "종종 일상적이지 않은 사물들을 위해 일상적이지 않은 어휘들을 지식을 갖춘 자들이 사용하도록 허용"[46]한 것처

---

45) 2권 6장.

46) 같은 곳.

럼, 새로운 시대를 만들고 살아가기 위해서는 두려움을 버리고 새로움을 찾아나서는 담대한 항해사의 기질이 필요하다. 새로운 시인은 익숙한 것들에 내재된 본질을 새로운 시선으로 포착하여 새로운 언어로 표현해야 한다. 새로운 시대에는 새로운 언어가 필요한 것이다. 익숙한 것을 낯설게 만들고, 익숙한 언어가 재현하지 못할 이 낯섦을 또 다른 낯선 언어로 드러내는 것, 그리하여 익숙함에 대한 새로운 바라보기가 가능하게 만드는 것이 시인의 일이 되어야 한다는 것이다. 뒤 벨레의 이런 관점은 훌륭한 모든 것이 소멸한 자리에서 새롭고 훌륭한 무언가가 태어날 것이라는 믿음을 대변한다. 또한 그것은 프랑스 문화가 고대의 뒤를 이어 새로운 시를 탄생시킬 수 있다는 주장의 이론적 토대로도 기능한다.

따라서 지식의 이동을 통한 새로운 창조에 대한 믿음을 견지한 뒤 벨레가 새로운 것을 낳지 못할, 즉 창조를 처음부터 불가능하게 만드는 단 하나의 자연어의 존재를 인정할 수 없었던 것은 당연하다. 비록 그에게는 "세상에 단 하나의 자연어가 있었다면 얼마나 더 좋았겠는가"[47]라는 표현이 암시하듯이 에덴의 언어나 아담의 언어라고 할 수 있는 만국어(lingua franca)에 대한 희망이 있었던 것은 분명하다. 그러나 아담의 언어는 소멸하였고, 언어는 분화되었으며, 완벽한 소통은 불가능하게 되었다는 것을 그는 알고 있다.

---

47) 1권 10장.

그렇지만 언어의 이런 불완전함이 역설적으로 창조를 가능하게 만드는 동력이 되기도 한다는 것 또한 그는 인정한다. 오히려 단 하나의 언어를 부인해야만 하는 것이다. 그것은 창조의 필요성과 역동성을 소멸시킨다. 오히려 "다양한 언어들이 다양한 생각들의 의미를 밝히는 데"[48] 더 적합하다는 것과 다양한 것들의 공존에서 새로운 것의 창조가 가능하다는 것을 신뢰해야만 한다. 뒤 벨레가 뛰어난 고대 작가라는 낯섦의 모방을 창조를 위한 한 방식으로 추천하는 이유가 바로 여기에 있다.

7. 인간의 역량에 대한 옹호

모국어를 풍부하게 만들기 위한 낯섦의 필요성은 단지 이질적인 두 요소 간의 만남만을 전제로 하지 않는다. 로마인들의 사례가 그 증거가 될 수 있다. 이국의 것들을 자기 것의 창조를 위한 자양분으로 삼기 위해 그들은 접목과 소화의 방식을 거쳐야만 했다.

만약 로마인들이 (누군가가 말하겠지만) 이런 번역이라는 수고에 전력을 다하지 않았다면, 대체 어떤 수단을 사용해서 자신들의 언어를 그리스어와 거의 어깨를 겨룰 정도로 풍부하게 만들 수 있었을 것이란 말인

---

48) 같은 곳.

가? 로마인들은 그리스 최고의 저자들을 모방하고, 자신들의 모습을 그들의 모습으로 바꾸고, 그들을 먹어 삼키고, 그리고 그들을 잘 소화시킨 후에, 그들을 피와 자양분으로 바꾸고, 각자 자신들의 성향과 주제에 따라 가장 뛰어난 작가들을 모델로 삼아, 그들의 가장 드물고 가장 뛰어난 특성들을 섬세하게 관찰하여, 내가 앞에서 말했던 접목처럼, 그것들을 자기네 언어에 갖다 붙였다. 이렇게 함으로써 (굳이 말한다면) 로마인들은 우리가 열광적으로 칭송하고 경탄하는 이 모든 훌륭한 작품을 때로는 그리스인들의 몇몇 작품에 버금가게, 때로는 그리스 작품들을 능가하면서 만들어냈다.(1권 7장)

　낯선 것들은 이 두 행위를 통해 새로운 조직을 만들어간다. 그렇지만 이 접목과 소화는 방식에 있어서 차이를 보인다. 접목이 자기 밖에 있는 낯선 것들을 전제로 하는 작업이라면, 소화는 그것들을 자기 안에 받아들이는 행위에 해당한다. 소화는 자기 내부를 전제로 하며, 외부의 것과 자기와의 개인적인 관계를 설정한다. 따라서 접목은 객관적인 것들 사이의 관계를 그리고 소화는 외부와 나의 개인적 관계를 전제하는 방식들이라고 할 수 있다. 언어가 성장의 자양분을 내부에 가지고 있다는 것을 인정하면서도, 언어의 발달이 타 언어와의 접목과 소화에 의해 더욱 촉진될 수 있다는 이런 관점을 개진하는 뒤 벨레는 접목과 소화가 부자연스럽게 이루어져서는 안 된다는 것을 알고 있다. 그가 "각자 자신들의 성향과 주제

346

에 따라"라고 위 인용문에서 언급한 것은 개인적인 소화의 방식,
즉 다양한 방식의 수용 가능성을 언급한 것일 뿐만 아니라, 상황과
취향에 따라 자연스러운 모방을 선택할 것을 권고하는 것으로도
볼 수 있다. 자연스러운 접목과 소화를 거치는 모방은 다양한 창조
를 위한 조건이 될 수 있다는 것이다.

　여기에서 한 언어의 자연스러움을 자기 언어의 자연스러움에 적
응시키고 적용시키는 행위에 해당하는 모방은 모국어의 발전 그리
고 역량을 지닌 언어가 탄생시킬 독창적인 시를 위해 반드시 필요
한 작업이 된다. 따라서 모방의 대상이 된 사물뿐만 아니라 모방하
는 자의 개인적 능력과 취향 그리고 조건도 중시되어야 한다. 그리
고 모방은 타 문화의 자기화와 연관되지만, 그것은 자연이 허락하
는 범위 안에서, 즉 자연스럽게 만들어야 한다는 목적성 역시 가지
고 있다. 그리고 바로 이 점에서 그는 번역에 대하여 자신의 관점
을 피력할 수 있었다.

　그는 "번역가들의 임무와 섬세한 작업은 외국어를 모르는 자들
에게 사물에 대한 지식을 가르치는 데 있어서는 일견 대단히 유
용."[49]하고 말하면서 번역이 지닐 수 있는 일부의 성과를 간과하
지 않지만, 모국어 현양의 차원에서 보면 번역은 불충분하고, 번역
에만 의지하는 행위는 비난받을 만하다는 지적도 잊지 않는다. 타

---

49)　1권 5장.

자와의 자연스럽고 조화로운 접촉에서 지식의 풍부화를 위한 토양이 마련된다는 것을 그는 알고 있기 때문이다. 특히 축자역의 지지자들로부터는 이런 것을 기대할 수 없다. 그들은 "번역자라기보다는 반역자라고 불리기에 참으로 마땅한"[50] 자들이며, "자신들이 번역하려고 했던 사람들로부터 영광을 박탈하고, 그런 방식으로 검은 것을 희다고 보여주면서 무지한 독자들을 속이고 그들을 배반"하고, "식자라는 명성을 얻기 위해서 히브리어나 그리스어와 같이 가장 기본적인 요소들을 전혀 이해하지도 못하면서 그런 언어들을 무작정 번역"[51]하는 자들이다. 게다가 그들은 어휘에 충실해야 한다는 집착 때문에 "고대의 신성한 유물을 더럽"[52]히는 자율성과 창조성을 상실한 자들이다.

비록 뒤 벨레가 지식의 보급과 확산에 번역이 어느 정도 기여할 수 있다고 인정하면서도 시 번역을 만류하는 것은 그것이 영광이 아닌 수치를 모국어에 안겨줄 뿐이라고 판단했기 때문이다. 축자역이나 시 번역은 새로운 말의 창조에 요구되는 저자의 생명력을 포착하지 못하는 방식에 해당한다.

---

50) 1권 6장.

51) 같은 곳.

52) 같은 곳.

자기 모국어로 가치 있는 작품을 만들려고 하는 자는 번역을, 특히 시인들을 번역한다는 수고를, 고생을 요구하면서도 별 이득도 주지 않는, 그래서 여전히 내가 쓸모없다고 여기는, 나아가 모국어의 성장에 해를 끼침으로써 영광보다는 더 많은 근심을 분명히 가져다줄 것이 뻔한 그런 사람들에게 내맡겨야 할 것이다.(1권 6장)

따라서 어휘에 국한된 번역이 아니라 언어의 특수성이 허용하는 한에서 가능한 한 "자연스럽게"[53] 번역하는 것이 필요하다. 번역이란 일종의 옆에서 다시 쓰는 행위(para-paraphrase)에 해당하기 때문이다.

현명한 번역가는 축자역 번역가보다는 오히려 설명적 환언자의 역할을 해야 한다고 나는 생각한다.(1권 10장)

여기에서 "설명적 환언자"라는 번역어의 원문은 "파라프라스트(Paraphraste)"이다. 두 언어 사이의 대화라고 할 수 있는 번역은 일종의 옆에서 다시 쓰는 행위(para-paraphrase)라는 것이다. 그리고 이를 실행하는 자는 어휘를 어휘로 옮기는 자가 아니라, 의미를 마치 아주 가까이서 말하는 것처럼 옮기는 자이어야 한다. 이런 면에

---

53) 같은 곳.

서 '프라시스'는 의미(sens)가 지칭하는 것, 즉 내용물의 정신을 가리킨다고 말할 수 있다. 어휘의 차원을 넘어설 것을 요구하는 이 표현에 따르면 결국 번역은 책이라는 세상을 구성하는 말의 에네르지를 드러내는 행위라는 의미를 내포하게 된다. 따라서 어휘에 국한하여 번역을 논할 수는 없다. 게다가 각각의 특수성을 지닌 모든 언어를 있는 그대로 다른 언어로 옮기기도 힘든 법이다.

이런 이유로 축자역을 경계하는 뒤 벨레는 원문의 의미에 대한 충실성이 필요하며, 의미를 번역하기 위해서는 해석이 개입되어야 한다고 주장하기에 이르게 된다. 그리고 원전의 의미에 대한 충실성이 원전을 변형하고, 혹은 재구성하는 번역 방식을 낳을 수밖에 없다는 것을 지지하게 된다. 번역가는 많은 작품의 독서를 통해 얻게 된 지식을 바탕으로 원전에 결코 뒤떨어지지 않는 번역 텍스트를 생산해 내야 한다는 인식이 그에게 있는 것이다. 지식의 습득이 없다면 어휘의 힘(vis)이나 의미를 간파할 수 없게 되기 때문이다. 이때의 힘은 어휘의 실재를 전달하며 사상을 드러나게 만드는 요소이다. 따라서 번역가는 텍스트라는 몸을 구성하는 모든 형태와 그것이 담고 있는 운동성을 포착하고 도착어에 맞게 변형하는 것을 목적으로 삼아야 한다.

이 점에서 본다면 원전의 의미에 대한 충실성은 오히려 원전의 새로운 변형을 불가피하게 초래한다고 말할 수 있다. 원전의 명확성을 드러내기 위한 이런 방식은 오독의 위험이 있을 때 첨가가 요구되는 것처럼 번역가의 원전 개입을 용납하고 허용한다. 뒤 벨레가 언어와 시의 문제를 다루는 『옹호』에서 번역을 언급한 궁극적이유를 여기에서 찾을 수 있다. 번역은 시 창조와 같은 맥락에서고려되어야 하는 것이다. 번역의 창조성과 번역이라는 행위는 시의 창조와 시인의 영감을 얻은 시적 창작과 다른 맥락에서 고찰될수 없었던 것이다. 따라서 번역가에게 창조자로서의 위상을 부여하려는 뒤 벨레의 의도가 드러난다는 것을 확인할 수 있다. 원전에충실한 자세를 견지하다 보면 번역가가 자연스럽게 자율성을 개입시키지 않을 수 없게 된다는 것을 그는 알고 있다. 그래서 축자역의 위험을 경계하는 그가 만나고 싶어 하는 충실한 번역가는 창조성을 지닌 작가에 버금가는 위상을 누리는 자이어야만 한다. 번역에 대한 그의 지적은 타자를 자신으로 여기고, 동시에 자신을 타자로서 놓을 때 새로운 것의 창조가 가능하다는 관점에 기반을 두고있는 것이다.

그리고 바로 이 점에서 뒤 벨레가 모국어 작가의 모방을 권고하지 않는 궁극적 이유를 찾을 수 있다. 친근한 것의 모방이 언어의발달에 도움이 되지 않는다는 주장은 예술에 있어서의 진실이 '이곳'이 아닌 '다른 곳'에 있다는 관점에 기초한다. 나의 발전이 타자에 의해 가능하다는 이런 생각은 '지금 그리고 여기'에 머물면서'알 수 없는 저 너머'로 시선을 향하는 시인의 태도를 생각하게 만든다. 즉 포착되지 않은 것을 지향하는 것이 '지금 그리고 여기'가 지닌 가치를 제대로 볼 수 있게 만드는 방식이 된다. 그리하여 다음과 같은 발언에서 발견되는 낯선 것을 자기 안에 들여와서 자기 공동체의 구성원으로 남게 만들어야 한다는 생각은 타자와 나의 경계를 제거하여 새로운 존재를 형성하는, 즉 낯선 것을 배척하지 않는 자로서의 범세계적 관점을 드러낸다고 볼 수도 있다.

그러니 아리스토텔레스나 플라톤이 그리스의 저 비옥한 땅에 뿌렸던 철학이 우리 프랑스 들판에 다시 심어진다고 해도 그것은 가시덤불과 가시나무들 사이에 내던져져 말라죽고 마는 그런 것이 아니게 될 것이며, 오히려 철학을 먼 친척 그리고 우리 공동체의 시민이 된 이방인으로 삼게 될 것이다. 그리고 인도가 우리에게 보낸 향신료와 동방의 다른 귀한 것들이 처음 뿌려지고 거두어진 장소보다는 우리에게 확실히 더 잘 알려지고 심지어는 더 비싸게 취급되는 것처럼, 만약 어떤 현명한 사람이 그리스어와 라틴어로부터 철학적 성찰들을 우리 속어로 옮겨온다면 그것들은 지금보다 더 친근해지고, 그것이 본래 자라난 곳에서 그것들을 (이렇게 말해야만 한다면) 수확하게 될 사람들에게서보다도 우리에게서 더 쉽게 이해될 수 있게 될 것이다.(1권 10장)

물론 이런 언급은 언어의 동등함이라는 관점에 근거를 둔다. 그래서 뒤 벨레는 철학을 꽃피운 그리스와 같은 나라에서도 프랑스에서 볼 수 있는 것과 같은 "미개하고 비인간적인 사람들"과 "거친 말투"[54]를 발견하는 것이 결코 이상하지 않다고 말할 수 있었다. "자연이 하늘에서나 땅에서나 모든 사람이 자기가 준 기술을 기꺼이 발휘되도록 만들고, 또한 이성적인 인간들의 생산에 더 주의를 기울이는 것은 분명하지만, 그렇다고 해서 비이성적인 자들을 저버리지는 않으며, 오히려 기법을 동일하게 사용하면서 이것도 만들고 저것도 만들어내는 것처럼, 그렇게 자연은 모든 시대, 모든 지역, 모든 풍습에서 언제나 하나"[55]였기 때문이다. 공평한 자연의 혜택을 입은 언어와 마찬가지로 모든 문화에는 우열이라는 것이 없으며, 모든 문화에는 장점과 단점이 있고, 그것을 기준으로 삼아 타자의 문화와 언어를 평가할 수도 없다. 따라서 지식의 공동 소유 혹은 지식의 공동화에 대한 의지를 반영하는 이런 타자관은 세계가 유사함을 공유하며 풍요를 만들어간다는 우주관을 드러낸다고 말할 수도 있다. 세상의 풍요로움은 차이에 의해 만들어지는 것이기 때문이다.

모방하고자 하는 자는 어떤 훌륭한 작가의 뛰어난 특성들을 제대로 쫓아가서 그의 모습으로 자신의 모습을 바꾸는 것이 쉽지 않다는 점도 잘 이해해야 한다. 왜냐하면 사물들이 아주 흡사해 보인다 할지라도 자연

---

54) 1권 10장.

55) 같은 곳.

마저도 그것들이 약간의 표시와 차이로 구분되지 않게끔 만들 수는 없기 때문이다.(1권 8장)

세상은 같음으로 구성되지 않으며, 각 사물들 사이의 차이는 각 사물들의 존재 가치를 보장한다. 그렇다고 해서 사물들이 서로 연관성을 지니지 않는 것은 아니다. 그것은 유사한 모습을 지녔지만, 그 속성에서 차이를 보인다. 따라서 사물들의 유연성을 통해 세상이 풍요롭게 구성된다면, 이 유연성에 근거하는 모방은 언어와 문화를 풍요롭게 만들 수단이 된다. 분명 뒤 벨레가 지향하는 것은 프랑스어라는 모국어가 "외국어들에 의지할 필요가 없을 정도로 그렇게 우리네의 본보기들로 풍부해지는 것"[56]이지만, 그렇다고 해서 "무턱대고 모방"[57]할 것을 그가 권고하는 것은 아니다. "무턱대고(au pied levé)"는 고대 작가들의 "가장 뛰어난 모든 특성"[58]을 겨냥하지 못하는 무딘 화살만 만드는 행위를 가리키기 때문이다. 이런 면에서 뒤 벨레는 자아를 풍요롭게 만들어줄 속성이 타자로 인해 주어질 수 있다는 것을 인정하는 자로서의 면모를 드러낸다. 동시에 타자와 자아의 유사성이 존재한다는 생각도 지닌다. 다

---

56) 1권 8장.

57) 같은 곳.

58) 같은 곳.

른 것의 모방을 통해 자기 언어를 양육하는 것의 효용성을 알고 있던 그에게 타자는 자기 언어의 밖에 존재하면서도, 동시에 모국어를 변화시키고, 모국어 안에서 새롭게 태어날 잠재력의 가능성을 열어주어 새로운 언어를 낳을 수 있는 자양분인 것이다.

그가 방황하는 인간을 언급하는 것도 바로 그런 방황이 지식을 찾아나가는 여정의 중요한 방식이고 내적인 풍부를 가능하게 만들어주는 요소가 된다는 것을 암시하기 위해서였다.

고대의 어떤 그리스인들은 나체 고행자를 보기 위해 인도를 여행하고, 또 다른 이들은 지금의 그리스를 이토록 오만하게 만든 저 넘쳐흐르는 위대한 힘을 성직자와 예언자들로부터 빌리기 위해 이집트를 여행했는데, 어째서 그들은 그런 위험을 감수하면서도 많은 나라를 돌아다녔단 말인가?(1권 10장)

허공에서 사방으로 충돌하며 떨어지는 원자들의 속성으로 인해 세계의 창조를 설명한 루크레티우스가 이 시대에 많은 영향을 끼쳤던 것에서도 짐작할 수 있듯이, 그리고 퐁튀스 드 티아르가 『사랑의 방황(Erreurs amoureuses)』이라는 시집을 발간한 것에서도 알 수 있듯이, 사랑을 노래한 당시의 시인들이 '방황하는(errer)' 시적 화자를 자주 등장시킨 것은 바로 이런 방황의 창조성과 관련이 있을 것이다. 사랑에 빠진 시인은 욕망의 대상을 찾아 지상을 헤매는 자일 수밖에 없었지만, 그의 방황은 사랑의 욕망을 더욱 깊고 풍부하게 만들어주는 요소가 된다. 타자와의 접촉을 반드시 요구하게 되는 이런 방황은 낯섦에 대한 유연하고 개방적인 태도를 동반하는 행위이기도 하다. 따라서 뒤 벨레가 「작품의 결론」에서 "로마의 저 오만한 도시를 향해 용맹하게 진격하라"고 말하거나, "델포이 신전의 저 신성한 보물들을 가차 없이 약탈하라"라고 외치면서 프랑스어를 옹호하는 것에서 폐쇄적 민족주의의 어조를 찾을 필요는 없다. "수많은 위험과 이국의 물살을 헤쳐"가는 것만이, 즉 낯섦과의 적극적인 접촉만이 프랑스어를 "안전하게 항구에 도달"하도록 이끌 것이라는 확신이 그 안에 담겨 있기 때문이다.

이 점에서 모방은 낯선 것과의 만남과 정복의 과정으로도 이해될 수 있다. 그리고 그것은 다음과 같은 발언에서 짐작할 수 있듯이 인간의 역량에 대한 믿음에 기초하고 있다.

철학이 그들을 진정 자기 자신으로 입양하게 된 것은 그들이 그리스에서 태어났기 때문이 아니라 철학에 대해서 고귀한 방향으로 말을 잘하고, 나아가 글을 잘 썼기 때문이다. 진실은 그들에 의해서 부단히 탐색되었고, 말의 배열과 질서, 간결하고 장엄한 금언, 신성하다고 할 수밖에 없는 말의 풍부함은 그들의 것이지 다른 이들의 것이 아니게 되었다 […] 인간을 불멸하게 만들 수 있는 것에 그 누구보다도 더 부단히 골몰했던 그리스인들과 로마인들에게서 예술과 학문이 언제나 힘을 가졌던 것은 사실이기 때문에, 우리는 오직 그들에 의해서만 예술과 학문이 다뤄질 수 있고, 또 그래야만 한다고 믿고 있다.(1권 10장)

뒤 벨레가 고대 작가들의 특징으로 질서정연하게 배열된 생각과 간결하면서도 풍부한 금언 등을 지적하는 것은 인간과 자연의 질서를 그들이 추구했기 때문이다. 그들이 내용과 문체에서 빼어날 수 있었던 것도 자연을 따랐기 때문이다. 그들의 탁월함은 자연을 모방한 결과이다. 따라서 학문의 이전이라는 원리에 따라서 그들의 빼어남이 프랑스로 이전하는 것은 자연스러울 수밖에 없다.

그러나 생각이 뛰어나고 현명할 뿐만 아니라 대담하고, 영광을 탐하지도 않고, 누구의 질시나 증오도 두려워하지 않는 어떤 훌륭한 사람이 우리의 언어에 문예의 꽃과 결실을 안겨주면서 그런 잘못된 견해로부터 우리를 벗어나게 해줄 그런 시간이 분명 오고야 말 것이다(그리고 지극히 선하시고 지극히 위대하신 신께 그것이 우리 시대이기를 간청한다).(1권 10장)

인간의 진보와 고귀함을 신뢰하고, 자연을 모방한 고대를 모방의 대상으로 삼는 것은 결국 인간의 뛰어남과 불멸성을 추구하고 획득하려는 행위가 된다. 인간의 불멸에 관한 진실을 찾으려 한 고대 작가들처럼 모방은 인간이 유한성을 극복하고 정신의 영원성을 확보할 수 있도록 이끄는 역할을 한다. 그리고 이런 모방은 그들의 글쓰기가 보여주었듯이, 진실을 찾아 나선 인간의 의지가 의지하는 언어에 의해서만 가능하다. 뒤 벨레가 기대하는 미래의 시가 지상의 인간을 바라보는 시선을 지닌 자에 의해 새로운 언어와 어법으로 작성되어야 하는 것이라면, 이런 주장에는 타자를 통해 인간의 위엄을 발견하고 그것을 계발시키고 현양해야 한다는 생각이 자리하고 있다.

고대어를 능가하는 프랑스어를 지향하기 위해 고대의 모방을 주장하는 『옹호』에서 우리가 결국 만나게 되는 것은 인문이 보장하는 영원성을 지향하는 것이 인간의 본질에 해당되는 것이며, 지상의 물질적 가치의 일회성, 즉 시간에 종속된 모든 것에 대한 중시를 강렬히 비판하는 뒤 벨레라는 한 인문주의자이다. 그리고 그가 말을 거는 대상이 "수많은 우아함과 세련됨으로 장식된 이"이며, 자신의 "가련한" 언어를 "애석해"하면서 "그리스와 로마의 저 오만하기 그지없는 언어들과 어깨를 겨루게 만들"[59] 시인임을 알 수 있다. 이 시인은 자연이 인간에게 부여한 가장 귀중한 덕목인 신중함과 그것을 행동으로 실천함으로써 인간의 위엄과 권위를 드러낼 수 있는 자이다. 그런 까닭에 『옹호』의 마지막 장에서 그는 자신의 언어관과 시에 관한 주장이 인간의 뛰어난 역량과 관련되어 있으

---

59) 2권 5장.

며, 언어와 시의 궁극적 목적이 인간의 고귀함을 드러내는 데 있다는 관점을 피력할 수 있었다.

(프랑스 뮤즈들의 벗인 독자여) 내가 이름을 언급한 그런 사람들 뒤에 오게 될 그대는 그대의 언어로 글을 쓰는 것을 부끄러워해서는 안 된다. 오히려 그대는, 그대가 프랑스의 그리고 그대 자신의 벗이라면, 자기네 나라 사람들 사이에서 아킬레우스가 되는 것이 다른 나라 사람들 사이에서 디오메데스 혹은 더 나아가 테르시테스 같은 사람이 되는 것보다 훨씬 더 낫다는 그런 고귀한 신념을 간직하고서 그대 언어에 전적으로 몰두해야만 한다.(2권 12장)

인간과 훌륭함을 연계하는 뒤 벨레에게는 인간의 능력이 그 뛰어남을 풍요로운 언어로 실현할 수 있을 것이라는 확신이 있다. 그리고 말의 풍요가 인간 정신의 풍요를 반영한다고 주장하는 그는 모국어를 발전시키고 시의 새로운 세계를 개척하는 것이 시대와 우주의 원리에 상응하는 것임을 잘 알고 있기도 하다.

우리가 『옹호』에서 발견하게 되는 것은 자연과 단절되기보다는 오히려 자연이 부여한 숨어 있는 속성을 포착하여 언어로 드러내는 고단한, 그러나 풍요로운 활동이 미래의 시인에게 요구된다는 하나의 주장이다. 불멸에 대한 욕망을 상실하고, 찬양받아야 마땅한 시적 노동에 온 시간을 쏟는 자들을 경멸하는 자기 시대 속에서 모국어와 시에 새로운 가치를 부여해야 한다는 고조된 목소리이다. 뒤 벨레가 보기에 시는 영원한 영광을 추구하기 위해 인간의 뛰어남을 탐색하고 증명하며 인간의 자리를 천상에 마련해 주는 훌륭한 행위에 속한다. 뒤 벨레의 "프랑스어의 옹호와 현양"이 인간과 시의 역량에 대한 옹호와 현양으로 읽혀야 하는 당위성이 바로 여기에 있다.

■ 참고 문헌

1. 주요 판본

La Deffence, et Illustration de la Langue Françoyse. Par I.D.B.A., Paris, Arnoul L'Angelier, 1549.

La Deffence et Illustration de la Langue Françoyse, éd. Henri Chamard, Fontemoing, 1904.

La Deffence et Illustration de la langue Françoyse, éd. Henri Chamard et introduction par Jean Vigne, STFM, 1997.

La Deffence, et illustration de la langue françoyse, in *Oeuvres complètes* de Du Bellay, vol. I, préparés par Francis Goyet et Olivier Millet, Champion, 2003.

La Deffence, et illustration de la langue françoyse(1549), édition et dossier critique par Jean-Charles Monferran, Droz, 2007[2001].

2. 번역

La Deffence et illustration de la langue françoyse, translation en français moderne par H. A., établissement de l'édition et postface par Gaspard-Marie Janvier, Fayard/Mille et une nuits, 2010.

The Defence and Illustration of the French Language, in *Poetry & Language in 16th-century France: Du Bellay, Ronsard, Sébillet*, trad. Laura Willett, Toronto, Centre for Reformation and Renaissance Studies, 2004, pp. 37-97.

The regrets with The antiquities of Rome, three Latin elegies, and The defense and enrichment of the French language, *éd.* et trad. Richard Helgerson, Philadelphia, University of Pennsylvania Press, 2006.

フランス語の擁護と顕揚, 加藤美雄 譯. 東京, 白水社, 昭和18[1943].

3. 16세기 시학 관련 주요 작품

Aneau (Barthélemy), *Quintil horatian*, in Joachim Du Bellay, *La Deffence, et illustration de la langue françoyse*, éd. Jean-Charles Monferran, Droz, 2008, pp. 299-361.

Aubigné (Agrippa d'), *Les Tragiques*, éd. Jean-Raymond Fanlo, Champion, 2006.

Boissière (Claude de), *L'Art poétique abrégé*, Paris, A. Briere, 1554, éd. Félix Gaiffe, Paris, D. Morgand, 1913.

Budé (Guillaume), *L'Etude des Lettres, Principes pour sa juste et bonne institution*, texte traduit par Marie-Madeleine de La Garanderie, Les Belles Lettres, 1988.

Deimier (Pierre de), *L'Académie de L'Art poétique*, Paris, Jean de Bordeaulx, 1610.

Des Autels (Guillaume), *Replique de G. des Autes aux furieuses defenses de Louis Meigret*, Lyon, J. de Tournes, 1550.

Du Bellay (Joachim), *Oeuvres poétiques*, éd. D. Aris et F. Joukovsky, Garnier, 1993, 2 vol.

Du Pont (Gratien), *Art et science de rhétorique*, Toulouse, Nicolas Vieillard, 1539, éd. Véronique Montagne, Garnier, 2012.

Fabri (Jacques), *Le Grand et Vray Art de pleine Rhetorique*, Rouen, Simon Gruel et Thomas Rayer, 1521.

La Fresnaye (Vauquelin de), *L'Art poétique françois*, Caen, Charles Macé, 1605, éd. Georges Pellissier, Garnier, 2014.

La Ramée (Pierre de), *Dialectique(1555)*, éd. M. Dassonville, Droz, 1964.

Laudun d'Aygaliers (Pierre de), *L'Art poëtique françois*, Paris, Antoine du Brueil, 1597, éd. Jean-Charles Monferran, STFM, 2000.

Peletier du Mans (Jacques), *Art poétique*, in *Traités de poétique et de rhétorique de la Renaissance*, éd. Francis Goyet, Le Livre de Poche, 1990, pp. 235-344.

_____, *L'Art poétique d'Horace, traduit en vers françois par Jacques Peletier, 1541*, in *Oeuvres*, tome 1, éd. Michel Jourde, Jean-Charles Monferran et Jean Vignes, Champion, 2011.

Premiers combats pour la langue française, éd. Claude Longeon, Le Livre de Poche, 1989.

Rabelais (François), *Les Cinq Livres*, éd. Jean Céard, Gérard Defaux et Michel Simonin, Le Livre de Poche, coll. La Pochothèque, 1994.

Ronsard (Pierre de), *Abrégé de L'Art poétique français*, in *Traités de poétique et de rhétorique de la Renaissance*, pp. 465−493.

_____, *Oeuvres complètes*, éd. Jean Céard, Daniel Ménager et Michel Simonin, Gallimard, coll. Bibliothèque de La Pléiade, 1993−1994, 2 vol.

Sébillet (Thomas), *Art poétique françois*, in *Traités de poétique et de rhétorique de la Renaissance*, pp. 37−183.

4. 주요 연구

Ahmed (Ehsan), "Du Bellay, Sébillet and the problematic identity of the French humanist", *Neophilologus*, 75, 1991, pp. 185−193.

Balsamo (Jean), *Les Rencontres des Muses. Italianisme et anti-italianisme dans les Lettres françaises de la fin du XVIe siècle*, Slatkine, 1992.

Banks (Kathryn) et Ford (Philip) (éd.), *Self and other in sixteenth-century France: proceedings of the seventh Cambridge French Renaissance Colloquium, 7-9 July 2001*, Cambridge French Colloquia, 2004.

Bellenger (Yvonne), *La Pléiade. La poésie en France autour de Ronsard*, Nizet, 1988.

Berman (Antoine), "La terre nourrice et le bord étranger. Une archéologie de la traduction en France", *Communications*, n° 43, 1986, pp. 205−222.

Brioist (Pascal), *La Renaissance*, Atlande, 2003.

Buron (Emmanuel) et Cernogora (Nadia), *La Deffence et illustration de la langue françoyse, l'Olive*, Atlande, 2007.

Castor (Graham), *La poétique de la Pléiade. Etude sur la pensée et la terminologie du XVIe siècle*, trad. Yvonne Bellenger, Champion, 1998[1964].

Cave (Terence), *Cornucopia. Figures de l'abondance au XVIe siècle*, trad. fr., Macula, 1997.

Cernogora (Nadia), *"Translation ou Métaphore?* Les enjeux d'une question de terminologie dans les rhétoriques, les arts poétiques et les traités linguistiques au XVIe et au début du XVIIe siècle", in *Le lexique métalittéraire français (XVIe–XVIIe siècles)*, études réunies sous la dir. de Michel Jourde et Jean-Charles Monferran, Droz, 2006, pp. 195–214.

Chamard (Henri), *Histoire de la Pléiade*, Didier, 1939/1940, 4 vol.

_____, *Joachim Du Bellay, 1522-1560*, Lille, Au siège de l'Université, Skatkine Reprints, 1969.

Chevrolet (T.), *L'Idée de Fable. Théories de la fiction poétique à la Renaissance*, Droz, 2007.

Clement (Robert J.), *Critical Theory and Practice of the Pléiade*, Harvard Universiy Press, 1942.

Close (A. J.), "Commonplace Theories of Art and Nature in Classical Antiquity and in the Renaissance", *Journal of the History of Ideas*, vol. 30, n° 4, 1969, pp. 467–486.

Curtius (E. R.), *La Littérature européenne et le Moyen Âge latin*, PUF, coll. Agora, 1991.

Dassonville (Michel), "De l'unité de la *Deffence et Illustration de la langue française*", *Bibiothèque d'Humanisme et Renaissance*, XXVII, 1965, pp. 96–107.

Dauvois (Nathalie), "Décore, convenance, bienséance et grâce dans les arts poétiques français. (Re)naissance d'une poétique de la différence", *Camanae*, n° 13, 2012, pp. 1–16.

De Noo (Hendrik), *Thomas Sébillet et son "Art poétique Françoys"* rapproché de la "*Deffence et Illustration de la langue française*" *de Du Bellay*, Utrecht, J. L. Beijers, 1927.

Debrosse (Anne), "Poésie encomiastique en l'honneur de femme de lettres autour de 1550. L'emploi des figures de Corinne et Sappho au miroir de l'Arioste chez Laura Teracina et Joachim Du Bellay", in *La Muse de l'éphémère. Formes de la poésie de circonstance de l'Antiquité à la Renaissance*, Garnier, 2014, pp. 165−181.

Demonet (Marie-Luce), *Les Voix du signe. Nature et origine du langage à la Renaissance (1480-1580)*, Champion, 1992.

Dessons (Gérard), "Sortir la traduction de la traduction. Du Bellay: ≪De ne traduyre les poëtes≫", in *Traduire-écrire. Culture, poétiques, anthropologie*, textes réunis et présentés par Arnaud Bernadet et Philippe Payen de la Garanderie, ENS Editions, 2014, pp. 157−168.

Dobenesque (Etienne), "Style et traduction au XVIe siècle", *Littérature*, n° 137, 2005, pp. 40−54.

Du Bellay, une révolution poétique? La Deffence et Illustration de la langue Françoyse & L'Olive (1549-1560), éd. Bruno Roger-Vasselin, CNED-PUF, 2007.

Dubois (Claude-Gilbert), "Les conception de l'Amour au XVIe siècle", in *Ronsard. A propos des "Amours"*, Editions Atlantica, 1997, pp. 7−39.

Eco (Umberto), *La recherche de la langue parfaite dans la culture européenne*, Seuil, 1994.

Ferguson (Margaret W.), *Trials of Desire: Renaissance Defences of Poetry*, New Haven Yale University Press, 1983.

Fink (Robert J.), "Une *Deffence et illustration de la langue française* avant la lettre: la traduction de Jacques Peletier du Mans de *L'Art poétique* d'Horace", *Canadian Review of Comparative Literature*, 1981, pp. 342−363.

Foltz-Amable (Roseline), "Les Arts de seconde rhétorique de la fin du XIVe siècle à la première moitié du XVIe siècle: une *Deffence et Illustration de la langue françoyse* avant l'heure", *Questes. Revue pluridisciplinaire d'études médiévales*, 33, 2016, pp. 45−62.

Françon (Marcel), "L'originalité et la signification de la *Deffence et Illustration de la langue françoyse*", *Francia*, 16, 1975, pp. 62−74.

Gadoffre (Gilbert), *Du Bellay et le sacré*, Gallimard, 1978.

Galland-Hallyn (Perrine), "Le Songe et la rhétorique de *l'enargeia*", in *Le Songe à la Renaissance*, éd. F. Charpentier, Univ. de Saint-Etienne, 1989, pp. 125−135.

_____, *Le "Génie" latin de Joachim Du Bellay*, La Rochelle, Rumeur des Ages, 1995.

Gally (Michèle), "Archéologie des arts poétiques français", *Nouvelle revue du XVIe siècle*, 18−1, 2000, pp. 9−23.

Glatigny (Michel), "Nature dans la *Rhétorique* de Fabri et *L'Art poétique* de Peletier du Mans", in *Poétique et Narration. Mélanges offerts à Guy Demerson*, Droz, 1993, pp. 113−127.

Goyet (Francis), "De la rhétorique à la création: hypotypose, type, pathos", in *La Rhétorique. Enjeux de ses résurgences*, sous la dir. de Jean Gouton, Jacques Poirier, Jean-Claude Gens, Editions OUSIA, 1998, pp. 46−67.

_____, "*Energie* dans la *Défense et Illustration de la langue française* de Du Bellay", *Compar(a)ison*, 2002, pp. 5−19.

Grands Rhétoriqueurs, *Cahiers V.-L. Saulnier*, n° 14, PENS, 1997.

Gray (Floyd), *La poétique de Du Bellay*, Nizet, 2009.

Green (Thomas M), *The Light in Troy. Imitation and Discovery in Renaissance Poetry*, New Haven Yale University Press, 1982.

Griffin (Robert), *Coronation of the Poet. J. Du Bellay's Debt to the Trivium*, University of California Publications in Modern Philology, 96, 1969.

Guillerm (Luce), *Sujet de l'écriture et traduction autour de 1540*, Aux Amateurs de Livres, 1988.

Hartley (David), *Patriotisme in the Works of Joachim Du Bellay: a Study of the Relationship between the Poet and France*, New York, E. Mellen Press, 1993.

Huchon (Mireille), "La Palimpseste de *l'Abbrégé de L'Art poétique françois*", in *Aspects de la poétique ronsardienne*, Université de Caen, 1989, pp. 113–128.

Keller (Marcus), "The Language-Plant in the Garden of France: Imitation and Nation in *La Deffence et Illustration de la Langue Fançoyse*", in *Figurations of France. Literary nation-building in time of Crisis (1550-1650)*, University of Delaware Press, 2011, pp. 11–40.

Klaniczay (Tibor) (éd.), *L'époque de la Renaissance (1400-1600)*, t. I: *L'avènement de l'esprit nouveau*, John Benjamins publishing company, 2009.

La Deffence et l'Olive. Lectures croisées, n° spécial de *Cahiers textuel*, n° 31, Université Paris Dideron, 2008.

Lajarte (Philippe de), "La rhétorique du désir dans les *Amours* de Ronsard", in *Aspect de la poétique ronsardienne*, Caen, PU de Caen, 1989, pp. 55–98.

Lazard (Madeleine), *Rabelais et la Renaissance*, PUF, 1979.

Lecointe (Jean), "Naissance d'une prose inspirée: *prose poétique* et néo-
platonisme au XVIe siècle en France", *Bibiothèque d'Humanisme et
Renaissance*, LI—1, 1989, pp. 13—57.

_____, *L'Idée et la différence. La perception de la personnalité littéraire à
la Renaissance*, Droz, 1993.

Legrand (Marie-Dominique), "Ronsard sous la plume de Joachim Du
Bellay ou la mise en scène d'un programme poétique: à chacun son
rôle et sa place", in *Ronsard figure de la variété. En mémoire d'Isidore
Silver*, éd. C. H. Winn, Droz, 2002, pp. 203—219.

Les Arts poétiques de la Renaissance, n° spécial de la *Nouvelle Revue du
Seizième Siècle*, n° 18/1, 2000.

Levi (A. H. T.), "The role of neoplatonism in Ronsard's poetic
imagination", in *Ronsard the Poet*, éd. Terence Cave, Metheun & Co
Ltd., 1976, pp. 121—158.

Magnien (Catherine), "Un exemplaire de la *Deffence et Illustration de la
langue françoyse*", *Bibliothèque d'Humanisme et Renaissance*, LVI, 2,
2004, pp. 603—606.

_____, *Bibliographie des Ecrivains français: Joachim Du Belly*, Mémini,
2009.

Maillard (J.-F.), "Fortunes de l'encyclopédie à la fin de la Renaissance",
in *l'Encyclopédisme*, Actes du colloque de Caen (12—16 janvier 1987),
sous la dir. de Annie Becq, Aux Amateurs de Livres, 1992, pp. 319—
325.

Meerhoff (Kees), *Rhétorique et poétique au XVIe siècle en France: Du
Bellay, Ramus et les autres*, Leyde, E. J. Brill, 1986.

Mélançon (Robert), "Les masques de Du Bellay", *Etudes littéraires*, XXII, n°

3, 1989–1990, pp. 23–34.

Melehy (Hassan), "Du Bellay and the Space of Early Modern Culture", *Neophilologus*, LXXXIV, n° 4, 2000, pp. 501–515.

Ménager (Daniel), *Introduction à la vie littéraire du XVIe siècle*, Dunod, 1997.

Millet (Olivier), "Joachim Du Bellay création poétique, Valeurs morales et choix de vie", *Versants. Revue suisse des littératures romanes*, n° 48, 2004, pp. 23–47.

Moisan (Jean-Claude), *L'humanisme dans l'oeuvre française de Du Bellay*, thèse, Univeristé de Grenoble, 1969, 2 vol.

Monferran (Jean-Charles), "Ce que l'on ne peut imiter et que l'on ne peut apprendre, ou ce que les arts poétiques français de la Renaissance 'montrent au doigt' (l'exemple de J. Peletier du Mans et de quelques autres", *Littérature*, n° 137, 2005, pp. 28–39.

———, "Horace dans les oeuvres poétiques de Jacques Peletier du Mans(1547)", *Bibliothèque d'Humanisme et Renaissance*, t. 68, n°. 3, 2006, pp. 517–533.

———, "Rime pour l'oeil, rime pour l'oreille: réalité, mythe ou idéal? Aperçus de la question en France aux XVIe et XVIIe siècles", in *Par la vue et par l'ouïe. Littérature du Moyen Age et de la Renaissance*, éd. M. Gally et M. Jourde, ENS éd., 1999, pp. 79–95.

———, *L'Ecole des Muses. Les arts poétiques français à la Renaissance (1548-1610). Sébillet, Du Bellay, Peletier et les autres*, Droz, 2011.

Noirot (Corinne), *Entre deux airs: Style simple et ethos poétique chez Clément Marot et Joachim Du Bellay, 1515-1560*, Hermann, 2013.

Norton (Glyn P.), *The Ideology and Language of Translation in*

Renaissance France and their Humanist Antecedents, Droz, 1984.

Poétiques de la Renaissance. Le modèle italien, le monde franco-bourguignon et leur héritage en France au XVIᵉ siècle, éd. Perrine Galland-Hallyn et Fernand Hallyn, Droz, 2001.

Pouey-Mounou (Anne-Pascale), "L'influence du *De Generatione et corruptione* sur la poésie de Pierre de Ronsard", in *Lire Aristote au Moyen Âge et à la Renaissance. Réception du traité "Sur la génération et la corruption"*, éd. Joëlle Ducos et Violane Giacomotto-Charra, Champion, 2011, pp. 321–335.

Raymond (Marcel), *L'influence de Ronsard sur la poésie française*, Champion, 1927, 2 vol.

Regosin (Richard L.), "Language and Nation in 16ᵗʰ-Century France: The *Arts poétiques*", *French Literature Series*, vol. XXIX: *Beginnings in French Literature*, 2002, pp. 29–40.

Rieu (Josiane), *L'esthétique de Du Bellay*, SEDES, 1995.

Saulnier (V.-L.), *Du Bellay. L'homme et l'oeuvre*, Boivin, 1951.

_____, "Sébillet, Du Bellay, Ronsard: l'entrée de Henri II à Paris et la révolution poétique de 1550", in *Les fêtes de la Renaissance*, éd. J. Jacquot, éd. CNRS, 1956, pp. 31–59.

Steiner (Arpad), "Golses on Du Bellay. II. Du Bellay's Conception of the Ideal Poet", *Modern Philology*, XXIV, 1926–1927, pp. 167–171.

Stone (Donald Jr.), "The *Deffence* and the French Humanism", in *Manifestoes and Movements*, University of South California Press, 1980, pp. 63–76.

Trotot (Caroline), "La métaphore dans *La Deffence et illustration de la langue française*", *Cahiers Textuel*, nᵒ 31: *La Deffence & l'Olive*,

Lectures croisées, 2008, pp. 33−48.

———, ⟨La détermination du champ littéraire entre rhétorique et poétique autour de la Pléiade⟩, *Cahier de philosophie de l'Université de Paris XII-Val de Marne*, numéro 5: *Constitution du champ littéraire. Limites-Intersections-Déplacements*, l'Harmattan, 2008, pp. 191−207.

Villey (Pierre), *Les sources italiennes de la "Deffence et Illustration de la langue française" de J. Du Bellay*, Champion, 1908.

Vineton (Alice), "La traduction comme vitrine du lexique français: la ≪ fantasie ≫ dans *L'Art poétique* d'Horace traduit par Jacques Peletier du Mans", in *Vocabulaire et création poétique dans les jeunes années de la Pléiade (1547-1555)*, Champion, 2013, pp. 27−38.

Weber (Henri), *La création poétique au XVIe siècle en France, de M. Scève à A. d'Aubigné*, Nizet, 196, 2 vol.

Weignberg (B.), *A History of Literary Criticism in the Italian Renaissance*, The University of Chicago Press, 1961.

Wells (Margaret W.), *Du Bellay. A Bibliography*, Londres, Grant & Culter, 1974.

Whitney (Mark S.), "Du Bellay in April 1549: Continuum and Change", *The French Review*, XLIV, 5, 1971, pp. 852−861.

Wilson (Dudley B.), "L'invention dans l'oeuvre poétique de Ronsard", *CAIEF*, n° 22, 1970, pp. 119−133.

Wilson (Harold S.), "Some Meaning of 'Nature' in Renaissance Literary Theory", *Journal of the History of Ideas*, II, 4, 1941, p. 430−448.

Zilsel (Edgar), *Le Génie. Histoire d'une notion de l'antiquité à la Renaissance*, trad. de Michel Thévenaz, Les Editions de Minuit, 1993.

372

1522　　　루아르강(La Loire)을 끼고 있는 앙주(Anjou) 지방의 리레(Liré)에 위치한 튀르밀리에르(Turmilière)성에서 출생했다. 부친 장 뒤 벨레의 사촌 형제인 고위 행정관 기욤 뒤 벨레와 추기경 장 뒤 벨레는 프랑수아 라블레(François Rabelais)의 후원자였다. 조아생은 프랑수아 라블레보다 스물여덟 살, 클레망 마로보다 스물여섯 살, 토마 세비예보다 열 살 어렸으며, 피에르 드 롱사르보다는 두 살 위였다.

1523-1531　부모가 사망한 후에 장남인 르네(René)의 후견하에 놓이게 되었지만, 르네는 집안의 재산을 탕진할 정도로 어리석은 자였다.

1545-1546   푸아티에 대학에서 법률을 공부했지만 문인들과
의 빈번한 접촉이 있었다. 인문주의자 마르크 앙투안 뮈레(Marc-
Antoine Muret), 살몽 마크랭(Salmon Macrin) 그리고 자크 펠르티에
뒤 망과 같은 시인들을 알게 된다. 특히 펠르티에는 뒤 벨레가 시
에 입문하기를 권고하였다.

1547   롱사르와 친분을 맺게 되었고, 파리 생트 주느비에
브 언덕 근처에 있던 코크레 학원에서 장 도라로부터 고전 문학과
이탈리아 문학을 공부하게 된다. 훗날 플레이아드 시파를 구성할
바이프, 벨로, 조델, 드 티아르 등의 시인들이 뒤 벨레와 함께 수학
했다. 롱사르는 이 모임을 "부대(Brigade)"라고 부르게 된다. 뒤 벨
레는 라틴어에 출중했다.

1549   『프랑스어의 옹호와 현양』, 『올리브』, 『서정시(Vers
lyrique)』를 3월에 간행하고, 11월에 『시 모음집(Recueil de poésies)』
을 출간한다. 특히 이 작품은 궁정인들의 후원을 얻을 목적으로 작
성되었다.

1550   1549년에 50편의 소네트로 구성되었던 『올리브』는
총 115편으로 증보되어 출간된다. 이 판본은 『프랑스어의 옹호와
현양』의 후기에 해당하는 「서문」을 싣고 있다. 10월에는 『무지에

맞서는 뮤즈들의 전투(Musagnaeomachie)』를 출간한다.

1551   형 르네가 사망한다. 조아생은 11살이었던 조카의 후견인이 되고, 여러 재산 분쟁에 휘말리게 된다. 폐결핵으로 인해 청력을 상실한다.

1552   베르길리우스의 『아이네이스』 첫 4권의 번역을 출간한다. 이 번역본에는 「번역가가 창작한 다른 작품들(Autres Oeuvres de l'invention du Translateur)」이 보유로 실려 있다.

1553   『시집』의 증보판을 출간하면서 페트라르카의 표현법을 모방하는 자들이 페트라르카의 시적 정신을 오히려 훼손시켰다고 비난한다. 4월에 프랑스의 영향력을 확보하기 위한 중요한 외교적 목적을 지니고 로마로 떠나는 뒤 벨레 추기경을 수행한다. 바티칸에서 수많은 음모들을 목격한다. 『회한 시집』의 첫 번째 소네트를 따른다면 그는 로마에서 프랑스어와 라틴어로 많은 작품을 작성했다.

> 내 그림들을 호화로운 물감으로 그리지도 않았으며,
> 내 시에서 도도하신 말씀을 구하지도 않았으니,
> 이곳에서 벌어진 수많은 사건들을 따르면서

나는 좋건 나쁘건 무턱대고 글을 써나갔다.

후회가 들면 내가 쓴 시에 한탄도 했고,
내 시에 웃었고, 내 시에게 비밀을 말하기도 했다.
내 마음의 가장 내밀한 비서이기 때문이다.

1555–1556 로마에 체류하면서 네 권의 시집을 프랑스로 귀
국한 후에 출간하기 위해 준비한다. 그러나 추기경의 비서라는
막중한 역할에 버거워했으며, 게다가 당시 권력자인 몽모랑시
(Montmorency) 원수(元帥)가 추기경 장 뒤 벨레 가문을 상대로 제기
한 토지 소송 분쟁에 휘말리게 된다. 건강이 악화된다.

1557   8월에 로마에서 프랑스로 돌아온다.

1558   1월에 『회한 시집』과 『소박한 여러 시 경연들(Divers
Jeux rustiques)』을 출간한다. 3월에는 『로마의 유적』과 네 권으로
구성된 라틴어 『시집(Poemata)』을 간행한다. 또한 루이 르 루아
(Louis Le Roy)와 공동으로 플라톤의 『향연』 번역을 출간한다.

1559   건강이 악화되어 갔지만, 로마에 체류하고 있는 뒤
벨레 추기경의 송사 문제를 해결한다. 궁정시의 장식성을 비난하

면서 새로운 시의 필요성을 주장하는 풍자시 「궁정 시인(Le Poète courtisan)」이 출간된다.

1560   파리 노트르담 수도원에서 1월 1일 새벽에 서른 일곱의 나이로 사망한다. 2월에 『시에 관한 논설(Discours sur la poésie)』과 『아이네이스』 여섯 번째 권의 번역본이 간행된다.

1568–1569   친구이자 출판업자였던 기욤 오베르(Guillaume Aubert)와 장 모렐(Jean Morel)이 『조아생 뒤 벨레의 프랑스어 작품집(Oeuvres françaises de Joachim du Bellay)』을 출간한다.

■ 찾아보기

ㄱ

가요 chanson 192

각운 rime 14, 64, 83, 167, 192, 193, 198, 227~230, 233, 234, 245, 249, 294, 296, 302

감동 moverer 81, 91, 124, 126, 180, 208, 275, 321

감정 sentiment 8~10, 18, 81, 84, 104, 107, 129, 142, 195, 240, 247, 249, 257, 341, 342

경작 cultiver 60, 62, 63, 67, 116, 176, 310

관사 article 240, 244

궁정 가요 chants royaux 181, 192, 193, 295

궁정 시인 poète courtisan 8, 14, 15, 168, 186~188, 249, 253, 340

규범 doctrine 16, 86, 179, 180, 296

기법 art 14, 30, 44, 76, 102, 110, 114, 129, 161, 179, 180, 182~187, 192, 205, 238, 246, 249, 251~253, 257, 283, 285, 286, 292, 293, 296~298, 301~304, 306, 307, 309~311, 313~315,

322, 334, 340, 353

기술 artifice 39, 43, 45, 48, 51, 58, 64, 65, 76, 101, 102, 113, 114, 116, 119, 128, 146, 147, 167, 176, 182, 186, 237, 238, 251, 286, 293, 296, 300, 301, 312, 317, 318, 334, 336, 338, 353

기억 mémoire 52, 53, 76, 114, 133, 147, 187, 278, 279, 304, 339, 340, 343

ㄷ

대수사파 시인들 Grands Rhétoriqueurs 30, 159, 166, 182, 187, 239, 285, 302

데 제사르, 에르브레 Nicolas Herberay des Essarts 73

데갈리에, 로뎅 Laudun d'Aygalier 181, 286, 295

데모스테네스 Démosthène 59, 66, 81, 98, 173, 247, 268, 333

데타플, 르페브르 Lefèvre d'Etaples 72, 133

데포르트, 필립 Philippe Desportes 217, 285

도라, 장 Jean Dorat 7, 21, 35, 36, 107, 149, 236

돌레, 에티엔 Etienne Dolet 33, 48, 124, 133, 144, 153, 154, 157, 194, 239, 269, 270, 287, 298

동음이의어운 rime équivoque 228

두서없는 시 coq-à-l'âne 197, 198, 341

뒤 벨레, 기욤 Guillaume Du Bellay 9, 11, 14~18, 21~23, 27~30, 35, 39~45, 49~55, 57~67, 71~82, 84~86, 88, 96~100, 102~105, 108~114, 117, 122~130, 132~134, 136~139, 144, 153, 158~160, 164~167, 173~177, 180~184, 186~188, 192~194, 196~201, 203~210, 212, 214~216, 219~222, 227~229, 233, 236, 240, 245,

250, 253, 257, 261~273, 277, 281, 285, 290~294, 298, 303, 314~317, 319~341, 344, 360

뒤 퐁, 그라시엥 Gratien Du Pont 180, 193, 286, 288

뛰어난 재능 Genius 76, 91, 92, 179, 181, 182, 189, 298, 303, 304, 331

ㄹ

라 보에시, 에티엔 Etienne de La Boétie 173

라 포르트, 모리스 드 Maurice de La Porte 244

라무스 Pierre de La Ramée 76

라블레, 프랑수아 François Rabelais 57, 81, 114, 120, 129, 133, 142, 148, 236, 238, 261, 271, 285, 327, 338

로망 roman 13, 206, 207, 216, 225, 296

롱게이유, 크리스토프 Christophe de Longueil 269, 270

롱도 rondeau 181, 183, 192, 193, 295, 302, 341

롱사르, 피에르 드 Pierre de Ronsard 8, 10, 16, 30, 33, 35, 51, 54, 81, 92, 104, 117, 121, 149, 158, 161, 164, 168, 174, 181, 184, 186, 191, 194~196, 198, 200, 203~205, 210, 215~218, 223~225, 227, 236, 244, 247, 258, 261, 264, 272, 275, 285, 286, 291, 293~295, 313, 314

루크레티우스 Lucrèce 108, 222, 355

루터, 마틴 Martin Luther 42, 133, 327, 328

르메르 드 벨주, 장 Jean Lemaire de Belges 112, 165, 166, 216, 342

리듬 rythme 14, 64, 65, 84, 109, 186, 233, 234, 245, 289, 302, 307

□

마로, 클레망 Clément Marot 13,
  15, 30, 33, 73, 82~84, 89~
  91, 104, 133, 142, 160, 164,
  165, 167, 180, 181, 187, 192~
  195, 197, 199, 200, 203, 204,
  229, 245, 253, 255, 257, 272,
  285, 289, 295, 303, 304, 309,
  314, 320, 335, 342
마크랭, 살몽 Salmon Macrin 194
만국어 Lingua franca 130, 344
메그레, 루이 Louis Meigret 33,
  193, 230, 239, 283, 288
모방 imitation 9, 12~17, 30, 33,
  59, 61~63, 80, 85, 88, 90,
  93, 96~98, 100~105, 111,
  125, 126, 130, 137, 143, 146,
  151, 159, 166, 172, 176, 177,
  179, 181, 183, 187~189, 195,
  200, 201, 206, 277, 288, 290,
  291, 294, 303~305, 309, 310,
  314, 315, 317, 319~322, 331,
  335, 338, 340, 345, 347, 351,
  354, 355, 357, 358
몰리네, 장 Jean Molinet 163, 165,
  166, 296
몽테뉴, 미셸 드 Michel de Mon-
  taigne 23, 53, 57, 62, 81, 94,
  96, 112, 129, 131, 149, 173,
  206, 223, 238, 261, 285
무운 시 vers sans rime 227
무지 ignorance 57, 58, 134, 188,
  193, 206, 212, 215, 252, 254,
  316, 328
문예 lettres 27, 44, 48, 49, 66,
  71, 131, 138, 210, 235, 281,
  330, 357
문채 figure 76, 79, 86, 91, 124,
  240, 303, 307
므네모시네 Mnémosyne 52, 185
미네르바 Minerve 115
미란돌라, 피코 델라 Jean Pic de
  la Mirandole 43, 48, 328

ㅂ

바르바르 barbare 47
바벨탑 la tour de Babel 40, 323,
　324
바이프, 라자르 드 Lazare de Baïf
　65, 113, 201, 271, 272, 285
반역자 traditeur 89, 348
발라드 ballade 181, 183, 192, 193,
　295, 302, 341
발명 invention 113, 114, 222, 338,
　339
발음 prononciation 153, 230, 247,
　248, 288, 289
배열 disposition 75, 76, 168, 294,
　297, 306, 312, 356
번역 traduction 9, 12, 17~21, 28,
　59, 61~63, 66, 69~75, 80,
　82~91, 93~100, 104, 111,
　112, 117, 120~126, 130, 131,
　142, 146, 147, 153, 163, 166,
　191, 206, 269, 286, 291, 307,
　308, 345, 347~351
베르길리우스 Virgile 59, 66, 81,

82, 88, 90, 98, 99, 108, 143,
149, 152, 177, 191, 199, 200,
204, 205, 209, 210, 213, 216,
224, 229, 243, 248, 265, 268,
320, 333
벰보, 피에트로 Pietro Bembo 49,
　111, 199, 269
보카치오 Boccace 142, 269
부셰, 장 Jean Bouchet 51, 142,
　207, 216, 255
부아시에르, 클로드 Claude Boyssi-
　ère 30, 181, 286, 289, 295
뷔데, 기욤 Guillaume Budé 48,
　49, 52, 66, 113, 120, 142,
　212, 271
비를레 virelai 192, 193, 341

ㅅ

사공, 프랑수아 드 François de Sa-
　gon 192, 254
사나자로 Sanazare 111, 200
사렐, 위그 Hugues Salel 66, 165,
　289

산문가 prosateur 86

생 즐레, 멜랭 드 Mellin de Saint-Gelais 13, 105, 164, 165, 168, 194, 196, 197, 199, 289, 342

생트 뵈브, 샤를 오귀스탱 C.-A. Sainte-Beuve 9, 106

서사시 long poëme 13, 51, 65, 98, 161, 198, 203, 204, 206, 208, 210, 215~217, 219, 264, 275

서정시 lyrique 25, 83, 195, 196, 198

서한시 épître 28, 59, 86, 166, 191, 197, 236, 341

설명적 환언자 paraphraste 123, 124, 349

세브, 모리스 Maurice Scève 13, 30, 149, 165, 168~170, 181, 236, 285, 288, 289, 307, 315

세비예, 토마 Thomas Sébillet 15, 22, 23, 30, 92, 104, 105, 159, 163, 165~167, 180~183, 191, 193, 194, 197, 198, 200, 201, 203, 228, 229, 239, 281, 286, 288~292, 294, 295, 298~300, 302, 303, 305~309, 317~320

소네트 sonnet 8, 10, 13, 59, 66, 84, 92, 106~108, 159, 181, 183, 191, 198, 199, 212, 214, 215, 229, 258, 281, 289, 295, 302, 342

소바주, 드니 Denis Sauvage 80

수사학 rhétorique 35, 58, 59, 75, 76, 78, 81, 88, 92, 109, 122, 123, 157, 164, 180, 182, 183, 192, 193, 239, 247, 286~289, 294~300, 305, 306, 309, 314, 320, 331

스칼리제, 율리우스 카에사르 J. C. Scaliger 99, 286

스키타이족 les Scythes 49, 132

스토아학파 Les stoïciens 44, 171, 205, 336

스페로니, 스페로네 Sperone Speroni 96, 290

신플라톤주의 néoplatonisme 104,

126, 160, 183, 187, 250, 290

ㅇ

아노, 바르텔르미 Barthélemy
Aneau 15, 22, 30, 49, 79, 85,
94, 193, 286, 289

아리스토텔레스 Aristote 35, 41,
50, 92, 97, 117, 127, 131,
134, 136, 305, 312, 326, 331,
352

아리오스토, 루도비코 Ludovico
Ariosto 111, 205

아미요, 자크 Jacques Amyot 66,
74, 223

아베르, 프랑수아 François Habert
254, 255

아우구스투스 Auguste 28, 88, 174,
209, 210, 213, 237, 254, 258,
263

알레고리 allégorie 61, 81

애너그램 anagramme 149, 236,
238

에나르게이아 enargeia 92, 122

에네르게이아 energeia 65, 92, 122,
265, 331

에네르지 énergie 78, 79, 90~93,
102, 118, 124, 125, 138, 139,
146, 176, 307, 308, 310, 314,
317, 319, 321, 322, 331, 332,
335, 336

에라스무스 Erasme 42, 43, 85,
113, 133, 144, 212, 270, 327,
328

에로에, 앙투안 Antoine Héroët
104, 160, 165, 167, 289

에우리피데스 Euripide 86, 201,
291

에피그램 épigramme 13, 35, 165,
183, 191, 194, 229, 236, 238,
271, 289, 302, 341

엑프라시스 ekphrasis 79

엔키클로파이데이아 enkuklo-
paideia 119

엘레지 élégie 13, 120, 191, 194,
197, 272

연설가 orateur 33, 59, 72, 76~
78, 88, 108, 110, 119, 145,

147, 152, 153, 157, 158, 179,
182, 240, 247, 248, 257, 287,
297~300, 306~311, 313, 321
영감 fureur 9, 10, 17, 43, 58, 88,
91, 92, 108, 132, 171, 176,
182~187, 213, 215, 237, 249,
250, 252, 257, 289, 290, 292,
300~303, 305, 306, 308, 309,
314, 315, 317, 319, 331, 340,
341, 351
영웅시 poésie héroïque 198, 203
오드 ode 13, 16, 52, 64, 92, 104,
105, 159, 161, 181, 183~186,
191, 195~197, 199, 211, 215,
245, 275, 282, 295, 302, 342
오비디우스 Ovide 71, 145, 194,
197
완곡법 périphrase 122, 240, 243
우아함 élégance 8, 10, 52, 65,
72, 79, 80, 82, 83, 85, 86,
109, 136, 144, 151, 152, 167,
176, 186, 189, 199, 204, 241,
310, 313, 320, 358
운율 numerus 82, 84, 109~111,

153, 182, 198, 199, 233, 286,
289, 307, 308, 311
운율쟁이 rimeur 159, 186, 252,
316, 333
웅변력 éloquence 65, 249
원숭이 singe 115, 144, 189, 304
율리시스 Odyssée 106, 107
은유 métaphore 79, 99, 249, 265,
307, 332
이성 raison 167, 173, 175, 205,
283, 336, 337
이합체형의 시 acrostiche 236, 238
인쇄술 imprimerie 71, 114, 212,
337~339

ㅈ

자맹, 아마디스 Amadis Jamyn 217
작시법가 versificateur 250, 252,
306, 313, 316, 333
재능 génie 48, 76, 91, 92, 110,
113, 173, 176, 179, 181, 182,
184, 189, 236, 298, 303, 304,
308, 314, 317, 331

접목 greffe 62, 95, 96, 104, 176,
317, 329, 345~347
제국의 이전 translatio imperii 59,
276
조델, 에티엔 Etienne Jodelle 8,
201, 206
중간 휴지 césure 228, 239, 244

ㅊ

착상 invention 59, 75~78, 88,
91, 97, 101, 102, 182, 186,
288, 289, 294, 297, 298, 303,
306, 308, 311~314, 331
철학 philosophie 13, 76, 119,
121~123, 125~127, 133,
135, 136, 138, 139, 195, 197,
213, 352, 356
충실성 fidélité 74, 83, 86, 124,
350

ㅋ

카롱, 루이 르 Louis Le Caron 139

카트린 드 메디치 Catherine de
Médicis 73, 111
코크레 학원 Collège de Coqueret
7, 35, 149
퀸틸리아누스 Quintilien 15, 22,
30, 75, 79, 96, 99, 102, 103,
111, 124, 125, 181, 198, 243,
248, 250, 253, 286, 289
키케로 Cicéron 49, 59, 64, 66,
77, 81, 85, 86, 88, 98, 99,
108, 110, 113, 122, 125, 126,
133, 143, 144, 151~154, 158,
160, 167, 173, 179~181, 189,
209, 212, 214, 219, 221, 233,
237, 247, 248, 256, 257, 263,
269, 270, 306, 333

ㅌ

타위로, 자크 Jacques Tahureau
193
토리, 조프루아 Geoffroy Tory 70,
97, 287
티아르, 퐁튀스 드 Pontus de

Tyard 136, 139, 236, 355

티투스 리비우스 Tite-Live 31, 120, 121, 207

ㅍ

파브리, 피에르 Pierre Fabri 180, 193, 239, 300

페이토 Peithô 69

페트라르카 Pétrarque 10, 13, 48, 73, 81~84, 111, 142, 143, 199, 205, 215, 264, 269, 272

펠르티에 뒤 망, 자크 J. Peletier du Mans 8, 73, 82, 99, 131, 147, 153, 160, 161, 163, 166, 186, 191, 192, 196, 197, 204, 206, 210, 222, 223, 227~229, 286, 292~294, 298, 311~313

퐁텐, 샤를 Charles Fontaine 255

표현 élocution 17, 33, 43, 59, 75~ 79, 88, 102, 124, 144, 176, 297, 306~312, 314, 320, 321

풍부함 copia 44, 45, 64, 98, 109, 122, 125, 126, 130, 137, 151, 176, 219, 261, 263, 310, 317, 356

풍요의 뿔 corne d'abondance 261, 262, 337

풍자시 satire 13, 172, 188, 191, 197, 198, 267

프랑수아 1세 François Ier 27, 66, 70, 133, 144, 174, 175, 229, 254, 289

프로테우스 Protée 81

플라톤 Platon 98, 126, 127, 135, 136, 146, 158, 171, 183, 258, 305, 352

플루타르코스 Plutarque 74, 99, 214

피치노, 마르실리오 Marsile Ficin 126, 301

핀다로스 Pindare 28, 161, 186, 195, 197, 209, 236

필리윌, 바스캥 Vasquin Philieul 73, 82, 84

ㅎ

학문의 이전 translatio studii 357
해석가 interprète 72
헤라클레스 Hercule 28, 29, 36,
    174, 175, 243, 276, 278
현양 illustration 8, 15, 17, 21,
    25, 29, 52, 54, 58, 69, 71,
    97, 100, 119, 125, 146, 151,
    154, 166, 216, 234, 252, 283,
    285, 286, 290, 291, 304, 321,
    347, 360
형용사 épithète 49, 93, 119, 196,
    241~244, 342

호라티우스 Horace 10, 15, 22,
    28, 30, 59, 79, 86, 87, 91,
    110, 131, 147, 163, 164, 166,
    167, 172, 173, 183, 186, 187,
    191, 192, 195~199, 220, 223,
    240, 243, 244, 250, 251, 253,
    254, 267, 282, 286, 289, 292,
    301, 305, 312
호메로스 Homère 30, 35, 36,
    59, 66, 81, 82, 99, 113, 143,
    144, 149, 170, 185, 203~205,
    209, 214, 216, 268, 333, 338
환칭 문채 antonomase 242

손주경 SOHN Joo-Kyoung

고려대학교 불어불문학과를 졸업하고 프랑스 투르대학교 르네상스고등연구소 (CESR)에서 피에르 드 롱사르 연구로 박사학위를 받았다. 현재 고려대학교 불어 불문학과 교수로 재직 중이다. 『르네상스 궁정의 시인 롱사르』, 『글쓰기의 가면 (Le masque de l'écriture)』(공저), 『프랑스문학의 이해』(공저), 『낯선 시간의 매혹』 (공저) 등의 저서가 있으며, 『프렌치 프랑스』, 『헤르메스 콤플렉스』, 『카상드르에 대한 사랑시집』 등을 번역했다. 르네상스 시와 시학 및 번역을 다룬 다수의 논문 이 있다.

프랑스어의 옹호와 현양

대우고전총서 052

1판 1쇄 찍음 │ 2019년 12월 9일
1판 1쇄 펴냄 │ 2019년 12월 27일

지은이 │ 조아생 뒤 벨레
옮긴이 │ 손주경
펴낸이 │ 김정호
펴낸곳 │ 아카넷

출판등록 2000년 1월 24일(제406-2000-000012호)
10881 경기도 파주시 회동길 445-3
전화 031-955-9510(편집) · 031-955-9514(주문) │ 팩스 031-955-9519
책임편집 │ 이하심
www.acanet.co.kr

ⓒ 손주경, 2019

Printed in Seoul, Korea

ISBN 978-89-5733-664-9 94760
ISBN 978-89-89103-56-1 (세트)

이 도서의 국립중앙도서관 출판시도서목록(CIP)은
서지정보유통지원시스템 홈페이지(http://seoji.nl.go.kr)와
국가자료공동목록시스템(http://www.nl.go.kr/kolisnet)에서 이용하실 수 있습니다.
(CIP제어번호: 2019048498)